KB267730

雷·虛·金·東·華·佛·敎·思·想·硏·究

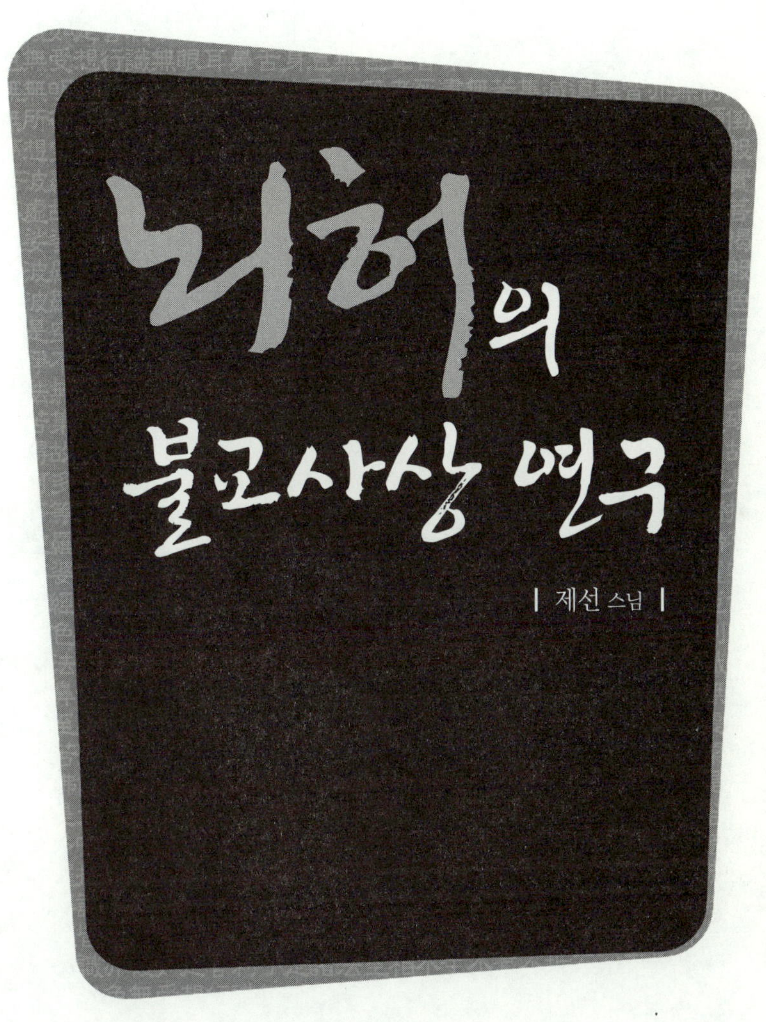

민족사

雷虛의 佛敎思想 硏究

서문

　　제선스님은 기도와 행선에 온갖 정성을 쏟고 있는 스님이시다. 언제 보아도 연약해 보이지만 굳은 뜻과 학구열이 장하신 스님이시다. 내가 지도교수를 한 이유 중에 하나는 언제나 상냥하고 따뜻한 인간미 넘친 종교적 자비가 넘치고 있기 때문이다. 그러면서 그 뜻이 고결하여 선임논문 자료가 많음에도 불구하고 논문을 쓰지 않고 1920년대 태어나신 뇌허 김동화 박사를 연구하고자 나선 그 학구적 열망에 깊은 감명을 받았기에 지도하면서 나는 언제나 기뻤다. 이와 같은 인연을 지었기에 나는 기꺼이 서문을 짓게 되었다.

　　아래 서문은 내가 김동화 박사님의 학문에 대하여 생각한 바를 기록한 것이 있어 후학들에게 도움이 될까 하여 다시 제공하는 것이다.

　　한국 문화는 불교적 사상으로 승화되고 장엄되었다. 1,600년의 불교 수용이 그 하나로 문화 수용을 편협한 자아의식으로 몰아 매몰시키지 않고 불교라는 보편적 보응의식으로 심화시켰기 때문이다. 삼국시대에 이르러 불교가 전래된 것은 주지의 사실이지만, 구전이나 다른 사실에 의하면, 불교의 전래 역사가 고구려 소수림 2년(A.D. 372)보다 더 올라갈 수 있는 것이다. 그러나 공인의 역사성에 입각하여 역사를 전개하니, 4세기 전후로 불교가 신앙된 것이라 할 수 있다.

긴 역사를 가진 불교문화, 사상, 교리, 예술 등 온갖 문물이 한국 역사·문화에 기층 구조를 형성하고 있음은 누구도 부정할 수 없다. 논리적 강건성이 고구려 문화의 기반이 되는가 하면, 계율적 온화함이 백제 문화를 형성하였고, 조화와 통일성이 신라 불교를 장엄하였다. 또한 고려시대의 호족적 기질과 禪思想이 고려장경과 청자 빛 청정성을 창의하였고, 排佛의 시대에도 조선조 불교는 호국의 의지로 승계되었으니, 어찌 한국 문화 전반을 불교를 배제하고 생각할 수 있겠는가.

일제의 강점기에도 불교의 명맥을 유지하기 위하여 많은 스님들이 각고의 노력을 경주하였다. 이처럼 한국 불교는 영광과 시련, 고난과 극기, 아니 자기 성찰을 거듭하면서 불교의 중흥이 바로 한국 역사의 부흥이라는 사명 아래 각고한 신행으로, 부단한 연구로, 불타는 신심으로 그 생애를 다한 분이 근대에 와서 한두 분이 아니었다. 경허·만공 등의 선승이 寂靜三昧의 活劍을 휘둘렀는가 하면, 만해, 용성 등의 애국지사가 나왔고, 映鎬·琦山·梵山·玄谷·雷虛·耘虛 등의 학승이 속출하여 한국 불교 근대화의 명맥을 유지하게 한 것이다. 만약 위의 스님들이 아니었다면 한국 불교의 현대화는 암담하였을 것이고, 우리들은 50년의 시간을 진흙으로 메우는 토담이었을 것이다. 그러나 선승, 선학들의 노고에 의하여 불맥이 이어져 왔고 교학의 治道가 전개된 것이다. 이 어찌 고마운 선학들의 은혜가 아닌가. 그러므로 여기서는 앞서 많은 분들의 學海를 연찬하여 다시 되새겨 보는 것도 중요한 일이지만, 그 중에서도 특히 뇌허 김동화의 생애와 학문 그리고 뇌허가 남기고 간 사상적 염주알을 새롭게 닦아 엮어 보려고 한다.

김동화는 1902년에 경상북도 상주에서 태어났고, 1980년에 별세한 불교학자이다. 아버지의 本貫은 김해이며 이름은 學洙이고, 어머니는

6

전주 이씨이다. 1913년에 상주 동해사로 출가하여, 1914년에 상주 남
장사에서 사미계를 받았다. 1916년에 승려의 도첩을 받고 상주보통학
교를 졸업하였으며, 1919년에는 상주 남명학원에서 사집과를 수료하
였다. 1923년 3월에는 김용사 지방학교를, 1928년에는 일본 立正大 전
문부 종교과를 졸업한 뒤, 그 해 6월 경성실업전수학교의 교원이 되었
다. 1930년 7월에 남장사에서 慧峰禪師를 法師로 建幢하여 '雷虛'라는
법호를 받았다. 1932년 立正大 학부 종교학과를 최우수 성적으로 졸업
한 뒤 3년 동안 불교교리 발달사를 연구하였으며, 1936년 4월에는 立
正大 전문부의 종교과 전임강사가 되었다. 1940년에 귀국하여 김용사
에서 대덕법계를 받았으며, 1941년 2월에는 경상북도 오산불교학교의
교장에 취임하였다. 1941년 10월에 경성의 혜화전문학교 강사 겸 生徒
主事에 취임한 이래 생도과장을 거쳐서 1943년에 교수가 되었으며,
1944년 5월에는 조선불교중앙포교사 및 조선불교 교학위원으로 취임
하였다. 1947년 9월에 동국대학 교수가 된 이후 부학장·학장·대학
원장·불교문화연구소 소장 등을 거치면서 후학들을 양성하는 한편
많은 저술을 남겼다. 동국대학교 외에도 서울대학교, 성균관대학교,
고려대학교 등에서 강의하여 불교 전파에 힘썼으며, 1946년에는 조선
불교법규위원 및 상벌위원으로 위촉되었다. 1962년 12월에는 동국대
학교 대학원에서 명예철학박사학위를 받았고, 1970년 12월 5일 학술
원 공로상을 받은 뒤 학술원의 종신회원이 되었다. 특히 세계적인 불
교학의 연구를 학계에 정착시킨 공로자로서 후학들을 지도함에 있어
서도 언제나 열과 성의를 다하였다. 대표적인 저서로는 『불교학개론』,
『삼국시대의 불교사상』, 『원시불교사상론』, 『유식학개론』, 『구사학개
론』, 『선종사상사』, 『불교교리발달사』, 『불교유심사상의 발달사』, 『불
교윤리학』 등이 있으며, 대표적인 논문으로는 「불교의 호국사상」, 「선

종소의경에 대하여」 등을 들 수 있다. 현재 불교계에서는 그의 평소 업적을 추모하기 위하여 '뇌허학술상'을 제정하여 매년 수상하였지만 근년에 와서는 중지된 것이 아쉬운 일이다.

뇌허는 한국 불교계 최초로 『불교학개론』을 1954년에 저술·출판 하였다. 당시만 해도 강원 교재가 불교 교육의 교재로 전승되어 왔는데, 한국전쟁 이후 아직 사상적·종교적 불모지 시대에 뇌허는 커다란 雄志를 품고 『불교학개론』을 출판하였으니, 이 『불교학개론』은 당시의 지성인에게 감로수와 같은 것이었다. 뇌허는 일제 강점기에 일본 立正大에서 불교학 교리체계에 큰 관심을 갖고 연구한 결과, 우선 한국 불교계에 내놓아야 할 것이 무엇인가 생각하여 급선무로 『불교학개론』을 저술한 것이다. 이러한 개론서를 저술할 때에는 언제나 선학들의 저술에 힘입는 것은 어쩔 수 없는 일이다. 그는 자연 일본에서 이미 출간된 개론서를 참고하였을 것이다. 이러한 참고의 연유가 약간의 비판을 받게 된 것도 어쩔 수 없는 상황이었으리라. 그러나 뇌허의 최대 관심사는 불교 교리에 대한 체계적 연구였다. 그것이 『불교교리발달사』란 稀有의 名著가 나온 배경이다. 뇌허는 이 『불교교리발달사』를 저술하면서 교리사의 의의를 소상하게 밝히고 있다.

뇌허 김동화는 확고부동한 信解를 갖춘 학승이다. 어디에도 회유되거나 아부곡세하지 않는다. 불교적 학과 신을 성불에 초점을 맞추어 一貫透達하였다. 즉, 뇌허에게는 입정대 학생 때부터 관심사였던 불교 교리 발달사가 시종여일한 聖道門이었고, 이 大難事를 회통하기 위하여 이목을 돌리지 않고 長坐机床하면서 교해의 문류를 섭렵하였고, 생각은 삼매에 일경시켰다. 그 결과 방대하고 정밀한 교리사가 産胎하게 되었고, 고고히 法鳴을 울리게 되었다. 이러한 작업은 뇌허의 진지하고 부동한 성품이 신앙으로 온축되었기에 가능한 일이었다. 만년인

1979년에 저술한 『한국불교사상의 좌표』에서 한국 불교에 대하여 애정 어린 충고와 비판을 다음과 같이 하였다.

한국 불교의 오늘의 현실에 있어 과연 문제는 무엇일까? 이러한 주제를 다룸에 있어서 불교 교단의 행정적인 문제는 고려하지 않고, 오직 불교 교리 그 자체를 중심으로 한국 불교의 현실을 파악해 보고자 한다.

오늘날 한국의 불교는 법적으로 曹溪宗이라는 한 종파만의 불교인 것처럼 되어 있다. 조계종이라고 하면 중국의 13개 종파, 일본의 13개 종파 그리고 우리 역사상 이조 초기 11개 종파 등 여러 종파 가운데에서 선종에 속하는 한 종파일 뿐이다. 뿐만 아니라, 현재 한국의 불교인들이 믿고 있는 교리와 그 신앙의 실제에 있어서도 과연 선종의 교리와 신조만인가 하면, 결코 그렇지 않다는 사실은 불교인 스스로가 공인하고 있는 일이다.

그러함에도 불구하고 오늘날과 같은 현상이 생기게 된 것은 해방 후 몇몇 政商僧들이 교권을 장악하기 위한 속셈에서 독자적으로 한국 불교의 광대한 범위를 선종 가운데 일개 종파인 조계종에 국한·축소시켜 놓았기 때문이라고 혹평하고 있다. 사실 해방 후 교단 내의 몰지각한 몇몇 관료승들이 한국 불교사의 전통을 무시하고 또한 장래의 불교 발전을 위한 대책을 고려하지 않은 채, 다만 敎政 집권자로서 교단 운영에 편리한 방법만을 찾기 위해 열중한 나머지, 이 나라 불교사상 일찍이 없었던 큰 착오를 범해 놓은 것도 비껴날 수 없는 일이다.

10년이 지나면 강산도 변한다고 한다. 이 나라의 거대한 불교를 1개 종파로 축소시켜 놓은 지도 어언 10년이 지났으니, 이제 불교도들이 각성할 시기도 되었다고 본다. 그렇다고 해서 이 나라에서 조계종이 없어져야 한다는 것은 결코 아니다. 다만 조계종만이 한국 불교의 전부라고 생각하는 것은 잘못이라는 점을 지적한 것은 과격한 표현일지도 모른다. 그러나 뇌허는 한국종단에 큰 관심을 가진 것이리라.

그러므로 한국 불교는 불교 자체의 문제뿐만 아니라 이 나라의 문화 발전 및 민심의 지도를 위해서도 반드시 재정리해 볼 필요가 있다고 주장하면서, 뇌허는 다음과 같은 이유를 밝히고 있다.

① 한국 불교사의 사실을 살펴보면, 한국 불교는 단일종이 아니다.

② 현재 한국 불교도들의 가슴속에 자리한 생생한 신앙과 교리사상을 볼 때, 그 중 선종적 신념과 사상이 있는가.

③ 대외적인 체면을 보더라도, 세계 어느 불교국이 나라 안에 한 가지 종파만을 갖고 있는 곳이 있던가? 남방의 여러 나라의 불교가 부파불교의 한 부파인 分別上座部라고는 하지만, 그 불교는 종파적인 색채가 없는 근본불교 또는 원시불교의 성전인 經藏·律藏·論藏의 셋 모두를 所依로 하고 있다. 그러므로 이것은 통불교 또는 원시불교라 보아야 한다.

④ 불교의 발전과 관련하여 볼 때, 불타의 교리사상에 전혀 근거도 없는 이론을 주장한다든지 또는 불타의 가르침에 반대되는 해석을 하는 따위에 용납할 수가 없다. 그러나 경율론 三藏에 타당한 근거를 가지고 건설적이며 발전적인 교리의 천명과 실천을 주장하는 특수한 불교관이 갖가지로 나타난다면, 그것은 불교의 종파로 인정해야 할 것이다. 이것이 다름 아닌 과거 여러 불교국의 부파요 종파였던 것이다. 만약 이것을 정책적으로 막는다면, 이는 불교의 발전을 저해하는 일이다.

⑤ 선종의 사상만으로는 시대에 알맞은 발전을 기대할 수 없다. 원래 선종의 내용은 '불립문자 교외별전'이요, '직지인심 견성성불'이라는 것으로 그 마음을 닦고 실천하는 것이다. 그러므로 '三藏'의 연구는 필요가 없는 것이다. 불교의 본분으로 본다면 물론 이것이 진정한 방

법이요, 곧 바른 길이라 할 것이다. 그러나 종교는 자기 자신의 수행과 남을 이끌어 준다는 두 가지 길이 있는 것이므로, 남을 이끌어 주는 방법으로서는 '3장'의 연구가 절대적으로 필요하다고 하겠다. 불타께서 보리수 아래에서 처음 '정각'을 이루신 그때 그 마음으로 보아서는 어떠한 설교도 하실 필요가 없었다. 그래서 삼칠(21)일 간 定 가운데 들어 계셨던 것이 아닌가?

그러나 막상 道를 깨닫고 나서 둘러보시니 중생을 교화하지 않을 수 없는 大慈大悲心이 솟아났던 것이다. 聖心·佛心으로 드디어 45년 동안의 무한한 설법이 있게 되었고, 이를 집대성한 것이 다름 아닌 불교의 '三藏'이다.

우리 불교신자에게는 이 삼장이 살아 계시는 불타와 같거늘 어찌 소홀히 할 수 있겠는가? 현대인은 더욱이 말과 글에 전적으로 의존하고 생활해 가는 사람들이므로, 아무리 '불립문자'를 부르짖어 보아도 헛수고에 불과한 것이다.

이와 같이 뇌허의 학문적·사상적·신앙적 주장을 간과해서는 안 될 점이 있다고 본다. 불교는 세계 정신사를 관류하고 있는 인류 문화 총체의 하나이다. 인간으로 탄생하신 불타가 보리수하에서 성도하여 인간 해방과 정신 해탈의 종교, 철학, 사상, 윤리, 문화를 창도하였다. 이러한 정신문화 대개를 하나의 수행적 선종에다 귀일시키는 것은 협의의 세계로 함입하는 것으로 보았다. 본인은 뇌허의 일련의 사상 추구와 불교철학 탐구가 독단적이고 편협한 의도에 의한 것이라고 보지 않는다. 뇌허가 한국 불교를 사랑하고 광도중생의 보살행 불교가 되려면 대승적 방편력이 최대한으로 활용되어야 함을 강조하다 보니 때로는 거북한 표현이 나올 수 있다고 본다. 그러나 뇌허의 논지를 의미 있게 수용한다면, 한국 불교뿐만 아니라 세계 불교가 재고될 수 있을 것이다.

　이와 같이 학문적인 업적을 남기고 훌륭한 인격으로 모든 사람에게 흠모와 추앙을 받던 뇌허 김동화 박사를 비구니 수행자이신 체선스님이 박사님의 일대사를 연구하여 박사학위를 받으시고 후학 제접에 솔선수범하고 있으니 한국불교사의 영광이 아닐 수 없다. 언제나 학문하는 마음 전념하시고 수행이 가행되어 모든 사부대중의 신표가 되시기를 거듭 체선스님께 부탁드리고 민족사 모든 분에게 감사드립니다.

2007년 3월 5일

목정배

차례

제1장 들어가는 글

불교는 인도문화의 산물이지만 인류의 종교·신앙문화를 종합하고 있다. 佛陀의 正覺은 초월적 이상을 전개하기도 하지만 사실 불교에는 보편적 인간사에 일어나고 있는 正道를 구현시키는 도덕적, 윤리적인 교설이 풍부하게 내재되어 있다. 그러나 불타의 깨침은 우주의 본질과 인간의 心行이 어떠한 관계가 있는가에 대한 교설이므로 그 학문적 영역은 대단히 넓다. 緣起論的 이론과 唯心的 사상, 그리고 정토신앙 등은 심원한 교학적 체계를 수립하고 있으며 이러한 모든 것은 상호 깊은 연계를 지어 있으므로 간단하게 접근할 수 없다. 그러므로 인도불교, 중국불교, 한국불교에서도 수많은 先學들이 교학, 사학, 종파학, 문화, 예술 방면으로 연구하여 어두운 중생의 마음에 빛을 주고 삶의 진로를 열어 주었다. 이와 같은 불교종합문화를 연구하는 데도 여러 가지 방향이 있을 수 있다. 교판학 연구, 종파 연구, 교리학 연구, 인물중심 연구, 문화사 연구 등이 있을 수 있다.

그러나 여기에서는 전반적인 불교학 연구는 역부족이라 접근할 수 없고, 한국불교근대사에 관한 것을 기본적으로 하려 한다. 한국불교근대사도 그 범위가 넓다면 넓다. 근대 개항 이후 불교가 점유할 수 있

18

었고, 또한 대처할 수 있었던 정치사적인 문제가 있을 수 있다. 왜냐하면 종교는 정치문제와 민감한 접점이 있기 때문이다. 그러나 여기서는 근대 정치, 사회, 문화 전반에 관한 것은 크게 논하지 않고 한 인물이 근대에서 현대까지 오는 동안 한국현대불교에 영향을 미친 부분을 중심으로 연구하려고 한다. 역사는 자연히 흘러가는 강물일 수도 있다. 그러나 역사는 사건이 있어야 하고 그 사건은 인물에 의하여 비롯되기에 그 시대의 모든 상황에 불교가 어떻게 대처하였고, 그 불교의 중심인물이 누구였으며, 그가 무엇을 어떻게 해결하고 나갔는지가 대단히 중요한 일이 아닐 수 없다.

그러므로 인물중심 연구가 시대연구이며 사상의 중심을 살필 수 있는 한 방법이라고 생각하며 논자는 그 중심인물로서 雷虛 金東華 박사에 초점을 맞추었다.

이 논문은 雷虛를 통해 또 그가 살아온 시대적, 멀리는 불교 전래기와 신라, 고려, 조선, 일제 강점기와 한국의 독립시기에 있어서의 전사회적 배경 속에서 그가 이룩한 佛陀眞理의 정법화, 사회화, 대중화의 값진 체계를 세우고[이론적·학술적] 실제로 대중을 향해 포교 강연 등 실천적이었던 점을 드러내고자 한다.

뇌허 김동화 박사는 국가가 일본에 강점당했던 조선 말, 일제 강점기와 새로운 나라인 한국시대의 정치적·사회적·교육적 대변혁기에, 그리고 한국불교 근대기에 巨步를 디디고 이 땅에 불타의 빛[光]과 그 사상을 남기고 가신 분이다.

雷虛의 일생이 조선 말(1909) 한일 치욕의 합방시대와 그 후 35년간의 일제 강점기와 8.15해방(1945) 시대와 자유당 정치부패, 5.16군사쿠데타, 4.19혁명 시대이고 보면, 뇌허가 살았던 시대는 5천년 역사 속에서 사회적·정치적·사상적·종교적으로 또 다른 외래종교의 지배가 싹트기 시작한 격동기라 할 수 있다.

다시 언급하면, 신라로부터 고려 말까지 1천여 년간의 융성일로에 있었던 불교가 조선에 이르러 정도전·조준 등 이성계 일파의 유교로부터의 극단적 배타를 받게 되었고, 다시 일제 강점기의 불교계는 탄압과 변질 속에서 극심한 혼란기가 왔다. 해방 후에는 기독교 장로인 이승만 대통령이 비불교 타종교적 국가 건설을 획책하여 불교계에 대처·비구 법정투쟁의 재판으로 재산상·교육상·사회상 피폐한 불교계를 연출시켜 근대불교의 호국사상과 문화전승의 맥을 끊어버렸고, 타종교의 외세세력 확대에 정치적 음모를 걸었던 시대로, 근대화된 불교로 발전하는 데 악연의 실마리를 걸어버린 불행의 최악시대였다.

당시 한국불교는 淨化라는 명목으로 소용돌이치는 정치승·사이비승의 시대였으며, 이처럼 불교가 미신으로 지탄받아야 하는 사회적 기능을 상실한 듯한 혼미한 시대에 雷虛는 한국불교의 재정립과 『佛教教理發達史』, 『原始佛教』, 『佛教學概論』, 『佛教倫理學』, 『俱舍論』, 『唯識學』, 『禪宗思想史』, 『韓國佛教思想의 座標』 등으로 기복불교에서 현대불교의 위상을 높인 교리, 사상적 체계를 세워 놓은 거목이었다.[1]

좀더 구체적으로 말하면 뇌허의 불교사상은 세 가지 측면으로 나눠 고찰해 볼 수가 있다. 첫째는 민족사상의 근간이었던 佛教思想을 망각한 정치사회적 몰지각한 상하계층에 대한 올바른 불교사상의 체계적인 현대적 정립이요, 둘째는 분열상과 기복화와 정쟁적인 불교승단에 대한 끊임없는 佛陀思想 회귀의 열망이요, 셋째는 현대적인 사회체제 속에서 대중포교의 기치를 든 것이라고 할 수 있을 것이다.

---

1) 睦楨培, 「김동화의 불교철학 탐구」, 『해방50년의 韓國哲學』, 철학연구회편, 철학과현실사, pp.49-57.

그리고 雷虛는 이러한 전환기와 격변기 속에서 승려로서, 새 학문을 학습한 유학승, 대학자, 교수, 교육행정가, 포교전법사로서 한국근대불교에 누가 무어라 해도 태두로서의 효시를 보여준 선각자임에 틀림이 없다. 이에 이러한 뇌허의 인품과 그의 사상을 고찰함에 있어서 먼저 그가 살다간 시대의 사회적 배경을 알아보고 그의 생애와 불교사상연구의 업적을 살펴본 다음 그의 한국불교사상에 끼친 영향을 밝혀보고자 한다.

위와 같은 본서의 목적 달성을 위한 방법으로 雷虛의 11개 저서『佛敎學槪論』,『佛敎敎理發達史』,『禪宗思想史』,『原始佛敎思想』,『三國時代의 佛敎思想』,『大乘佛敎思想』,『佛敎唯心思想의 發達』,『佛敎倫理學』,『俱舍學』,『唯識學』,『韓國佛敎思想의 座標』가운데 이 책에 직접 관련되지 않는『禪宗思想史』를 제외한 10개 저서들의 내용을 주석학적으로 고찰하는 방법을 취하였다.

그 저서들 가운데서도 雷虛의 가장 말기의 저서『韓國佛敎思想의 座標』의 내용을 縱으로 하고 기타 저서들을 橫으로 하면서 그 문장, 문구, 字語들의 의미를 일일이 분석 파악함에 의하여 뇌허가 주장하는 사상의 眞意를 파악 발표하려고 한다.

특히『韓國佛敎思想의 座標』를 주로 한 까닭은 이 저서가 雷虛가 입적하기 전에 쓴 마지막 저서이고, 이 책에서 그가 보는 한국불교의 현실과 앞날의 발전을 위하여 마치 그때를 기다리듯 평생동안 품고 있던 소견을 남김없이 적나라하게 털어놓은 저서라고 필자는 보았기 때문이다.

그리고『禪宗思想史』가 본 논문과 직접 관련이 없다고 본 것은 그의 禪思想이 그야말로 不立文字로 그의『佛敎學槪論』서론 제1장 제1절의 첫말에서 庭前의 栢樹子처럼 분명하게 드러났기 때문이다.

支那 潭州 石霜大善和尙에게 어떤 學人이 "如何是佛法大意이닛고"하고 물었던바 和尙이 答하기를 "春日鷄鳴"이니라 하였다. 그랬던바 그 學人이 또 反問하기를 "學人은 不會이니다". 이에 對한 和尙의 再答은 "中秋犬吠니라"라고 하였다 한다. 만약 이와 같은 式으로 佛敎를 論하여 간다면 佛敎의 定義는 至極히 簡單하다. 그러나 불교가 이와 같이 簡單한 것이라고 定義해 버리기는 매우 어려운 일이다. 直指人心 見性成佛의 宗旨로 人類를 敎導하는 禪宗의 佛法定義로서는 充分한 境遇도 있겠지만 만약 이것을 학문적으로 論하고자 한다면 實로 五里霧中의 感이 없지 않다.

인용문이 길지만 한 문단으로서 뇌허는 교와 선이 어떤 것임을 그야말로 禪으로 말하였고, 그의 禪觀을 여기에서 알아차리지 못하면 그의 『禪宗思想史』 및 기타의 모든 저서를 달달 암송하여도 그의 선사상, 그의 禪心을 알지 못할 것이라고 생각한다.

제2장 雷虛의 생애와 한국불교

雷虛 金東華가 살다 간 조선 말 일제 강점기와 건국 대한민국의 정치, 경제, 문화의 모든 사회상은 문자 그대로 격변과 혼란의 와중이었다. 한반도 문화의 중심이었던 불교사상은 그가 태어난 시대에는 이미 유교의 영향하에 있었고 정치·사회적 부패와 지도자의 부재로 인한 외래의 침탈 또한 불교계에는 사활을 건 중대한 전환기였는데, 드디어 일제 강점기의 악랄한 민족정기의 말살정책인 총독정치로 나아가게 되었다.

그러므로 雷虛의 佛敎思想을 고찰하기 위해서는 우선 무엇보다도 먼저 그 당시의 사회·역사적 배경에 대한 이해가 선행되어야 할 것이다. 이런 뜻에서 일제 강점기의 한국불교를 자세히 살펴보고 그가 그 암흑기에서 한국불교를 새롭게 연구하여 어떻게 이바지하려는 의지를 표방하였는가를 살펴보고자 한다.

1. 일제 강점기의 한국불교

일제 강점기의 한국불교의 실상에 이르기까지 뇌허가 고래의 한국 불교의 역사와 민족성을 어떻게 보았는가를 그의 『韓國佛敎思想의 座標』 '한국불교의 역사와 민족성'(15쪽)에 의하면 다음과 같다.

1) 한국불교의 역사와 민족성

먼저 삼국시대 불교사를 보면, 이 땅에 불교가 처음 전래된 곳은 고구려로서 제17대 소수림왕 2년 6월(서기 372년)에 秦王 符堅이 사신과 함께 順道와 불상 및 경전을 보내온 것에서 비롯되었고 초기에 전래된 불교사상에 관한 옛 문헌은 얻어 볼 수 없고, 다만 고려시대 覺訓이 적은 順道의 사상에 의하여 그 초기의 불교를 알 수 있을 뿐이라고 하고 『海東高僧傳』의 다음과 같은 구절을 인용하고 당시의 불교가 인과보응의 법에 의한 불교였다고 보았다.

대사는 이미 다른 나라에서 와서 西域의 자비로운 등불(佛敎)을 전하고 이 땅에 智慧의 빛을 열도다. 因果의 法則을 가르치고 禍福으로 유도하니 난초의 향기가 가득하다. 점차 成熟하고 닦아져 세상이 성스럽게 되고 사람들은 순박해지니 그것을 막을 바를 모르겠도다. 대사는 비록 쌓은 德이 깊고 理解가 넓었지만 아직 다 펴지 못하였도다.[1]

---

1) 『海東高僧傳』, 韓國佛敎全書(이하 '韓佛全'으로 약칭함) 6, p.30中.
師 既來異國 傳西域之慈燈 懸東施之慧日 示以因果 誘以禍福 蘭熏霧潤 漸漬成習 然 世聖民淳 不知 所以裁之 師 雖蘊深解廣 末多宣暢.

또 고구려에 說一切有部學이 성행하였음을 알 수 있는 증거로 『續高僧傳』의 曇遷傳에 근거하여 다음과 같이 밝혔다.

隋 開皇 초기(581년)에 유식학자로 유명한 중국인 승려 曇遷과 교분이 두터웠던 고구려 승려 智晃은 薩婆多部의 학자로서 중국에 널리 알려졌던 사실[2]로 보아, 고구려에 설일체유부학이 성행하였던 것을 알 수 있다고 지적하였다.

또 중국 삼론종의 시조인 吉藏이 그 遠祖로 모시고, 三論宗學의 중요한 문제의 연원을 대개 이 遠祖의 의견에 따라 해석하였던 그 遠祖가 바로 고구려 요동성의 僧朗大師(502-556)였음을 『梁高僧傳』에 의하여 밝히고,[3] 그런가 하면 또 吉藏(549-623)과 같은 시대의 實法師와 印法師[4] 등 고구려의 승려들이 중국에서 역시 학문적으로 그들을 가르쳐 이끌었던 사실 등으로 보아 고구려 본국에 삼론학이 크게 성행하였음을 알 수 있다고도 지적하였다. 뿐만 아니라 고구려 惠灌스님도 625년에[5] 일본의 삼론종의 시조가 되었고, 道登도 삼론학자로서 일본에 가 있었고, 또 고구려 말기에 국가의 종교정책에 대한 의견의 차이로 보장왕 9년(650)에 남쪽으로 내려온 普德화상이 유명한 열반경 학자였던 것으로 보아 열반종이 유행하였던 것도 알 수 있다고 하였다.

雷虛는 이상과 같은 史實로 미루어 보아 고구려에는 有部宗·三論宗·涅槃宗의 사상이 종파로 성립되지는 않았지만 교리적으로 상당

---

2) 『續高僧傳』18, 曇遷傳. 大正新修大藏經(이하 '大正藏'으로 약칭함) 권50, p.572上. 又高麗沙門智晃 善薩婆多部 名扇當塗爲法城塹 並一見而結友于.

3) 『梁高僧傳』 卷8, 釋法度傳, 大正藏 50, p.380中. 有弟子僧郎 繼踵先師復綱山寺 朗本遼東人 爲性廣學思力該普 凡厥經律 皆能講說 華嚴三論最所命家.

4) 金煐泰, 『韓國佛敎史槪說』, 經書院, 1986, p.32.

5) 金煐泰, 『韓國佛敎史槪說』, 經書院, 1986, p.33.

히 발달해 있었던 것을 짐작할 수 있다고 하였다.

불교가 두 번째 전래된 나라는 백제로서 제15대 침류왕 원년(384) 9월에 西域僧 摩羅難陀가 晉으로부터 건너온 것이 그 시초라고 하고, 고구려와 마찬가지로 처음에 전래된 불교의 사상 내용은 알 수 없거니와 다만 覺訓의 말에 따라 살펴보면 다음과 같다고 뇌허는 보았다.

　　세상 사람들의 性品이 매우 어리석어 王의 命令에도 服從하지 않는 바가 있고 나라의 命令에도 따르지 않는 바가 있었으나, 전에 듣지 못했던 것을 한 번 듣게 되고 보지 못했던 것을 보게 되니 곧 얼굴을 바꾸어 착하게 되었다.[6]

그리고 이러한 기록으로 미루어 보아 백제에 전해진 불교는 고구려의 불교사상 이상의 내용은 아니었으리라 짐작된다고 일단 결론지었다.[7]

뇌허는 계속하여 말하기를, 제26대 성왕 4년(526)에 僧 謙益[8]이 중인도 常伽那大律寺에 가서 5년간 범어를 배운 뒤 五部律典을 구해 귀국하여 律部 72권을 번역하고 율종의 鼻祖가 되었고, 이후 백제 율종의 권위는 드디어 해외에까지 떨쳐서 일본의 善信·阿尼라는 두 여승이 입국하여 律을 배워가는 일까지 있었다고 하였다. 또 성왕은 19년(541)에 사신을 梁에 파견하여 『涅槃經義疏』를 청구하였던바 梁武帝는 『涅槃經疏』를 보냈다는 것[9] 등으로 미루어 보아 백제가 『열반경』

---

6) 『海東高僧傳』 摩羅難陀傳, 韓佛全 6, p.93上.
　　世之流民 性多濃尤戾 王命 有所佛從 國令 有所不順一旦聞所 未聞 見所末見 卽皆
　　革面遷善.
7) 金東華, 『韓國佛敎思想의 座標』, 保林社, 1984, p.17.
8) 金煐泰, 『韓國佛敎史槪說』, 經書院, 1986, p.38.
9) 『三國史記』 卷26 百濟本紀 第4, 南史 卷7.

의 연구를 필요로 하였으며 또 그 疏가 옴으로써 상당한 연구가 이루어졌던 것으로 생각된다고 하였고, 한편 백제에 삼론학이 유포되었다는 것은 일본 불교계에서 최초의 승정이 되었던 觀勒이 삼론학자였던 것으로 미루어 알 수 있고, 또 30대 무왕(635) 때 慧顯스님도『묘법연화경』을 독송하면서 삼론학도 겸하여 공부하였다[10]는 기록을 통해 알 수 있다고 뇌허는 밝혔다.[11] 또 雷虛는 백제의 고승으로 道藏[12]이라는 成實學者가 관광을 위해 일본에 건너갔다가(684) 40여 년 동안 그곳에 머물다 90세에 입적하였고(730), 그가 일본에 있는 동안『成實論疏』16권을 저술하였던바 그 당시 東大寺의 학자로서 성실론을 강의하려면 道藏의 疏에 의지하지 않을 수 없었다 하니 일본 불교계에 있어서 道藏의 위치와 함께 백제 승려의 成實學 연구 수준을 가히 짐작할 수 있다고도 하였다.[13]

뇌허는 계속하여 말하기를 세 번째로 불교가 전래된 나라는 신라로서, 그 불교사를 본다면 통일 이전의 시대와 통일 이후의 시대로 나누어 특징을 찾을 수 있다고 하였다. 통일 이전의 불교는 鎭護國家 사상·화랑도 훈련 등의 특징을 가졌고 통일 이후에는 대개 이론불교와 실천불교의 두 가지로 유행되었다고 보고, 이 중에서도 이론불교가 먼저 유포·발달하였고 실천불교는 신라 말기에 들어와 퍼졌던 것이라 하고, 그 이론불교라 하는 것은 說一切有部의 사상·成實學·三論學·攝論學·涅槃宗·法華宗·法相宗·華嚴宗 등의 사상이라고 지적하였다[14]. 이와 같은 불교사상은 화엄종·법상종의 종파불교 이외에

---

10)『三國史記』卷5 避隱 第8.
11) 金東華,『韓國佛敎思想의 座標』, 保林社, 1984, p.18.
12) 金煐泰,『韓國佛敎史槪說』, 經書院, 1986, p.40.
13) 金煐泰,『韓國佛敎史槪說』, 經書院, 1986, p.40 ; 金東華,『韓國佛敎思想의 座標』, 保林社, 1984, p.19.

는 학문으로 유포되었으며, 따라서 학자로서 여러 學을 함께 공부할 수가 있었던 것이고, 실천불교라 하는 것은 미륵신앙(특히 兜率往生) 사상·율종·미타의 정토왕생사상·비밀진언사상·선종의 修定思想 등이라고 지적하였다. 그런데 신라 말기에 이를수록 이론불교의 발달은 찾아보기 어렵게 되었으니, 바꿔 말하면 신라 말기에 실천적인 여러 종파가 전래됨에 따라서 이론적인 종파가 점점 쇠퇴하기 시작했던 것이라고 雷虛는 보았다.

반면 고려시대의 불교는 어떠했는가를 살펴보면서 고려시대의 불교는 표면상으로 보아서 가장 화려한 황금기라 할 수 있다고 하였다.[15]

雷虛는 고려불교를 분석 비판하면서 고려불교의 특색이라 하면 국가를 보호하고자 하는 기도불교로서, 이와 같은 사실은 기록[16]에 나타나듯이 해마다 달마다 날마다 '무슨 기도', '무슨 법회' 하는 불교행사가 없는 날이 거의 없었음을 보면 알 것이라고 지적하고, 불교의 호화판이라 할 수 있다고 단정을 내렸다. 그러나 이 시대의 불교교리의 내용이 무엇인가 하고 살펴보면 이는 암담한 상태이며, 원래 기도를 본업으로 하는 것은 秘密眞言宗이므로 수많은 국가적 기도회가 성행하였다는 것은 진언종이 주가 되어 있었음을 증명하는 것이고, 禪宗도 이 흐름에 따라서 기도와 법회도 시행하였던 것이라고 보았다.[17] 뇌허는 또 고려 말기에 이르러 五敎九山, 五敎兩宗 하는 문구가 史記와

---

14) 金東華, 『韓國佛敎思想의 座標』, 保林社, 1984, p.19.

15) 金東華, 『韓國佛敎思想의 座標』, 保林社, 1984, p.20.

16) 『高麗史』의 기록에 의하면 83종의 법회도량이 총 1,038회 시행된 것으로 나타난다. 그러나 이는 『高麗史』의 기록에 의한 것이고 실제에 있어서는 이보다 훨씬 상회할 것으로 보인다.(徐閏吉, 『高麗密敎思想史硏究』, 불광출판부, 1993, pp.174-175)

17) 金東華, 『韓國佛敎思想의 座標』, 保林社, 1984, p.20.

유생들의 문집에 나타나는데, 九山이라 함은 신라 말부터 고려에 걸쳐서 있어온 語句로 禪宗을 의미하는 것이니 兩宗이라 하는 것도 아마 선종일 것이라고 추측하였다[18]. 그리고 五敎는 선종에 대한 교종인 것이 분명하나 무엇이 5교에 속하는 종파인지는 명확하지 않아서 이것은 불교사 기록의 불분명한 점 때문이지만 다섯 가지의 교종과 선종이 병행하고 있었던 것만은 틀림없다고 뇌허는 지적하였다.[19]

雷虛는 계속하여 한국불교의 역사적 흐름을 분석 비판하면서, 그 다음에 조선시대의 불교는 어떠하였던가? 고려 왕조의 정변으로 이씨조선이 들어섬에 따라 종교정책에도 일대 전환을 가져왔으니 그것은 유교를 받들고 불교를 억압하는 정책에 의한 것이었다. 조선 제3대 태종 6년 정월 의정부 啓請에서 전국에 있는 각 종파의 사찰 숫자를 언급하고 있는데 각 종파의 이름은 曹溪·摠持·天台疏子·天台法事·華嚴·道門·慈恩·中途·神印·南山·始興 등 열한 가지로 열거되어 있으나, 成俔의 『傭齋叢話』에는 열두 종파로 되어 있다.

우리 태종대에 이르러 12종을 없애고 다만 兩宗으로 남겨 두어 사찰의 농토도 다 고쳤다.[20]

이에 대해 뇌허는 증가한 한 종파가 무엇인지 또는 11종을 잘못 쓴 것인지 알 수가 없다고 지적하고 또 언제 어떻게 변한 것인지는 모르나 세종 6년 4월 禮曹啓에,

---

18) 金東華, 『韓國佛敎思想의 座標』, 保林社, 1984, p.20.
19) 金東華, 『韓國佛敎思想의 座標』, 保林社, 1984, p.21.
20) 『傭齋叢話』, 至我太宗 華十二宗 只置兩宗 盡華寺社之田.

석씨의 도는 禪·敎뿐이므로 조계·천태·총남의 세 종파는 합하여 선종을 만들고, 화엄·자은·시흥의 네 종파(중도종이 누락됨)는 합하여 교종을 만들고, 교외에 승려의 거처를 택하여 서른여섯 개 사찰을 알맞게 두고 양 宗派에 예속케 하며 전지를 주도록 하라.[21]

라고 한 것을 보면, 11종이 또 7종으로 되었고 이것이 다시 선교 양종으로 편성된 것이라고 조선불교의 맥을 짚었다.[22] 이와 같이 고려시대에 5교 양종이던 것이 조선에 와서는 11종·7종 또는 양종으로 되었다고 결론지었다.[23] 뇌허는 한국불교의 역사적 흐름을 교리적 측면으로 약결하기를, 고구려시대에는 薩婆多·三論學·涅槃宗 등의 불교가 병행하였고, 백제시대에는 律宗·涅槃宗·三論學·成實學 등이 있었으며, 또 삼국통일 이후 신라시대에는 전기에 有部·成實·三論·攝論·涅槃·法華·法相·華嚴 등 여러 종류의 이론불교가 성행하는 한편, 후기에는 미륵신앙·율종·비밀진언·미타신앙·선 등의 실천불교가 함께 일어나 성행하였으며, 고려시대 5교 양종, 조선 초기 11종·7종 또는 선교 양종 등으로 여러 종파가 공존하며 성행하였던 것이 명백하다고 하였다.[24]

뇌허는 이와 같은 사실들에 근거하여 한국불교의 역사적 흐름을 다음과 같이 요약 총평하였다.

중국이나 일본의 불교를 본다면 원래 종파불교를 좋아했던 경향이

---

21) 『世宗莊憲大王實錄』 第24卷 2面 20行, 禮曹啓(東國大學校 佛敎文化硏究院編, 『抄錄譯註朝鮮王朝實錄佛敎史料』 Ⅱ, 도서출판 제일정신, 1997, p.187).
　　釋氏之道 禪敎 曹溪天台摠南三宗 合爲禪宗 華嚴慈恩始興四宗(中途宗 漏落乎) 合爲敎宗 擇中外堪寓僧徒之處 量宣置三十六寺 分隷兩宗 優給田地.
22) 金東華, 『韓國佛敎思想의 座標』, 保林社, 1984, p.22.
23) 金東華, 『韓國佛敎思想의 座標』, 保林社, 1984, p.22.
24) 金東華, 『韓國佛敎思想의 座標』, 保林社, 1984, p.22.

짙으나, 과거의 우리 민족은 이 점에 있어서 과연 어떠하였던가? 이제까지 살펴본 바와 같이 과거에는 여러 종파가 분립하였으나 시간이 지날수록 점차 종파가 합해졌으니 그 원인은 다음과 같다.

삼국시대의 불교는 중국에서 전래한 불교이므로 그 당시에는 아직 중국의 여러 종파가 모두 전래되지 못했던 관계인지 여러 종파의 사상이 유행하지 못하다가 통일신라 후기에는 중국과 거의 같은 여러 종파의 사상이 유포되었으나 신라시대 불교는 중국과 같은 종파적 고집에 입각한 불교였다고 보기는 힘들다. 그 이유는 종파라 하면 반드시 그 宗의 독특한 교상판석이 있는 것이 상례인데 우리 나라 과거의 불교에는 그것이 전혀 없다.[25] 이러므로 종파불교라고 이름 붙이기는 어렵다.

그렇지만 三論學이니 成實學·涅槃·唯識·華嚴 등의 각 부문을 전문적으로 연구한 학자들이 사실상 있기는 있었다. 이들은 중국의 여러 종파의 학자에 뒤지지 않을 만큼 훌륭한 학문적 업적을 남겼다. 그들은 특정한 부문을 전공하는 학자이면서 특히 신라시대 학자들은 여러 종파의 학문 가운데 한 부문만을 전공하는 것보다도 각각 종파를 초월해서 보편적인 태도로 두루 연구하는 것이 일반적인 학풍이었다. 이런 점은 한 부문만을 전공하였던 학자라 할지라도 그 학설 가운데 實義的 편견이 전혀 나타나지 않은 것으로 능히 짐작할 수 있다. 신라의 학자들이 얼마나 보편적이요 포용주의적이었던가 하는 예로서는 元曉와 太賢을 들 수 있다. 원효는 그 저서를 통해 본다면 경·율·논 삼장의 어디에도 붓을 대지 않은 것이 없지만 특히 여러 종파에 관한 학문을 보아도 화엄·열반·법화·염불·계율·유식·섭론·삼

---

25) 金東華, 『韓國佛敎思想의 座標』, 保林社, 1984, p.23.

론·성실·비담 등의 열 가지 종파에 관한 저술을 하였고, 또 太賢 역시 유식·섭론·화엄·열반·법화·염불·계율 등 일곱 종파에 관한 저술을 하였다.26) 이러한 포괄적인 불교학의 태도는 중국에서 아무리 유명한 학자라 할지라도 그 유례를 찾아볼 수 없다.

雷虛는 중국 학자와 이 나라 학자 간에 이와 같은 상이한 결과가 나타나게 되는 것은 그 민족성에 기인한다고 보고 신라, 고려, 조선의 불교의 특징을 각각 이런 입장에서 다음과 같이 요약하였다.

즉 신라시대의 학자들은 불교 三藏을 연구하되 어떤 한 부문에만 편벽되게 집착하지 않고 여러 경전과 논서의 취지는 각각 그 독특한 바가 있으므로 그것을 그대로 살려서 공명정대한 진리만을 밝힌다는 것이었다.27) 이 시대의 불교는 중국적인 13종파가 거의 유행하였던 셈이지만 실제에 있어서는 종파가 병립하여 경쟁하지는 않았다. 다만 義湘(625-702)28)이 전래한 화엄학만 종파로 성립되어 후세까지 발전하기도 하였다. 신라 말기에 전래된 선종은 확실히 한 종파로 성립되어 그 후 9산문의 발전을 보았고 비밀진언과 미타염불도 각각 종파로 성립하였다.

고려시대에는 이러한 실천적 여러 종파가 계승되어 국가를 보호하고자 하는 기도가 불교의 유일한 국가적 공헌이라고 생각하였다. 고려 말까지 5교 양종이 나누어져 있던 것은 명확한 사실이나 그 종파의 이름마저 판명되지 않은 여러 종파들도 있어서 그들의 종파적 교학이 대단하지는 않았을 것이다. 조선시대에 11종·7종·선교 양종 등으로 점차 폐합된 것은 불교 자체가 자발적으로 통합한 것이 아니

---

26) 金煐泰, 『韓國佛教史概說』, 經書院, 1986, pp.72-77.
27) 金東華, 『韓國佛教思想의 座標』, 保林社, 1984, p.24.
28) 金煐泰, 『韓國佛教史概說』, 經書院, 1986, pp.78-79.

라 나라가 국가 운영상의 재정궁핍으로 종파를 줄이도록 강요한, 굴욕적인 폐합이었던 것이다.[29] 만약 그때 종파신념이 튼튼한 승려들이 있었다면 그렇게까지 국가 관리들에게 자신들의 신앙을 유린당하지는 않았을 것이다. 하여튼 국가의 탄압이 없었다면 불교는 여러 종파로 분립하는 것이 당연한 역사적 과정이요, 그것이 또 불교의 발전상이다.[30]

그런 관점에서, 우리 민족성은 한 종파만을 고수하는 편협·퇴보성을 갖지 않았음을 알 수 있다고 그는 결론지었다.[31]

이상과 같은 雷虛의 韓國佛敎史觀의 골자로 미루어 보아 한국불교사의 맥을 교리적 측면으로 간파 진단하고 한국불교사의 그러한 맥박의 생동을 자각하고 한국불교 고유의 총화적 교학을 위하여 일생을 바친 한국불교 근·현대에 걸친 계몽적 획기적 학자였음을 짐작할 수 있다. 필자는 이러한 雷虛觀을 발판으로 하여 이 책을 전개시켜 보려고 한다.

2) 한국불교의 시대 구분

한국불교를 수입 당시부터 조선까지 대략 시대 구분해 보면 삼국시대를 불교의 수입시대, 통일신라 이후 고려 말까지를 전성시대, 조선 이후를 쇠퇴시대라고 할 수 있을 것이다. 이렇게 볼 때 조선의 억불정책에서 풀려난 이후의 한국불교는 再興을 가다듬어야 할 새로운 시대로 접어들었다고 할 수 있다. 그래서 權相老는 조선 이후 일제 강점기

---

29) 金東華, 『韓國佛敎思想의 座標』, 保林社, 1984, p.25.
30) 金東華, 『韓國佛敎思想의 座標』, 保林社, 1984, p.25.
31) 金東華, 『韓國佛敎思想의 座標』, 保林社, 1984, p.25.

를 更生過渡時代라 했고32), 朴漢永도 당시 불교를 부활의 시대라고 표현했다.33)

문호개방 이후 한국불교는 조선의 억불정책에서 풀려나는 듯하더니 일본의 침략정책에 편승한 일제 강점기 불교가 끊임없이 침투하여 한국불교를 병합하려 했고, 합방 이후에는 식민지정책의 일환으로 사찰령이 공포되어 또 한 차례 수난을 맞이하게 되었다.

그러나 백용성, 박한영, 한용운, 권상로 등 뜻 있는 선각들은 한국불교의 전통성을 고수하기 위해 밖으로는 외부의 침투와 억압에 끝까지 항거하는 한편 안으로는 불교인 스스로의 정신적 각성과 제도의 혁신을 촉구해 왔다.

조선시대의 억불정책은 불교활동에 많은 제약을 주었다. 억불숭유에 의한 사상의 탄압, 유생들의 사찰과 승려에 대한 노동력 수탈, 경제적 이권을 빼앗기 위한 사원의 정리 등 불교에 가해진 박해는 고려시대 승려들의 타락과 방탕 특히 사원 장리를 활용해 고리대금으로 서민, 농민층을 수탈, 착취한 행위에 대한 결과였다.

조선시대 후기에 이르러 사찰에 대한 유생들의 경제적 수탈이 더욱 증가함에 따라 이판승과 사판승의 구분이 뚜렷하게 나타났다. 이판승은 참선, 경학을 중심으로 오로지 수행에 전력하여 세속 일에는 무관심한 반면에, 사판승들은 온갖 잡역과 경제적 착취를 감당해 내면서 사찰을 관리하고 유지시켰다.34) 이들은 대부분이 役僧으로 노동자와 다름이 없었으며, 무식하여 사회의 천대를 받았다. 그러나 조선후기에 사원경제를 위해 열심히 일하던 사판승들은 일제 강점기 상황에서 사

<段>

32) 權相老, 『朝鮮佛敎史槪論』, 佛敎時報社, 1939, p.60.
33) 朴漢永, 「佛敎의 興廢所以를 探究할 今日」(海東佛報 4號, 1914. 2), p.3.
34) 高橋亨, 『李朝敎佛』, 國學資料院, 1930, p.904.

찰령에 의한 갑작스러운 신분의 상승으로 지금까지 축적하였던 사찰 재산을 남용하고 권력을 휘두르게 되는 현상을 자아냈다. 이러한 상반된 행동은 결국 수행자적 목적의식이 없이 생계수단으로 선택한 승려생활에서 오는 당연한 귀결이었다.

이와 같이 승려의 자질 하락은 일제 강점기 한국불교 발전에 본질적인 장애요소가 되었으며 사찰령에 의해 이용당하는 바람직하지 못한 결과를 빚게 되었다. 한편 지금까지 일제 강점기의 불교를 바라보는 입장은 '악랄한' '교묘한' '식민지의 본질적 한계' 등 대부분이 '사찰령의 피해의식' 속에서 연구되어 왔다. 그 결과 불교가 부딪혀야 했던 문제들을 '식민지 상황'으로 그 책임을 전가하여 불교에 대한 정확한 비판의식이 결여되었다. 이러한 현상은 오늘날 한국불교가 비록 사찰령의 지배에서는 벗어났지만 당시와 같은 유형의 본질적 현안문제 즉 불교의 대중화, 사회사업, 승려의 자질향상 등의 모든 문제에 여전히 소극성을 띠고 있는 데서 알 수 있다.

그러므로 일제 강점기 불교가 침체한 원인은 '사찰령에 의한 총독부의 불교이용정책'과 아울러 승려의 수행자적 본분의 상실에 있었다고 보겠다.

이제까지는 '사찰령에 대한 피해의식'이 지나치게 강조되어 왔으므로, 침체의 늪에서 벗어나려 했던 불교의 자각적 활동에 대한 의지와 개혁을 소홀히 다룬 감이 있다. 그 어느 시대보다도 자각의 기운이 강렬하게 일어났던 시기를 간과하고,35) 몇몇 본산주지들의 타락을 불교의 전체로 인식하여 일제 강점기 불교를 암흑기로 규정하는 부정적인

---

35) 1920년대부터 한국불교는 젊은 승려 층을 중심으로 새로운 자각운동이 일어났다. 유신회를 중심으로 한 제도적 개혁과 선학원을 중심으로 한 수행자적 자각은 일제 강점기 암흑기의 불교를 보상하고도 남을 새로운 광명기였다.

시각은 시정되어야 할 것이다.

즉 '유신은 파괴로부터'를 주장하여 개혁에 앞장섰던 한용운스님, 사라져 가는 한국의 선풍을 다시 일으킨 경허선사, 그 뒤를 이어 청정 수행자적인 자세로 일관한 만공스님, 대각교사상을 펼친 용성선사, 이 외에 박한영, 방한암 등 많은 선각자들이 활약했던 일제 강점기의 불 교는 암흑기가 아닌 자각기였다. 왜냐하면 개혁의 의지는 곧 자각이 기 때문이다.

이러한 시기에 새로운 불교의 자각운동으로 불교의 학문화, 보편 화, 대중화, 전법화의 앞장에 우뚝 선 분이 바로 雷虛라고 확신하는 바이다.

2. 출생과 국내 수행

이러한 자각의 시기에 雷虛는 1902년 8월 30일(음) 경북 상주군 상 주면 서곡리에서 부 김학수 모 전주이씨의 장남으로 출생하였고, 1913 년 경북 상주군 상주면 동해사로 출가하였다.[36] 이 시기의 한국은 일 본 침략에 의한 정치적·사회적 수난기였다.

19세기에 이르러 서양은 산업혁명으로 성립한 자본주의 체제가 상 업자본주의 경제로 확대되면서 이에 따른 시장개척과 원료의 확보를 위해 해외로 진출하여 식민지를 획득하려는 제국주의 침략경쟁이 치 열하게 전개되었다. 이러한 영향으로 아시아 여러 국가들이 열강의 힘에 의해 타율적으로 문호를 개방한 이후, 일본은 명치유신을 거쳐

---

36) 雷虛 金東華의 약력은 p.102, '4. 교화와 입적' 부분에서 詳述함.

근대화 작업에 착수하여 그 기반을 다지게 되었다. 그 과정에서 국내의 급속한 정치변동에 따른 반대세력을 무마시키고 강력한 자본주의 국가를 구축하기 위해 대륙 진출이 필요하게 되었고 이에 따라 그 첫번째 대상으로 조선을 정하게 되었다. 그리하여 1876년 일본은 운요호사건을 일으켜 무력으로 조선과 강화도조약을 체결하고 강제로 조선을 개항시켰다.[37]

제국주의시대 열강들의 식민지 침략정책은 크게 두 가지로 구분할 수 있다. 첫째는 정치적·군사적 힘에 의한 경제적 수탈로서 자국에 필요한 시장 확보와 원료를 공급하는 것이며, 둘째는 정신적 침략 즉 서구의 기독교적 사상으로 뒤떨어진 식민지국의 문화를 일깨워준다는 일종의 종교적 우월주의의 선교사적 침략으로서 식민지국의 종교를 개혁하여 보다 더 자국의 식민지 통치에 적합하도록 만드는 데 있다.

이러한 경향은 일본도 예외는 아니어서 일본 제국주의의 식민지 통치정책도 크게 두 가지 방향에서 행해졌다고 할 수 있다. 첫째는 정략가들의 정치적 흥정과 친일 앞잡이들의 기득권 옹호를 비호 삼아 군사적·행정적·제도적인 압제수법을 썼고, 둘째는 민중의 하부구조를 파고 들어가 민중의 생활감정을 달래고 나아가 동화정책까지 시도했던 것으로[38] 특히 여기에는 불교를 이용하여 조선인의 정신을 일본에 동화시켜 대일 타협주의를 조장하여 근대화를 일본의 덕이라고 믿

---

37) 일본의 일방적 의도에도 불구하고 강화도조약이 지니는 역사적 의의는 컸다. 그것은 조선이 국제적인 무대에 등장하는 첫 출발이 되었기 때문이다. 이에 따라 서양문명의 수입과 함께 일본을 위시한 열강의 침략을 수반하게 되어 개항과 자주의 역사적 시련을 안겨다 주었다.(李基白, 『韓國史新論』, 一潮閣, 1983, p.321)

38) 姜東鎭, 『日帝의 韓國侵略政策史』, 한길사, 1980, pp.9-15.

게끔 유도하여 통치하는 것이었다.39)

한편 조선은 純祖 이래 서양에서 전래된 예수교와 전통사상의 마찰, 민중을 중심으로 한 동학군의 혁명적 봉기에 의해 조정이 흔들리면서 더욱더 이에 대한 탄압이 가중되고 있었다. 반면에 불교에 대해서는 지금까지의 탄압과 무관심에서 어느 정도 탈피하여 불교를 비호하게 되었는데,40) 이것은 조정의 예수교, 동학 등에 대한 거부감이 오히려 불교를 재래의 종교로 인식하여 친밀감을 일으키게 되었고 또한 승려 자신들의 운동에 의해서 조정과 불교에 새로운 전기가 형성되기 시작하고 있었다.

1) 일본불교의 한국 침투와 포교활동

일본불교가 우리 나라에서 행한 포교활동의 효시는 1585년 本願寺의 승려 奧村淨信이 부산에 세운 高德寺였다. 그의 활동은 임진왜란이 일어난 지 6개월 뒤에 본국으로 귀환하기까지 7년간 계속되었다. 임란이 일어난 직전의 수년 동안 일승이 이 땅에서 활동한 것은 그로부터 3백여 년 뒤 일본이 대륙 진출의 야망을 품고 조선 침략을 획책하기 시작한 1870년대의 상황과 상당한 공통점이 있다.41)

명치유신 이전에는 長崎의 僧 元泰가 전남 興王寺에서 포교를 시도

---

39) 佛教社會研究所編, 『現代韓國佛教의 진단과 전망』, 佛教社會研究所, 1983, p.43.
40) 조정에서는 사찰을 수탈하는 자를 벌하기로 하고 각 사찰에 공문을 보내 양반들의 討求를 금했으며 이것을 잘 이행하는 지방관에게 頌德碑도 세워주는 등 불교에 대한 대우가 조금씩 나아지고 있었다.
41) 일본이 우리 나라를 침략하기에 앞서 반드시 일본 승려들이 먼저 활동을 했는데 임란의 여러 기록에 의하면 전란을 전후한 일본 승려들의 주된 역할은 정탐이었다고 한다.(姜昔珠 · 朴敬勛, 『佛教近世百年』, 中央日報社, 1980, pp.26-27)

했고, 다시 肥前의 僧 惠俊이 경북 泉谷寺 등지에서 포교, 명치유신 이후에는 高田義見이 한국 全道를 행각하는가 하면 加藤惠證이 금강산 등의 사원을 순시했고, 花崎鎭은 북한에 학교를 세우고 개교를 착수하다가 포기한 적이 있었는데 이들은 준비기에 불과하고,[42] 본격적으로 포교를 시작한 것은 1878년 일본의 淨土眞宗 本願寺派 僧 奧村圓心이 조선 땅에 거주하는 일본 거주민들의 신앙을 위한다는 명목아래 부산에서 처음으로 本願寺 別院을 세운 이래[43] 1910년 한일합방이 될 때까지 그 전성기를 이루었다.

이에 대한 배경은 그 당시 일제 강점기의 內務卿 大久保와 外務卿 寺島가 1877년 大谷派 本願寺 管長과 조선개교에 관한 일을 상의한 적이 있는데 그 내용은 다음과 같다.

…住民들의 生活保護 및 경제운용의 기관설치와 함께 위안기관으로서 宗敎가 매우 必要하게 되었다. 本願寺는 비록 宗敎와 政治가 分離되어 있다고 하나 兩者가 서로 도움으로써 國運을 진전 發揚하고 國民의 活動을 도모하는 것을 信條로 하고 있다. 明治維新政府가 維新大業을 完成하여 점차 中國, 朝鮮 등 여러 外國을 向하여 發展을 도모함에 따라 우리 本願寺도 또한 북해도의 開拓을 비롯하여 中國, 朝鮮의 開敎를 計劃하였다.[44]

이러한 면에서 볼 때 종교와 정부 당국과의 관계가 단순히 일본 주민의 위안기관이 아니라 정부의 대외정책과 그 궤도를 같이 함으로써 종교에 의한 그들의 침략의도를 짐작할 수 있다. 뿐만 아니라 奧村圓

---

42) 靑柳南冥, 『朝鮮宗敎史』, 朝鮮硏究會, 明治 44年, p.128.
43) 朝鮮開敎監督部編, 『朝鮮開敎五十年誌』, 大谷派本願寺, 昭和 2年, pp.22-24.
44) 朝鮮開敎監督部編, 『朝鮮開敎五十年誌』, 大谷派本願寺, 昭和 2年, pp.18-19.

心의 조선 개교를 돕기 위해 귀족원 의장 近衛篤磨가 大谷光瑩 大願寺 大谷派 法主 등에게 보낸 서한을 보면 일본이 동양재패의 야욕을 달성하기 위해 종교가 필요함을 강조하고 있음을 알 수 있다.

근래 서양의 여러 나라가 동양에 관하여 관심을 기울이고 있는데, 이때 백년지계를 이루지 못하면 결코 만회하기 어려운 지경에 이를 것으로 안다. 그러므로 동방의 선진국인 일본이 솔선하여 남을 위함이 필요하다고 생각할 뿐만 아니라, 어찌하였든 淸·朝 양국이 일본에 대해 가지고 있는 좋지 않은 감정을 부드럽게 하여 동방의 여러 나라가 서로 긴밀한 유대를 갖기 위해서는 당국자 한 사람의 진력만으로는 어렵다. 이러한 경우에는 종교와 교육의 힘을 비는 것이 가장 필요하다고 생각한다.45)

이와 같이 일본 정부 측의 입장은 식민지 침략을 효율적으로 하기 위해서 종교와 교육에 의한 정신적 동화작용이 필요하게 되었고, 일본불교계의 입장은 정부시책에 동조하면서 한편으로는 自派의 해외포교를 적극적으로 펼칠 필요가 있었으므로 정부 당국과 일본불교계의 이해관계가 서로 잘 부합되었던 것이다.

이러한 예는 많이 발견되는데, 우선 奧村圓心이 포교 20년이 되던 1898년 10월 本願寺 大谷派 本山에 제출한 光州 開敎에 관한 보고서에서 다음과 같이 그의 포부를 나타냈다.

나라와 法이 떨어질 수 없듯이 日本과 朝鮮은 唇齒와 같이 서로 不可分의 관계에 놓여 있다. 생각하건대 東邦의 형세는 形言하기 어려운 지경에 놓여 있다. 이때 우리의 王法爲本 忠君愛國의 敎로 朝鮮人들을 유도 개발함은 실로 우리 敎의 本旨이다.46)

---

45) 姜昔珠·朴敬勛, 『佛敎近世百年』, 中央日報社, 1980, p.28.

이와 같이 한국과 일본의 '脣齒의 관계'에 의해 침략을 '도움'이라는 논리로 정당화시키는가 하면 '王法爲本 忠君愛國의 敎'를 강조함으로써 종교의 방향이 정부와 부합됨을 여실히 드러내고 있다.

종교적 침략의 의도는 이외에도 국수주의식 성격이 가장 강한 日蓮宗派에서도 잘 나타나고 있는 日蓮宗의 田中智學의 한국정벌 정당론을 보면 다음과 같다.

> …지금 朝鮮을 정벌하지 않으면 장래 러시아와 시끄러워진다. 그것을 미리 막고 東洋 平和를 수립하기 위해서 朝鮮을 정복해야 한다. 日本에는 征伐할 이유가 있다. 朝鮮에는 정복될 因果가 있다.[47]

이제 조선을 정벌하는 것은 조선과 일본의 '脣齒의 관계'뿐만 아니라 '동양의 평화'를 위한 것으로 한층 그 명분이 확대되고 있는데, 한편 日蓮宗의 加騰文敎도 침략적 의도를 이러한 관점에서 합리화시키고 있다.

> 대체 朝·日·淸 三國은 純然한 일대 독립국가로 영원한 東洋 平和를 유지하며 安危存亡 그 운명을 같이하지 아니할 수 없는 것이거늘, 항차 동일한 佛敎國 韓國을 위해 布敎한다는 것이 어찌 日本 佛敎界의 報恩的 의무가 아니겠는가. 征淸軍의 목적으로 보나 장래 조·일간의 관계로 보나 이것은 最大 急務이다.[48]

---

46) 三寶學會編, 『韓國佛敎最近百年史』 卷4, 三寶學會, 1970, p.205.
47) 中濃敎篤, 「朝鮮 皇民化政策과 宗敎」, 『現代』, 岩疲書店刊, 1972, p.188 ; 徐景洙, 「日帝의 佛敎政策」, 佛敎學報 제19호, 1982, p.89 재인용.
48) 加等文敎, 『朝鮮開敎論』, 1900, pp.20-21 재인용 ; 朴相權, 「日帝의 宗敎政策과 韓國宗敎」, 『한국근대종교사상사』, 1984, p.165.

이상에서 살펴볼 때 정치가와 승려 중 어느 쪽이 더 침략적인지도 분간하기 어려울 정도로 오히려 일본 승려들이 더 적극적으로 앞장섰던 느낌이다.

이와 같이 일승들은 한국을 위하고 동양 평화의 유지와 조선에 대한 보은이라는 역설적 명분을 내걸고 일본 당국의 침략정책에 편승 내지 동조 선봉하면서 문호개방 이후 끊임없이 조선으로 침투했다.

奧村圓心의 부산 별원 준공 이후, 本派 本願寺의 釜山 開敎(1895), 淨土宗의 경성종무소(1898), 日蓮宗의 日宗會堂(1881), 曹洞宗의 兩大本山 別院朝鮮布敎管理所(1909), 眞言宗의 高野山敎會所(1906), 일본 임제종의 포교소 설립49) 등 일본불교의 각 종파가 한국 포교에 열을 올리고 있었는데, 한편 한국의 승려는 인조 원년(1623) 이래의 '승려의 도성출입금지'에 묶여 한성에도 들어오지 못하고 있었다. 1882년 한미수호조약 이후 한국에서 금지되고 탄압 받던 가톨릭 및 기독교 등은 포교의 자유를 인정받아 신학교를 개설하는 등 포교에 전력을 기울이고 있었다. 이런 상황에서 일본승들은 한국 불교인들을 유인, 동화, 포섭하기 위해 여러 가지 선심공세를 쓰기도 했는데 그 구체적인 방법으로 奧村圓心이 1898년 포교방법을 본산에 제출한 것을 보면 다음과 같다.

1. 殖産興業을 장려하여 각종 기술, 예컨대 제지, 양장 등을 가르쳐 可能한 物質的 啓發에 힘쓴다.
2. 僧俗을 不問하고 지방의 저명인사에게 日本을 시찰케 함으로써 一般 啓發 보급을 도모할 것, 단 朝鮮 내에서 日本 佛敎의 布敎에 힘을 다하는 자가 日本을 視察할 때 僧俗을 不問하고 특별대우를

---

49) 靑柳南冥, 『朝鮮宗敎史』, 朝鮮硏究會, 明治 44年, p.141 ; 權相老, 『朝鮮佛敎史槪論』, 佛敎時報社, 1939, p.164 재인용.

한다.

3. 學校를 設立하여 靑年을 啓發할 것, 단 처음에는 朝鮮人으로부터
   의심을 받지 않도록 朝鮮人 敎師 1人을 採用하고 生徒로부터는
   전연 수업료를 받지 않으며 紙筆墨을 대주면서 재래의 학예만을
   수업시키다가 차차 지리, 역사 등을 수업하고 마지막으로 宗敎倫
   理를 敎育시킬 것, 生徒는 10명 정도로 하고 觀察使나 지방관들과
   교섭하여 가급적 上流生活을 시키며 뛰어난 자는 발탁할 것.[50]

이와 같이 일본 승려의 조선인 포섭방안은 매우 체계적으로 자연스
럽게 조선인을 동화시키려는 의도가 내포되어 있다. 일본 시찰에 대
한 특별 대우는 일본에 대해 친밀감을 느끼게 하고, 종교윤리를 교육
시키는 것은 그 당시 일본의 종교윤리가 '王治爲本 忠君愛國'으로서
종교로 인해 국가에 충성을 도모하고, 생도수를 소수로 제한한 것은
그들의 교육이 조선인 일반 학생들을 위한 교육이 아니라 특수적인
것으로 조선인을 일본에 동화시킬 수 있는 지도자격인 한국인 어용
인재를 양성하는 데 목적을 두었고, 관찰사나 지방관들과 교섭함으로
써 그들과 유대관계를 통해 상류층 생활자에 대한 일본총독부의 친일
집권층 형성 정책에 동조하여 보조를 같이 하고 있다.

이외에도 日僧들이 어떻게 조선 포교방법을 사용했는지는 다음 서
술에 잘 나타나 있다.

朝鮮 八道에 대한 布敎의 보급을 도모하려면 國內 樞要地 30여 개소
에 會堂을 建設해야 한다. 그러나 그것을 신축하는 데는 財政的 難問題
가 따르게 되니 차라리 韓國寺刹을 이용함이 어떨까? 즉 朝鮮 현존 寺

---

50) 朝鮮開敎監督部編, 『朝鮮開敎五十年誌』, 大谷派本願寺, 昭和 2年, pp.71-73 ; 姜昔
　　珠・朴敬勛, 『佛敎近世百年』, 中央日報社, 1980, p.32 재인용.

刹 1,600개사 가운데 편의한 寺刹을 선택하여 日·朝 僧侶 공동의 會堂을 쓴다면 朝鮮僧 또한 厚意로서 그것을 승낙하게 될 것이다. 論者가 이미 10여 개 사의 內約을 받은 바 있거니와 이것은 매우 편리할 것으로 생각된다. 朝鮮 寺刹은 매우 견고하니 조금도 不自由가 없을 것이다.[51]

즉 지금까지 물질적 후대에 한계를 느낀 일승들은 조선 승려들의 일본에 대한 호의감을 역이용하여 능히 조선에 있는 사찰을 매수할 수 있는 자신감을 갖게 됨으로써 조선 사찰은 있되 조선의 승려는 없는 하나의 사찰무료 임대를 획득하여 그들의 조선불교에 대한 포교의 목적을 달성하고자 했다.

한편 日僧들의 조선불교에 대한 포교에 못지않게 일본 정부도 조선인에 대한 포섭활동을 벌였는데 이것은 주로 일본에 조선인 시찰단을 파견하는 것으로 19세기 말 이후 일본 정부는 여기에 역점을 두어 많은 조선인들이 일본에 다녀오게 되었다.

1906년 건봉사 승려 李海明이 일본에 건너가 조동종 소속 慶福寺에서 세존 제83대 계첩을 받은 적이 있고,[52] 1909년 이능화 등 30명을 데려다가 3개월 동안 각 관청, 학교, 공장 등을 관람시킨 것[53]을 비롯해서, 1909년 홍월초 등 60여 인을 보냈고,[54] 1917년 권상로 외 8명의 본산주지 견학, 그리고 1928년 임석진 외 22명의 본산주지들을 초청, 시찰시킨 적[55]이 있었다.

---

51) 武田範之, 「圓宗六諦論」, 『李朝佛敎』, p.926 ; 鄭珖鎬, 「日帝의 宗敎政策과 植民地佛敎」, 『한국근대민중불교의 이념과 전개』, 한길사, 1980, p.268 재인용.
52) 李晦明, 『半生日記』, 丙午年條 ; 三寶學會, 『韓國佛敎最近百年史』卷1, p.16(油印本).
53) 李能和, 「內地에 佛敎시찰단을 送함」, 朝鮮佛敎叢報 제6.
54) 洪月初行狀, 佛敎 제24호.

　이런 관계 속에서 일본에 시찰을 다녀온 대부분의 불교인들은 자연히 일본 정부와 日僧에 대해 호감을 갖게 되고 친밀한 관계가 형성됨에 따라 일본 정부의 시찰단 파견 의도는 어느 정도 성과를 얻게 되었고 조선 불교인들은 자신도 모르게 일본 정부와 불교에 대해 동조 예속화되는 결과를 초래하였다.

① 승려의 都城出入解禁

　한편 일승들은 조선 불교인을 포섭하기 위해 座歌, 物質供與, 交遊, 後憂[56] 등 여러 가지 방법을 사용하기도 했으나 보다 더 조선 불교인들의 적극적인 환심을 사야 할 필요성이 있었다. 이에 日僧 佐野가 착안해 낸 것이 '승려의 도성출입금지'를 해제시켜 승려들의 자유로운 도성출입을 허용하는 것이었다. 우선 승려의 사회적 지위를 향상시켜 놓아야 일본불교가 침투하여 조선불교를 예속화시키고 민중을 지배할 기반을 만들 수 있었기 때문이었다. 당시 승려들은 수백 년 동안 사회로부터 수모와 천대를 받고 있었으며, 사찰과 승려들에 대한 유생들의 온갖 수탈로 사찰은 이미 수도승의 집단인 승가의 기능과 의미를 상실하고 하나의 천민집단촌으로 전락하여 겨우 승가의 명맥을 유지하고 있던 실정 이외에도 승려의 入城禁止令[57]에 의해 철저히 차별되고 있던 상황에서 승려의 도성출입 허용은 가장 시급한 현안문제 중의 하나였으며 그것은 곧 승려들이 동등한 사회구성원으로 평등한 인격을 인정받는 것이기 때문이었다. 승려의 도성출입해금의 건의는

---

55) 林錫珍, 「日本佛敎시찰단 日誌」, 佛敎 제49-54호 연재.
56) 朝鮮開敎監督部編, 『朝鮮開敎五十年誌』, 大谷派本願寺, 昭和 2年, pp.31-32.
57) 승려의 '都城出入禁止'에 관한 조처는 續大典(刑典)에 "僧尼濫人都城者 杖一百永續殘邑 奴婢 許接人以制書律論 童女爲尼者 治罪還俗"이라고 한 것으로 보아 매우 엄격했음을 알 수 있다.

1894년 각의에 제출되어 거의 통과하는 순간 대원군의 간섭으로 거부된 적이 있었다.[58]

1895년 일련종 승려 佐野가 總理大臣 김홍집에게 입성해금에 대한 건백서를 제출하여 김홍집이 다시 고종에게 筵奏를 하자 1895년(고종 32년) 3월 29일 승려의 '입성금지'를 완화하라는 명령을 내리게 되었다.

이에 대한 배경을 보면 첫째 일련종의 佐野가 당시 일본 공사관의 적극적인 후원을 얻고 있었으므로 이것은 일본 승려의 개인적 차원에서 벗어나 일본 정부의 건의로 인식되었고, 둘째 김홍집 내각이 친일적인 경향으로 일본과 관계가 유연했으며, 셋째 이미 실권을 빼앗긴 대원군이 적극적인 반대를 하는 것은 시세의 흐름을 거스리는 것이며 더 이상의 반대는 자신에게 아무런 이익이 없었기 때문에 解禁 建白書는 순조롭게 진행되었다.

일본 승려에 의해 달성된 入城解禁은 조선불교사에서 새로운 시기로의 전환을 의미하는 큰 사건으로 승려들은 이제 사회로부터 동등한 대우를 받는 반면에 그에 대한 대가로 일제 강점기 하에서 분열과 이용당하는 시련을 겪게 되었다.

여기서 日僧 佐野가 조정에 '僧侶 入城解禁'을 건의한 의도와 배경을 살펴볼 필요가 있는데, 건백서의 내용은 다음과 같다.

小僧이 이 땅에 온 지 얼마 되지 않아 貴國의 실정을 잘 모르지만 僧侶들의 都城出入을 禁止한다는 말을 듣고는 그 놀라움과 슬픔을 禁

---

58) 1880년, 李東仁은 閔永翊을 통해 대정부 건의안 중에서, 대원군 이후 중지된 불교의 포교 자유를 인정해 줄 것을 제시한 적이 있었다.(『東大七十年史』, 동국대출판부, 1983.2, p.6 ; 월간법회 4월호 1987, '불교계 3.1운동', p.78 재인용)

할 수가 없었습니다. 어진 임금이 위에 계시고 현명한 사람들이 中興
의 大業을 훌륭히 시행하고 있는데 이 禁止令만이 解除를 못 본 것은
심히 유감입니다.59)

위 건백서의 내용을 보면 佐野의 의도가 순수한 승려의 입장에서
오로지 조선 승려의 입성허가를 위한 것으로 보일지 모르나 그의 숨
은 뜻은 같은 日人이면서 학자인 高橋亨이 『李朝佛敎』에 서술한 것에
잘 나타나 있다.

　佐野師는 京城에 머무른 지 얼마 되지 않아 朝鮮 佛敎는 이미 生氣
를 잃고 僧侶에게는 宗乘도 없으며 宗旨의 信仰도 없음을 간파하고, 方
便만 잘 쓴다면 그들을 日本 佛敎의 宗旨에 改宗시키고 나아가서는 日
蓮宗으로 朝鮮 佛敎를 統一하는 것도 그다지 어려운 일이 아니라고 생
각했다. 이에 師는 朝鮮 僧侶를 위해 '破天 荒의 恩惠'를 베풀어주고,
또 그렇게 함으로써 그들을 日蓮宗으로 끌어들이는 계기를 만들고자
했다. 그리하여 奇才 佐野師가 착안한 것은 실로 朝鮮 僧侶의 入城解禁
문제 그것이었다.60)

결국, 日僧에 의해 승려들의 오랜 숙원이었던 入城解禁이 되자 이미
생기를 잃고 宗乘도 없으며 宗旨의 신앙도 없는 조선의 승려들은 佐野
를 비롯한 일승들이 예상했던 대로 일승들에 대해 고마운 감정과 친
밀감을 적극적으로 불러 일으켜 일승들의 계획은 어느 정도 이루어지
게 되었다.61)

---

59) 高橋亨, 『李朝敎佛』, 國學資料院, 1930, p.894.
60) 高橋亨, 『李朝敎佛』, 國學資料院, 1930, p.895.
61) 姜昔珠・朴敬勛, 『佛敎近世百年』, 中央日報社, 1980, pp.16-17.

이런 상황에서 승려들은 일승 佐野에게 고마움과 감사장을 표시했
는데, 대표적인 것으로 용주사 僧 尙順이 佐野에게 증정한 감사장이
있으며 그 내용은 다음과 같다.

　우리는 지극히 卑賤하여 京城에 들어가지 못하기를 지금까지 500여
년이라, 항상 울적하였습니다. 다행히 交隣이 이루어져 大尊師 각하께
서 이 萬里他國에 오시어 널리 悲哀의 恩惠를 베푸시니, 本國의 僧徒로
하여금 500년 내의 억울함을 쾌히 풀게 하였습니다. 이제부터는 王京
을 볼 수 있으니 이는 실로 이 나라의 한 僧侶로서 감사하고 치하하는
바입니다.
　入城하게 된 이제 감히 小僧의 작은 정성으로나마 大尊師 각하에게
배려하나이다.62)

이상에서 볼 때 입성해금은 조선 500여 년 동안의 억압상태에서 벗
어나는 전환기였으며, 아울러 머지않아 다시 새로운 지배층에 의해
지배당하는 과도기였다. 이러한 과정에서 지혜에 의해 선견지명을 중
시하는 불교가 이미 그 기능의 역부족으로 인하여 사회에 대한 안목
과 판단력이 완전히 상실되어 버린 상태에서 또 다른 지배의 구속을
당하게 된 것은 당연한 일이었다.

입성해금에 의해 한국불교에 친일적인 결정적 계기가 이루어지고
있자 佐野는 이 기회를 이용하여 1895년 5월 5일 北營에서 白蓮寺, 華
溪寺 등 승려 300여 명이 참석하고 20여 명의 정부 고관이 참석한 가
운데 고종의 聖壽無彊을 빌며 동시에 中興維新의 대업을 축원하고 도
성출입을 풀어준 성은에 보답한다는 기도회를 성대히 개최하였다.63)

---

62) 高橋亨, 『李朝敎佛』, 國學資料院, 1930, p.897.
63) 高橋亨, 『李朝敎佛』, 國學資料院, 1930, pp.900-901.

② 총독부의 조선사원 관리규칙 發布

일본 각 종파가 한국포교에 성공하고 있음을 파악한 총독부는 이에 대해 법적으로 적극적인 원조를 하기 위해 1906년 11월 17일 府令 제45호에서 '宗敎의 宣布에 관한 規則'을 발포하였다. 특히 府令 제4조에 보면,

佛敎宗派의 管理者 또는 布敎者와 其他 日本臣民으로서 조선사원 관리의 委囑에 응하려고 할 때는 必要한 서류를 첨부하여 그 寺院 所在地의 所管理事官을 경유하여 總督府의 認可를 得해야 한다.

라고 하여 조선사원 保護倂合規則을 명시하였다. 이 관리규칙이 발포되자 일본 각 종파는 서로 앞을 다투어 조선사원관리를 통감부에 신청하였는데 이때 일본 종파에 관리를 요청한 사원을 보면 다음과 같다.

1. 統監府의 許可를 얻은 寺刹
   金泉 直指寺, 博川 深源寺, 鐵原 四神庵, 果川 戀主庵
2. 許可를 얻지 못한 寺刹
   寧邊 普賢寺, 安川 大佛寺와 法興寺, 永川 寧國寺, 全北 高山 華岩寺, 陝川 海印寺, 楊洲 華溪寺, 晋州 大源寺, 全北 龍潭 天皇寺, 准陽 長安寺, 全州 鷄井寺, 서울 奉國寺, 東萊 梵魚寺, 求禮 華嚴寺, 河東 雙溪寺 등이다.[64]

이 사찰들은 일본 大谷派 本願寺에 청원했던 사찰들이며 이외에도

---

64) 朝鮮開敎監督部編, 『朝鮮開敎五十年誌』, 大谷派本願寺, 昭和 2年, p.195.

많은 사찰들이 각 종파에 관리를 요청하였다.[65] 이러한 현상으로 보아 당시 조선불교계가 일본 종파에 대한 친밀관계가 어느 정도였는지 짐작할 수 있는데, 이와 같이 조선 사원이 일본불교의 관리를 요청한 이유는 다음의 몇 가지가 있다.

첫째, 당시 조선 승려들이 사회의 멸시와 천대에서 탈피하고 사대부 계급들의 학대와 수탈을 면하는 방법은 일본 정부와 일본 사원에 의존하는 것이 필요하였다.

둘째, 당시는 일본의 침략에 대항하여 의병들의 봉기가 잦았는데 이 과정에서 산 속에 위치한 사원은 약탈과 방화로 많은 피해를 받게 되었다. 이 때문에 조선의 사원은 일본 사원의 말사가 되어 일본 헌병과 군대의 보호를 요청하게 되었다.[66]

셋째, 조선불교가 자립하여 체계를 갖추고 활동을 하려면 일본불교의 도움이 필요하였다. 발전된 일본불교의 제도, 포교방법을 배우고자 하는 의도는 당시 조선 승려들의 일반적인 견해였다. 이러한 생각은 유점사의 승려 巨人이 일승 奧村圓心을 만나 도움을 요청한 가운데도

---

65) 1911년에는 이미 백여 개의 사찰이 일본 사원에 등록되어 「本願寺別院 末寺 000寺」「淨土宗開敎院 別院 00寺」 등의 간판을 寺門에 달았다.(『朝鮮宗敎史』, p.131)

66) 이에 대해 日人學者 高橋亨은 '의병이란 이름을 가장한 비적의 무리가 봉기하여 서민에게 잔혹한 횡포를 했다. 그 횡포가 계속된 만 2년 동안… 산속 사찰 중 큰 피해를 보지 않은 사찰은 하나도 없다. 승려는 흩어지고 불당은 황폐했으며 물자는 약탈당하고… 법당을 일시에 불태워 버리기도 했다'라고 하여 의병들의 소행이라고 기술하고 있는 반면, 楡岾寺의 寺誌는 '1907년 9월 의병 700여 명이 들어와 10일간 주둔했다가 高城色에 돌입했다.… 日軍은 楡岾寺를 의병의 소굴이라 하여 錦潭스님과 승려 21명을 소환, 구속했다.… 스님의 지혜로 다행히 병화를 모면했다'라고 하여 일본 헌병들이 의병 수색을 구실로 더 많은 피해를 주었음을 기술하고 있다.(姜昔珠·朴敬勛, 『佛敎近世百年』, 中央日報社, 1980, pp.22-23).

50

엿볼 수 있다.

지금 我國의 佛敎는 쇠미하여 有也無也하므로 도저히 洋敎를 방어할 수 없을 것이다. 그러나 다행히 貴國 佛敎의 旺盛의 餘風이 我國에 불어 서로 洋敎의 만연을 막고 佛日의 輝를 우러러보게 되었다.… 67)

여기서 승려 巨人은 洋敎를 막아야 할 불교의 입장까지 내세워 한일 불교의 친밀한 유대관계를 더욱 돈독히 해야 할 필요성을 스스로 인식하고 있었다. 이러한 상황에서 조선불교는 일본불교와 가깝게 되었고 여기에 맞추어 일본불교의 침투는 더욱 가속화되었다.

특히 本願寺(本派) 龍山 總監府(1906. 10)가 설치되면서68) 종래의 일본 거류민을 위해 포교하던 입장에서 탈피하여 적극적인 활동의 면모를 갖추어 한국불교의 포섭에 나서게 되었다. 이렇게 되자 대한매일신보의 사설에서 開敎總監의 內韓을 적극적으로 비판하는 입장을 취하기도 하였다.

금번 寶谷大師69) 開敎 總監으로 來韓하니 그 지위는 公爵이오 세력가다. 이등 總監은 政治上의 總監이오 寶谷 總監은 宗敎上의 總監이라. 대개 나라를 다스리는 데는 政治權力으로 하고 宗敎權力으로 하는 것이어늘 지금 兩大權이 모두 다른 사람의 손에 넘어갔으니 政治力으로 사람의 손발을 묶고 宗敎力으로 朝鮮人의 精神을 빼앗으니 朝鮮에 무엇이 남을 여지가 있겠는가.70)

---

67) 朝鮮開敎監督部編,『朝鮮開敎五十年誌』, 大谷派本願寺, 昭和 2年, p.193.
68) 靑柳南冥,『朝鮮宗敎史』, p.129.
69) 寶谷大師는 이어서 元興寺를 復設하고, 13府에서 각 사찰을 관리하여 영친왕을 대법주로 하고 정부 각 대신을 교인으로 입참시켜 各局果를 설치하여 한국인의 정신을 매수하여 일본에 동화시키려 했다.[大韓每日申報(이하 '大每申'으로 약칭함), 1906.10.19]

이와 같이 당시 자각 있는 한국의 지식인들은 이미 일본불교의 한국 포교가 정치상의 무력적 침략과 병행하여 종교에 의한 정신적 침략이 행해지고 있었음을 인식하였으나 승려들은 여전히 무자각상태에서 이를 받아들이고 있었다. 일본 각 종파의 조선 진출이 활발해지면서 그 양상이 점점 가증스러워지고 있었는데 이에 대해 당시 日僧 武田範之는 다음과 같이 그 실태를 개탄하였다.

이들이(日僧) 혹은 朝鮮僧侶의 우매함을 이용하여 교묘히 비밀스러운 約條를 체결하니 그 협상이 尊邸折衝(술좌석에서 외국사신과 談笑하면서 그의 要求를 물리쳐 자기 나라의 주장을 관철시킴)하는 것 같았다. 당시에 나(武田)는 京城에 있었는데 내 마음속에도 우리 日本 승려들의 뜻이 비루하게 여겨져 "우리 布敎僧이 가련한 朝鮮 民族을 위하여 恩惠를 널리 베풀려 하는가, 아니면 朝鮮의 寺刹을 훔치고 빼앗기 위해 넘겨다보려 왔는가"라고 탄식하였다.71)

이와 같이 日僧인 武田조차도 자국의 승려들의 횡포가 심하게 느껴질 정도로 상황이 심각했으나 대부분의 조선 승려들은 '주견없이 일승들을 따르거나 혹은 그들이 벌여 놓은 일을 힘써 한몫 거들었다. 요컨대 그 세력을 빌리거나 의존치 않음이 없었다.'72) 불교계에 이러한 몰지각한 현상이 나타나는 데는 근본적으로 다음과 같은 이유가 있었다.

첫째, 조선시대 억불정책 속에서도 중기까지는 어느 정도 교단이 유지되고 있었다. 그리하여 임란 때는 서산·사명대사를 중심으로 전

---

70) 大每申, 1906. 10. 16.
71) 武田範之, 「圓宗六諦論」, (『李朝佛敎』, p.926 재인용) ; 鄭珖鎬, 「日帝의 宗敎政策과 植民地佛敎」, 『한국근대민중불교의 이념과 전개』, 한길사, 1980, p.267.
72) 李能和, 『朝鮮佛敎通史』 下, p.936.

국에서 승병이 모일 수 있는 조직력과 승려들의 수행자적인 강인한 정신력이 남아 있었다. 그러나 오래지 않아 禪脈이 끊겨 버리고 임란·병자호란에 승군이 참가한 대가는 역으로 승려의 우대가 아니라 남한산성 축조에 승려 동원이었다.[73] 조선 말기의 불교의 쇠퇴가 본격적으로 된 시점이 바로 이때부터였다. 이제 승려는 수행자도 아니며 호국의 승군이라는 명목하에 묵묵히 노동력을 제공하는 인부로 전락하였고,[74] 여기에 다시 관가와 사대부들의 사찰과 승려에 대한 잡역과 경제적 수탈[75]로 인해 사찰은 수도하는 수행승보다 사찰경제를 유지시키려는 役僧이 훨씬 많게 되었다.

둘째, 공부하는 승려들은 사회의 천대를 피하여 대부분이 깊은 산속으로 은둔하게 되었다. 이렇게 되자 자연히 그들은 사회를 부정시하고 비관적으로 보아 점차 사회와 연대적 관계가 결여되어 세계정세와 사회를 관찰하는 안목이 부족할 수밖에 없었다. 이것은 조선불교가 낳은 가장 큰 폐단으로 오늘날까지 그 영향으로 인하여 조선불교의 커다란 문제로 제기되고 있다. 그러나 한편으로는 도리어 적극적으로 일본불교를 받아들이는 동시에 그들의 불교를 정치적으로보다

---

73) 숙종 40년, 남한산성 축조에 의승군을 동원하기 위하여 연6차의 防番制를 시행하였다. 이때 수도방위를 위해 남·북한산성에 赴役한 700명의 의승군은 각자가 경비를 부담하였으므로 그 피해는 전국 사찰에 걸쳐 막대한 경제적 손실을 가져왔다.(『肅宗實錄』 卷55. 禹貞相, 『朝鮮前期 佛敎思想硏究』, 東國大, 1985, p.306 재인용)

74) 황선명, 『朝鮮朝 宗敎社會史 硏究』, 一志社, 1985, p.97.

75) 양반들이 절을 통과할 때마다 절에서는 술, 고기, 범패, 승무 등을 제공하여 환심을 사야 했고, 부족하면 심지어 곤장을 맞기도 하고 양반들의 가마를 메는가 하면 누룩(사찰제품 중 1급), 짚신, 산나물, 싸리채, 곶감, 紙役, 메주, 메투리, 다듬잇돌, 빨랫돌 등 온갖 수공업품, 특산품, 생활필수품을 양반에게 헌납해야 했으며, 사찰과 양반의 관계는 노비와 상전의 관계로 스님은 양반들의 살림살이를 위해 존재하는 것과 다름이 없었다.(高橋亨, 『李朝佛敎』, pp.852-858 ; 대한불교 66, 12. 18수록)

는 교리적으로 학문적으로 능가하려는 새로운 싹도 움텄을 것이다. 마치 2차 세계대전에서 일본을 패망시킨 장개석이 일본육군사관학교에서 수학하였듯이 일본불교를 교리적·학문적으로 알고 그것을 넘어서서 조선불교를 부흥시키려는 새로운 싹이다. 이러한 싹이 자라나서 생긴 큰 나무가 바로 뒤에 日本立正大學에 유학 수학하고 거기에서 교편까지 잡았던 雷虛 金東華라고 감히 말하고 싶다. 한국불교의 흐름을 이러한 맥락에서 계속 살펴보려고 한다.

③ 元興寺 및 管理署細則

승려의 도성출입 이후 불교계의 활동이 활발해지면서 전국 사찰을 통솔할 수 있는 제도적 장치가 필요하였다. 이에 1899년[76] 동대문 밖에 元興寺를 세우고, 元興寺를 국내 首寺刹로 하고 13道에 각각 하나씩 도내 수사찰을 두어 전국 사찰을 총괄하였다. 그리고 僧則으로서 都攝理(1인)를 전국 승려의 총 대표자로 삼고 內山攝理(1인)를 서울 부근 사찰의 통감자로 하고 攝理(1인)를 각각 首寺에 두어 道內 사찰의 사무를 맡아보게 하였다.[77]

이어서 1902년에 사찰의 국가관리를 목적으로 궁내부 소속의 관리서를 설치하였다. 관리서에서 寺社管理細則 사찰령 36조를 발포하고 전국 사찰에 관한 일체의 사무를 관리하였다. 大法山은 국내 首寺刹로 元興寺로 삼고, 中法山은 道內 首寺刹로서 16개 사찰로 삼았다.

이때 中法山에서 제외된 범어사, 선암사, 은해사, 건봉사 등 10개 사

---

76) 元興寺 창건연대는 『朝鮮佛教通史』(李能和)·『韓國佛教略史』(權相老)에서는 光武 5년(1902), 『李朝佛教』에서는 光武 3년((1899)의 2說이 있는데 대부분 후자를 따르는 것 같다.

77) 高橋亨, 『李朝教佛』, 國學資料院, 1930, pp.866-867, pp.1003-1004.

찰이 사찰승격 운동을 일으켜 이를 받아들이게 되어 사찰령 30본산의 전신이 되었다.

특히 제30조에 '일반 사원의 잡역 및 來往人의 供儒를 革能하고 관노 및 잡배의 討索酒食과 誅求 등에 일체 應施하지 않는다'라고 하여 양반들의 경제적 착취와 수탈에서 벗어나는 승려의 생존권적 경제적 해방이었다. 오히려 승려들에게 있어서 양반들의 착취와 수탈에서 해방은 현실적으로 더욱 절실한 문제였다. 사실 조선시대 불교가 퇴폐한 것은 유생들의 정치적인 배불정책보다도 양반들의 사찰에 대한 경제적 수탈과 노동력 착취로 인해 승려들이 노동자로 전락한 데 있는 것이다.

管理署細則은 불교에 대한 새로운 관심을 시작하였으나 시행과정에서 당시 관리서 책임자들의 부정 부패로 말미암아 실효를 거두지 못하였다. 이에 사찰령이 시행된 지 2년 후인 1904년 정부는 관리서를 폐지하고 소관 사무는 內務宮房으로 옮겼다가 같은 해 2월에 內部 地方國 主管으로 하다가 1905년 을사조약 이후에는 통감부의 간섭을 받게 되었다.

④ 佛教研究會

1906년 2월 李寶潭, 洪月初 스님 등이 신학문을 연구하고 교육하는 것을 주목적으로 하는 佛教研究會[78]를 창설하고 元興寺 안에 明進學校를 세웠다.

이 會는 순수한 우리 승려들의 기관이 아닌 정토종의 색채가 많이

---

78) 本會는 정토종을 宗旨로 하고 銅에다 도금한 8각형의 메달을 만들어 여기에 淨土宗教會章의 여섯 글자를 새겨 회원에게 나누어 줄 때 50전씩을 받아서 회비로 충당하였다.(金煐泰, 『韓國佛教史槪說』, 經書院, 1986, p.244)

첨가되었는데 이런 상황에 대해서 江田俊雄은 다음과 같이 서술하고 있다.

> 日本 佛敎에 朝鮮 布敎의 效果를 현저하게 하기 위해 朝鮮의 寺刹과 僧侶를 利用하고자 하는 경향이 생겼다. 이와 함께 朝鮮 佛敎측도 賤視받는 현재의 處地를 벗어나 官民으로부터의 搾取와 掠奪을 면하고자 日本 佛敎의 保護를 얻으려 했다. 政治的인 保護倂合의 기운과 倂行해서 佛敎에 있어서도 保護 倂合의 기운이 크게 움직였다.[79]

당시 불교가 침체된 상태에서 벗어나기 위해서는 여러 면에서 앞서 있는 일본불교에서 배울 수밖에 없음을 생각한 승려들 중에서 특히 李晦光은 이후에 일본불교와 병합·예속 등 목적을 위해 수단을 가리지 않는 근시안적 행동을 하게 되었다.

⑤ 圓宗

1908년 3월, 전국 승려 대표자 52명이 원흥사에 모여 회의를 거쳐 경성에 圓宗 宗務院을 세우고 李晦光을 종정으로 추대하였다. 이어서 1910년 수송동에 覺皇寺를 창건하여 조선불교 中央會敎務所 겸 中央布敎所로 하였다.[80]

원종을 설립한 이유는 다음과 같다.

첫째, 불교연구회가 일본 정토종의 영향을 많이 받게 되자 여기서 탈피하여 조선불교의 宗旨를 세울 필요가 있다는 여론이 제기되었다.[81]

---

79) 姜昔珠·朴敬勛, 『佛敎近世百年』, 中央日報社, 1980, p.38.
80) 李能和, 『朝鮮佛敎通史』 下, p.1037.
81) 金煐泰, 『韓國佛敎史槪說』, 經書院, 1986, p.322.

둘째, 불교연구회는 교육과 연구회를 중심으로 한 단체이므로 비록 각 도에 지부를 두고 활동하였으나 불교를 통할하는 기관이 아니었다. 이에 불교를 조직적으로 통솔할 기관이 필요하였다.

셋째, 李晦光이 불교연구회 회장과 명진학교 교장으로 선출되자 자신의 목적을 달성할 수 있는 보다 강력한 단체가 필요하였다.

圓宗[82] 宗務院의 종정이 된 이회광은 一進會 회장 李容九의 '조선불교의 장래를 위해서 반드시 일본불교의 원조를 받을 필요가 있다'는 설득을 받고 일본 조동종 승려 武田範之를 고문으로 추대하였다.

결국은 한일합병이 되어야 조선이 발전할 수 있다는 친일파 정치인들의 생각과 한국불교의 존립을 위해서 일본불교와 연합이 필요하다는 방향이 일치되어 이회광의 일본불교와 연합계획이 가속화되었다.

이어서 한일합방 직후인 1910년 9월 李晦光은 일본으로 건너가 조동종과 영합을 체결하였다.

1. 朝鮮 全體의 圓宗 宗務院과 完全하게 또 영구하게 연합동맹하며 佛敎를 확장한다.
2. 朝鮮 圓宗 宗務院은 曹洞宗 宗務院에 고문을 위촉한다.
3. 曹洞宗 宗務院은 朝鮮 圓宗 宗務院의 設立認可를 얻도록 간선하는

---

82) 宗名을 圓宗으로 한 이유는 대체로 세 가지가 있다.
   첫째, 전국의 諸寺 승려들의 회의를 하여 세웠으므로 그 원융무애의 뜻을 취했기 때문이다.(『朝鮮佛敎通史』 下, p.937).
   둘째, 永明寺 延壽의 『宗鏡錄』에서 따온 것으로 禪敎兼修의 宗門임을 표방한 說.(『李朝佛敎』, p.921, 李晦光 說)
   셋째, 당시의 불교가 창설·간경·염불 등을 圓修한다는 뜻으로 圓宗이라는 說(『朝鮮佛敎史稿』(송광사 프린트본), pp.96-97. 金煐泰, 『韓國佛敎史概說』, p.245 재인용) 등이 있는데 대체적으로 특별히 원종의 종지가 있었던 것은 아니고, 다만 한국불교의 발전을 도모하려는 뜻으로 뭉친 기관을 의미하는 것 같다.(姜昔珠, 『佛敎近世百年』, p.41)

일을 맡는다.

4. 朝鮮 圓宗 宗務院은 曹洞宗의 布敎에 대하여 상당한 편리를 도모한다.

5. 朝鮮 圓宗 宗務院은 曹洞宗 宗務院에서 布敎師 약간 명을 초빙하여 각 首寺에 배치해서 一般 布敎 및 靑年 僧侶의 敎育을 촉탁하고 또 曹洞宗 宗務院이 必要로 인하여 布敎師를 파견할 때 朝鮮 宗務院은 曹洞宗 宗務院이 지정하는 곳과 寺刹에 숙사를 정하여 一般 布敎 및 靑年 僧侶 敎育에 종사한다.

6. 생략

7. 생략[83]

이 조약은 조선불교 측에서 본다면 圓宗 宗務院 인가문제를 조동종이 담당하는 것을 중점으로 하고 상대편 측에서는 조동종 고문을 파견, 조선 사찰을 조동종의 포교에 사용할 수 있도록 한 것으로서 원종의 조동종 부속이나 다름없는 불평등한 관계였다.[84]

여기서 이회광이 淨土宗·眞宗 등 여러 종파가 연합을 모색해 왔는데도 불구하고 조동종과 연합을 시도한 이유는 다음과 같다.

첫째, 원종 종무원의 고문인 武田이 조동종 승려였으므로 그의 영향을 받아 조동종과 친밀하게 되었다.

둘째, 조동종보다 더 큰 교세를 갖고 있던 眞宗, 淨土宗은 성급히 조선 사찰을 예속시키려다 조선 승려들로부터 반감을 사게 되었다.[85]

---

83) 李能和,『朝鮮佛敎通史』下, p.938 ; 睦楨培,「韓國宗敎運動史 II 佛敎」,『韓國現代文化史大系V. 文化運動·民族抗爭史』, 高大民族文化硏究所 出版部, 1980, p.145, 註20 참조.

84) 高橋亨,『李朝敎佛』, 國學資料院, 1930, pp.918-924.

85) 정토종 포교사(最美光瑞)가 통도사를 일본 종파의 말사로 삼으려다 姜大蓮 스님이 내쫓아버린 일이 있으며 이후로 조선 승려들은 眞宗·淨土宗에 더욱 경

셋째, 이회광은 최소한 일본불교와 연합을 종파의 동질성에서 찾으려 했다. 일본의 여러 종파 중에서 禪을 종파로 하는 종파는 조동종과 임제종이었다.

넷째, 임제종이 조동종보다 조선불교의 禪脈에 가까웠으나 그 세력이 매우 약했다. 그러므로 조동종과 연합하는 것이 조선불교 발전에 도움이 될 것이라고 생각하였다.

다섯째, 만약 조동종과 연합이 실패할 경우 임제종과 연합할 계획을 세우고 있었다. 이러한 계획은 그 후 1920년에 日·鮮 융화를 표방하고 임제종에 부속시키려는 운동을 다시 일으키게 되었다.[86]

⑥ 臨濟宗

이회광이 귀국하자 이것은 조선불교를 조동종에 팔아넘길 매종행위이고 改宗易祖라 하여 박한영, 한용운, 오성월 스님 등이 주동이 되어 이를 반대하였다. 그리하여 전라도와 경상도 스님들을 중심으로 1911년 1월 원종과는 따로 임제종[87]을 세우고 송광사에 임시 종무원을 두어 한용운 스님이 종무를 맡았다. 이어서 범어사로 옮기어 임제종 포교에 적극 나서기 시작했다.

이리하여 조선불교는 이회광을 중심으로 한 서울의 원종과 범어사

계심을 갖게 되었다.(『韓國佛教最近百年史』 卷1, 金大隱 口述)

86) 이것이 다시 반대에 부딪혀 실패하자 1926년 李晦光은 郭法鏡 등과 한국불교를 개혁한다는 구실로 日·鮮 융화를 목적으로 한 종교운동을 다시 계획하여 일본으로 건너가 건백서를 내각에 제출하기도 하였다. 건백서의 내용은 '현재 한국불교의 모든 기관을 파괴하는 동시에 새로 조선불교 총본산을 설치하고 본산 법당에는 석가여래와 명치천황, 고종태황제를 안치하여 정교일치로 日·鮮 융화를 실시하겠다'는 것이었다.(東亞日報, 1926.5.12)

87) 조선 선종이 태고 이래 500여 년 동안 임제종 계통이었기 때문에 법맥상 임제종이 적당하다고 주장하여 임제종을 세운 것이다.

를 중심으로 한 임제종이 대립하게 되었다.[88]

한편, 조동종은 총독부에 조동종과 조선불교 원종 설립 인가서를 제출하였으나 총독부에서는 이에 대한 가부의 결정을 미루고 있었다.

왜냐하면 총독부는 '조선불교를 서서히 한 종파로 만들어 일본 종파의 제약을 받음이 없이 단독적으로 성립시켜 스스로 분발하고 勉勵해서 교세를 회복해야 한다'[89]는 안을 갖고 있었다.

그리하여『경국대전』중에 있는 승려에 대한 부분 그리고 조선불교는 전통적으로 선교겸수를 종지로 삼아왔다는 내용을 관보에 실은 다음 사찰령을 발포하여 종지를 '조선불교 선교 양종'이라 정하자 원종과 임제종의 종론 시비도 자연히 끊기게 되었다.

총독부에서 이 종명을 사용한 이유는 다음과 같다.

총독부가 조선의 승려들을 회유하기 위해『經國大典』에 기재된 선교겸수를 주장하였으나 사실은 임제종맥이 전통적 종맥임을 알고 있었다.[90] 그런데도 임제종을 사용하지 않은 것은 당시 임제종을 주장한 승려들이 항일적 경향이 강하여 임제종으로 될 경우 이들이 실권을 잡게 되어 총독부가 통치하는 데 커다란 장애가 되는 반면에 이회광을 이용할 경우 통치가 용이하고 또 이회광의 원종도 총독부의 이러한 의도를 알아차리고 곧 총독부 권유에 동조하게 되었다.

---

88) 흔히 이를 '圓堂' '臨堂' 또는 北堂(圓宗이 서울에 위치), 南堂(臨濟宗이 남쪽에 위치)이라 부르는데, 覺皇寺를 중심으로 한 원종은 親日을 상징하며 한일불교 합병의 요람이 되었던 반면에 범어사를 중심으로 한 임제종은 吳性月, 韓龍雲 등의 뒷날 항일투쟁에 적극 가담한 것과 잘 대조되고 있다.

89) 『韓國佛敎最近百年史』 卷1, p.31.

90) '朝鮮은 특히 臨濟宗脈으로 太古 이후에 500여 년을 統一的 一宗으로 전수하였으니 이에 대하여 극히 가상한 줄로 생각한다.…'[朝鮮總督府(寺內), 30본산연합사무소 위원장 훈시 중에서 (朝鮮佛敎界 제1호) 1916. 1. 3.]

2) 사찰령 공포

(1) 사찰령 및 동 시행규칙

총독부는 합방 다음 해인 1911년 6월 사찰령 7조를 반포하고 이어서 府令 제84호로 사찰령 시행규칙 8개 항목을 공포하고 동시에 조선 불교를 자기 종파에 예속시키려는 일본 승려의 조선 포교를 금지하는 통패를 9월 1일자로 각 도 장관에게 내려보냈다.[91]

사찰령의 내용은 다음과 같다

「寺刹令」[92]

第1條 寺刹을 倂合·移轉커나 또는 廢止코자 하는 때는 朝鮮總督의 許可를 受함이 可함. 그 基址나 또는 名稱을 變更코자 하는 때도 亦 同함.

第2條 寺刹의 基址와 及 伽藍은 地方長官의 許可를 受함이 아니면 傳法·布教·法要執行과 及 僧尼止住의 目的 以外에 使用커나 또는 使用케 함을 得치 못함.

第3條 寺刹의 本·末關係 僧規, 法式 기타의 必要한 寺法은 각 本寺에서 定하여 朝鮮總督의 許可를 受함이 可함.

第4條 寺刹에는 住持를 置함을 要함. 住持는 그 寺刹에 屬하는 一切의 財産을 管理하여 寺勢와 及 法要 執行의 責에 任하여 寺刹을 代表함.

第5條 寺刹에 屬하는 土地, 森林, 建物, 佛像, 石物, 古文書, 古書畵, 其他

---

91) 安啓賢, 『韓國佛教史硏究』, 同化出版社, 1982, p.322.
92) 官報, 1911. 6. 3.

의 貴重品은 朝鮮總督의 許可를 受치 아니하면 이를 處分함을
得치 못함.

第6條 前條의 規定에 違反하는 者는 2年 이상의 懲役이나 또는 500圓
이하의 罰金에 處함.

第7條 本令에 規定하는 것 외에 寺刹에 關하여 必要한 事項은 朝鮮總督
이 定함.

附則

本令을 施行하는 期日은 朝鮮總督이 定함.[93]

그리고 동 시행규칙 제2조에 30본산과 그에 따른 말사를 정했다.[94]
종래 일본 정부는 조선불교에 대한 포교를 일본불교에 맡겼다. 특
히 통감부의 '朝鮮寺院管理規則'이 발표된 이후 일본 각 종파의 조선
불교 예속화가 가속화되었다. 이러한 현상은 오히려 총독부가 조선불
교를 관리하는 데 장애가 될 가능성이 많았다. 즉 일본 각 종파의 제
도를 조선불교가 따르게 되어 일원적이면서 중앙집권적인 총독부의
통제가 어렵게 되었다. 이에 총독부는 일본 각 종파에 의지하지 않고
자체적으로 조선불교를 장악할 필요가 있어 사찰령을 제정하였다. 한

---

93) 睦楨培, 「韓國宗敎運動史 Ⅱ 佛敎」, 『韓國現代文化史大系Ⅴ. 文化運動・民族抗
爭史』, 高大民族文化硏究所 出版部, 1980, p.149.

94) 睦楨培, 「韓國宗敎運動史 Ⅱ 佛敎」, 『韓國現代文化史大系Ⅴ. 文化運動・民族抗
爭史』, 高大民族文化硏究所 出版部, 1980, pp.149-150.
「寺刹令 施行規則」
第二條 左에 揭한 寺刹住持의 就職에 對하여는 朝鮮總督에 申請하야 認可를 受
함이 可함. 以上의 寺刹令과 寺刹令 施行規則으로 因하야 佛敎의 機關 卽 寺刹
의 組織方式과 敎役者 住持의 任免과 寺刹財産의 處分이 어느 것 하나도 行政
의 拘束을 받지 아니하는 것이 없다. 이것은 政敎分立의 原理에 違反됨은 勿論
各國의 旣定한 憲法에 背馳되는 것이요, 朝鮮에서도 朝鮮佛敎에만 限하야 있는
特殊現象이다. 그리하야 朝鮮佛敎는 다른 宗敎에 比하야 恥辱을 느끼게 되는
것이다.

편 高橋亨은 총독부의 사찰령 시행에 대하여 다음과 같이 말하였다.

　…그러나 日本 佛敎의 다수 宗派간에 벌어지는 대립의 폐단을 朝鮮 佛敎에 그대로 옮겨와서 단일 宗派로 統一이 가능한 朝鮮 佛敎에 고의로 혼란을 조성할 위험이 있다. 또 朝鮮의 佛敎의 復活은 日本 僧侶의 손에 의하기보다는 朝鮮 僧侶의 손에 위임하는 편이 용이함은 더 말할 나위도 없다. 만일 조선 땅에 古來佛敎가 없었더라면 日本 僧侶의 손에 의하여 開拓될 수도 있으나 이 나라는 예로부터 佛敎國이었다. …어찌…日本 僧侶의 손을 빌어서 朝鮮 佛敎의 復活을 꾀할 必要가 있는가.95)

그는 사찰령의 제정을 오로지 일본불교에 의한 각 종파간의 혼란의 조성을 막고 조선불교의 부활을 조선불교 자체에 맡기기 위한 것으로 보고 있으나, 반대로 불교를 철저히 관리하고 이용하기 위해 사찰령이 제정된 것이었다. 그는 일본 학자라는 시야의 한계성 때문에 총독부의 숨은 의도를 보지 못하고 그 과정에서 파생되는 긍정적인 면을 목적으로 파악함으로써 총독부의 식민지 불교정책을 찬양하였다.96)

---

95) 京畿道 廣州郡 奉恩寺, 楊洲郡 奉先寺, 水原郡 龍珠寺, 江華郡 傳燈寺, 忠淸北道 報恩郡 法住寺, 忠淸南道 公州郡 麻谷寺, 全羅北道 全州郡 威鳳寺, 金山郡 寶石寺, 全羅南道 長城郡 白羊寺, 順天郡 松廣寺, 仙岩寺, 海南郡 大興寺, 慶尙北道 聞慶郡 金龍寺, 義城郡 孤雲寺, 永川郡 銀海寺, 大邱郡 桐華寺, 慶州郡 祇林寺, 慶尙南道 陜川郡 海印寺, 梁山郡 通度寺, 東萊郡 梵魚寺, 江原道 杆城郡 乾奉寺, 高城郡 楡岾寺, 平昌郡 月精寺, 咸鏡南道 安邊郡 釋王寺, 咸興郡 歸州寺, 黃海道 信川郡 貝葉寺, 黃州郡 歸州寺, 平安南道 平壤郡 永明寺, 順安郡 法興寺, 平安北道 寧邊郡 普賢寺.

96) 1923. 高橋亨의 寺內總督 찬양연설.
　‘…日・韓이 倂合되고 總督府가 되어 제1대 總督 故寺內 백작은 朝鮮佛敎史에 영구히 不忘할 佛敎의 擁護者이다. 寺內 백작에 의해 朝鮮寺刹令이 頒布된 것이다. …이 法令에 의해서 비로소 朝鮮寺刹이 財産權을 認證함이 되었다. 또

① 식민지 종교정책에 불교를 택한 이유

첫째, 일본 침략이 시작되면서 특히 을미사변 이후 항일운동에 앞장선 인물들 대부분이 유교사상이 투철한 유교적 관료층 및 유생들이었으며, 독립협회시대의 선각자들은 대부분이 기독교 출신의 항일투사들이었다.97) 이와 같이 유교와 기독교는 항일정신이 강하여 포섭이 어려웠다.

둘째, 반면에 日僧에 의해 자유롭게 도성출입이 된 후 조선 승려들은 일본 승려와 일본 정부에 대해 친밀감을 보였으므로 불교계의 접근이 용이하였다.

셋째, 비록 불교가 조선 500여 년 동안 유생들에 의해 배척받았지만, 유교가 제공할 수 없는 기복적 신앙으로 인해 부녀자들을 중심으로 대중신앙 속에 자리잡고 있었다. 그러므로 총독부가 민중의 생활을 달래고 회유하는 수단으로 불교의 역할이 중요하였다.

넷째, 산중불교로 인해 승려들이 사회정세에 대한 안목이 없었고 대부분이 役僧으로 일꾼과 다름없이 승려의 자질이 극도로 하락되어 있는 것을 파악한 일본 총독부는 불교를 식민지 통치정책에 이용하여 효과를 얻을 자신이 생겼던 것이다.

② 식민지 종교정책에 불교를 이용한 목적

총독부가 조선 식민지 통치에 불교를 이용한 목적은 첫째, 조선인을 이른바, '순량한 人民으로 化成하기 위하여' 불교를 적극적으로 유

처음으로 朝鮮寺刹의 사격이 승인되었다.'『(韓國佛敎最近百年史』 卷4, p.337 ; 佛敎 제4호, p.11)

97) 鄭珖鎬, 「日帝의 宗敎政策과 植民地佛敎」, 『한국근대민중불교의 이념과 전개』, 한길사, 1980, p.274.

64

도해 갈 필요가 있었으며, 둘째, 조선인을 '皇國臣民化' 시키는 데 종교적 매개 역할이 가능했기 때문이었다.

첫째의 '순량한 人民으로 化成하기 위한' 불교진흥정책은 총독부 당국자들의 시정연설에서 잘 드러나고 있다.

佛教 眞理를 一般 國民에게 普及하여 순량한 人民을 化成케 하여 政府로 하여금 人民에 대한 근로를 적게 하고 刑惜의 風이 行케 함을 바라노라.98)

…30본산 주지는 此時를 당하여 心을 佛教 振興할 방면에 다하여 人民을 教化하고 政治상의 원조가 있게 함을 희망하노라.99)

…요컨대 장래 세계 대세를 살펴서 朝鮮 佛教는 제국을 위하여 東洋을 위하여 大大的으로 奮鬪 노력 아니하지 못할지로다.100)

韓日合倂 이래 政治的으로 考察해 볼 때 佛教가 朝鮮의 精神界에 대하여 얼마나 重要한 일을 해야 하며 또 하지 않으면 안 된다는 것을 다시 말할 必要도 없다. …佛教가 朝鮮의 빛을 내지 못하고 있는 것은 조선 동포나 일본 동포가 실로 유감스럽게 생각하고 있는 터이다.…101)

이와 같이 '순량한 人民을 化成하기 위해' 불교의 역할이 매우 중요하게 인식되었다. 총독부는 통치에 불교를 이용하기 위해 불교의 발전을 바라면서도 한편으로는 불교가 성장하여 단결된 경우 총독부에 대항할 것을 두려워하여 불교계의 30본산 철폐, 통일적인 총본산 설

---

98) 1912. 1. 4. 각 본산주지들에게 행한 總督의 訓諭(朝鮮佛教月報 제2호 1912, p.4).
99) 1916. 1. 2. 각 본산주지들에게 행한 총독의 신년인사(朝鮮佛教界 제1호, 1916, p.98).
100) 1919. 30본산 주지 회의 때 행한 내무국장 훈유(朝鮮佛教叢報 제14호, pp.1-5).
101) 1924. 12. 조선불교도대회 役員參席 정무통감 訓示(경성일보, 1924.12.20).

립을 허가하지 않고 30본산의 분열된 상태에서 불교 발전을 도모하려
는 이중적 한계성 속에서 불교를 이용하였다.

  둘째의 '황국신민화정책'을 위한 불교 이용은 사찰본말사법의 사찰
령에 잘 나타나고 있다.

  시행규칙 제41조, '本寺에서 거행하는 법식을 나누어 恒例式과 隨時
式의 2종으로 함'이라 규정하고 제42조에 恒例式 기일을 다음과 같이
명시하고 있다.

  四方拜(1. 1), 紀元節(2. 11)
  天長節(11. 3), 神嘗祭(11. 23)
  以上은 祝謠法式日이라 함.

  元始祭(1. 3), 孝明天皇祭(1. 30)
  春季皇靈祭(春分日), 神武天皇祭(4. 3)
  秋季皇靈祭(秋分日), 神嘗祭(10. 17)
  以上은 報恩法式日이라 함.

  이와 같이 일본의 축제일과 천황 제일을 법식에 넣어 거행하는 것
을 당연시 하고 있으며 불교의 법식은 일본 축제일을 열거한 다음에
명시하였다.

  佛열반회(음, 2. 15), 佛탄일회(음, 4. 8), 佛성도회(음, 12. 8)
  以上은 報本法式日이라 함.

  開山祝忌, 大師忌, 祖師忌, 歷代祖師忌
  以上은 尊祖法式日이라 정하고

結制會式, 解制會式을 安居法式이라 정하였다.[102]

여기에서 조선 사찰의 법식일이 불교 고유의 법식일보다 오히려 일본의 축제일 법식에 치중하여 불교가 일본 정신을 흡수하고 표출하는 매개집단이 되어버린 느낌이다.

한편, 제69조에서 '포교는 宗旨를 거양하여 중생을 선도하여 四恩에 보답할 信念을 修善함을 목적으로 한다'고 명시하고 제70조에 '전 조의 목적을 달성하기 위하여 '天皇陛下聖壽의 尊牌'를 본존 앞에 봉안하여 매일 축찬을 한다'라고 규정하였다. 즉 중생구제를 위해서는 매일 천황의 성수만세를 빌어야 한다는 논리이다. 결국 이러한 논리에 의해 조선불교는 점차 황국신민화정책에 보조를 하게 되었다.

그리고 제80조에 '정치에 관하는 담론을 하거나 또는 政社에 가입하여 승려의 본분을 실추하는 자는 체탈도첩의 징계를 하며' 제85조에 '기지 가람을 政談集會 등에 참여하는 자는 謹愼에 처한다'라고 규정하여 승려들의 총독부 정치에 반대세력을 방지하고 順應하는 승려만 양성하여 불교를 이용하고자 하였다.

(2) 사찰령 發布 후 불교계 반응

사찰령이 발표되자 대부분의 승려들은 장차 어떻게 악영향을 끼칠지 모르고 불교교단이 체계적으로 조직되어 국가의 관리를 받게 된 것을 오히려 기뻐하고 찬양하였다.[103]

---

102) 『韓國佛敎最近百年史』 卷3 ; 徐景洙, 「日帝의 佛敎政策」, 佛敎學報 제19호, 1982, pp.15-18.

103) 사찰령시행 후 총독부는 각 지방장관에게 보낸 취지문에서 '寺刹令이 朝鮮佛敎의 宗敎的 復活을 도모하기 위한 훌륭한 法令임에도 불구하고 변화를 싫어하는 朝鮮人은 寺刹令을 朝鮮寺刹의 權利를 剝脫하고 僧侶를 束縛하려는 惡法

 당시는 한일합방 직후로 나라를 빼앗긴 설움으로 비분강개하는 사
회적 분위기였으나 불교계는 나라의 존망보다 앞서 불교에 대한 총독
부의 적극적인 관심에 고마울 뿐이었다. 호국불교를 내세워 온 불교
가 이제 매국불교로 전락하고 만 것이다. 불교계의 반응은 다음 사설
들에서 느낄 수 있다.

 …近古以來 朝鮮 佛敎界에 宗風頌堛하고 法律이 失紀한지라… 可幸
寺刹令이 시행되어, 此乃 明治天皇께옵서 我 朝鮮民族이 塗炭에 있음을
振興케 하시니 寔是一視同仁하여 如保赤子하시는 降恩鴻澤에 우리 朝鮮
臣民이 涵泳한 바이로다.…104)

 …大哉라. 천황폐하의 성덕이시여 善哉라. 총독각하의 明政이시여, 이
제 國土를 유신하시여 정치를 유신하는 중 民業을 유신하시여…人民을
보찰케 하시는 至道至理가 屈壓而未仲超殘百年한 宗敎를 一制一令으로
하여금 我 僧侶의 精神을 환기하사…105)

 此法은 곧 起死之 靈丹이라. 不散이면 慧命을 眞加延平碧刻이요. 此法
은 곧 濟溺之寶符이라 不安이면 業海를 眞可月平鬚常이요. 此法은 곧
金科王尺이라 不道이면 질서를 眞加雜持요…106)

 이와 같이 사찰령 시행 직후 승려들은 총독부 정책에 대해 찬양했

 이라고 비방하는 자가 더러 있으므로 誣說에 眩惑되어 輕擧妄動 하지 않도록
 유의하여 주기 바란다'고 말한 것으로 보아 일부 승려들은 이에 반발한 경우
 도 있었음을 알 수 있다.(『李朝佛敎』, p.887)
104) 승려 金之淳이 일본 천황의 성은에 감격하는 글.(朝鮮佛敎月報 제10호, 1912. 11.
 25, pp.2-4)
105) 최경노, 朝鮮佛敎月報 창간호, 1912. 2. 25.
106) 孤雲山人, 朝鮮佛敎月報 3월호, 1913. 3.

다. 그러면 왜 승려들이 사회인식과 반대되는 행동을 했는가를 살펴볼 필요가 있다. 종래 이에 대하여 '僧侶들의 無自覺'으로만 비판하였으나 여기에는 간과해서는 안 될 요인이 있다. 즉 국가란 것은 국민이 인격적 평등을 인정받을 때만 국민적 동질성을 이루고 국가가 성립되는 것이다. 비록 한 국가에 속해 있더라도 국가 구성원이 불평등한 경제적·사회적 구조, 개인의 자유와 권리가 억압된 이질적 구조가 형성될 때 국가는 영토 이외에 '보이지 않는 국경'이 형성된다.

그러므로 조선사회는 한 영토 안에서 양반과 천민의 이질성으로 '보이지 않는 두 개의 국가'가 형성된 것이다. 이와 비슷한 예로서 인도의 신불교운동 발생과정을 살펴볼 필요가 있다.

인도의 신불교운동은 불가촉천민[107]들이 영국의 인도통치 때부터 힌두 카스트의 지배에 대항하면서 암베드카르(B.R.Ambedkar)를 중심으로 1856년에 불교로 집단개종하면서 시작된 운동이다.

1917년 불가촉천민 대표자들이 영국 정부에 보낸 진정서에서 영국 정부가 인도정치를 계속할 것과 카스트 힌두의 압력으로부터 자신들을 보호해 줄 것을 요청하였다. 즉 그들은 한 국가 안에서 카스트지배에 억압받는 것보다 영국의 인도통치가 오히려 나았기 때문이었다. 이러한 상황에 대한 배경은 다음에 잘 나타나 있다.[108]

印度는 政治的으로 獨立하는 것만으로 不充分하며 宗敎的·社會的·經濟的 平等이 실현되지 않으면 안 된다. 브라흐만이 영국 정부의 부

---

107) 영어의 untouchable을 번역한 것. 인도어 뜻 ① 種性을 갖지 않은 사람 ② 제5의 사람(수드라보다 낮은 사람) ③ 더욱 심한 노예계급 ④ 최저의 생활을 하는 사람 ⑤ 접촉할 수 없는 사람 등이다.(山綺元一 著, 全在星·許祐盛 역, 『인도사회의 신불교운동』, 한길사, 1983, p.9)

108) 山綺元一 著, 全在星·許祐盛 역, 『인도사회의 신불교운동』, 한길사, 1983, p.31.

당한 권력에 항의하는 권리를 갖고 있다면 不可觸賤民은 그 100배에
해당하는 브라흐만의 지배에 반항할 권리를 갖고 있다. 영국의 보호가
없다면 틀림없이 힌두 카스트는 우리를 발로 밟아 버렸을 것이다. 우
리에게 기본권리가 부여되지 않는 자치는 새로운 노예제의 굴레를 씌
우는 것에 지나지 않는다.[109]

한편 암베드카르는 간디와 만났을 때 간디가 "왜 당신은 나와 회의
파에 반항하는지 납득이 가지 않는다"라고 의문을 제기하자 그는 "당
신은 내가 고국을 갖고 있다고 말할지 모르지만, 실제로는 나에게 고
국은 없다. 우리가 개와 고양이 이하로 취급받고 있다. 음료수마저 거
부하는 나라와 종교를 어떻게 '자기 것'이라고 말할 수 있겠는가"라고
공박하였다.[110]

이와 같이 한 국가를 동질화, 단합시키기 위해서는 영토뿐만 아니
라 국가 구성원이 평등한 대우와 자유의 존엄성이 인정될 때 가능하
다는 교훈을 주고 있다. 그러므로 일제 강점기 승려들이 入城解禁과
寺刹令 제정에 대한 감사의 반응을 '無自覺한 근시안적 행동'으로만
비판하는 데서 벗어나 동시에 사회적 이질성도 고찰해야 할 것이다.

(3) 사찰령의 영향

사찰령이 한국불교에 끼친 영향은 첫째 30본말사 제도에 의한 한국
불교 분열, 둘째 총독부가 주지직을 허가하여 주지전횡시대를 초래,
셋째 사찰 재산을 총독부가 관리하여 불교의 사회활동 위축 등으로
나눌 수 있다.

---

109) 山綺元一 著, 全在星·許祐盛 역, 『인도사회의 신불교운동』, 한길사, 1983, p.36.
110) 山綺元一 著, 全在星·許祐盛 역, 『인도사회의 신불교운동』, 한길사, 1983, p.53.

① 30本末寺 제도

30본말사 제도는 일본불교를 참조하여 제정되었다. 그러나 그 성격은 일본과 다르다. 원래 사찰령이 31寺를 31개 宗派로 만든 것은 아니었으나 운영과정에서 31寺가 곧 31개 本寺로 자처하여 각각 寺法을 정하고 31본사 이상에 통할기관이 없으므로 31개 본사가 31개 독립 종파를 형성하게 되었고 본말사 제도가 성립되었던 것이다.[111]

30本山 제도를 제정한 목적은 첫째, 행정적 편리를 위한 것이었다. 이에 대한 부작용으로 본말사 지역 관계가 획일적으로 설정되어 본말사 분쟁이 그치지 않았다.

30本山 제정 당시 화엄사를 선암사 末寺에 부속시키자 이에 반발 本山 昇格運動을 일으켜 1924年 昇格되어 31本山이 되었다. 화엄사는 선암사 옆에 위치하여 그 歷史的 배경이 선암사보다 앞서 있었으나 行政의 便宜的 구역 설정으로 인해 이런 분쟁을 유발시켰다.[112]

1911年 하동 쌍계사는 해인사와 법류가 다른 점을 내세워 지리산 일대의 碧岩門派의 一團을 주로 하는 一本山을 지정해 줄 것을 신청했었다.[113]

奉恩寺本末寺에서 30本山에 따르지 않고 京城四郊 백련사 주지가 團長이 되고 기타 東西郊 40여 寺刹 僧侶가 모여 長書申請을 한 적이 있었다.[114]

---

111) 金暎遂, 「조선불교 통할에 대하여」(佛敎 제91호).
112) 특히 화엄·선암사의 분쟁과정에서 1924년 화엄사 승려 張普運 등 몇 명의 승려들이 화엄사 주지로 부임하려던 金鶴傘을 치사하여 구속되었던 사건은 뒷날 80년대 신흥사 사건의 전례가 되었다.(佛敎月報 16호, p.72)
113) 高橋亨, 『李朝敎佛』, 國學資料院, 1930, p.761.

이외에도 많은 사찰들이 본사와 말사간의 알력으로 인해 이후에 주지 배척운동으로 확산되면서 불교계의 타락과 사회의 비난 대상이 되었다.

둘째, 한국불교의 단결력을 방지하기 위해 총본산 설치를 제외시킨 분열 획책이었다. 30본사는 이미 元興寺 관리시대에 大法山을 비롯하여 中法山 16개 사찰을 제정했던 것이 이어져 왔다. 그러므로 30본산이 새로운 제도는 아니지만 그 당시 있었던 대법산을 제외시켜 제정한 데서 총독부의 숨은 의도가 있는 것이었다. 30본산의 제정으로 각 본사간의 연관성이 결여되자 1914년에 포교 및 교육사업의 일원화를 꾀하기 위해 본사 주지들이 三十本山聯合制規를 제정하고 각황사에 연합사무소를 설치하였다.115) 그러나 연합사무소는 연합 사무만을 집행할 뿐 전국 사찰을 통할하고 전 승려를 통제하는 통솔권이 없었으므로 1920년대에 들어서면서 유신회를 중심으로 30본산제 폐지와 총본산 설치운동을 일으켜 결국 1941년에 총본산 태고사가 설립되었다.

② 총독부의 주지임명 허가

주지임명을 총독부에 허가함으로써 일제 강점기 총독부에 아부하는 친일승이 많이 나타났다. 그리고 주지의 신분과 권한이 확대되어 사내의 모든 사무 처리권이 주지에게 일임되어 있어서 소수의 役僧 외에는 사중에 관여하는 자가 없게 되었다. 그 결과 순수한 구도승 즉 學人, 講師, 禪匠 등의 승려들은 점차 일선에서 후퇴하는 현상이 나타

---

114) 海東佛報 제2호, p.71.

115) 사찰령이 제정되자 곧 1912. 6.17에 조선불교 선교 양종 각 본산주지회의원이 설립되고 이어서 2년 후인 1914년에 연합제규가 제정된 것이다. 이때 姜大蓮 (용주사주지)이 초대위원장이 되어 연합사무를 관리하고 각황사를 포교소로 삼아 포교사를 두어 설법하게 하였다.(李能和, 『朝鮮佛敎通史』 下, p.1187)

72

났다.116)

원래 사찰은 전통적으로 山中共議制가 있어서 寺內의 온갖 일을 山中長老 및 役僧들의 공론을 거친 뒤에 결정하였다. 따라서 주지나 소수 역승들의 전횡이나 사리사욕은 어렵게 되었다. 그런데 사찰령으로 인해 민주주의적인 산중공의제는 그 기능을 발휘할 수 없게 되었다.

주지 신분 상승과 권한 확대에 따른 부작용은 첫째 주지들의 타락 소위 '주지전횡시대'를 유발시켰고, 둘째 타락한 주지를 성토한다는 구실로 주지직을 둘러싼 주지 배척운동의 만연이었다. 이로 인해 불교계는 내부적 불신의 대립, 진통과 알력으로 사회의 비난의 대상이 되었다.

주지의 타락이 극심했던 상황을 보면 다음과 같다.

> …일부 僧侶들은 신분이 향상하자 갑자기 명함에 이름뿐 아니라 法階를 明記하였다. 그리고 속인들의 옷으로 갈아입으며 모자, 구두까지 신고 인력거나 자동차로 서울시내를 질주하였다. 그래서 恭遜忍辱을 宗旨로 하여야 할 출가자의 길에서 어긋나기 때문에 사람들의 빈축을 샀다.117)

> 住持가 되기만 하면 該寺의 제왕이다. 전 재산은 자기의 소유이며 전 僧侶는 자기의 시종이다. 생각나면 전 재산을 독단으로 처리할 수도 있으며 비위만 틀리면 山中 僧侶 중 누구나 축출할 수도 있으며 破宗도 할 수 있다. 住持 앞에는 講伯도 禪德도 老師도 없다.…118)

---

116) 張道煥, 「關北巡廻概感」(佛教 100호, 1932).
117) 高橋亨, 『李朝敎佛』, 國學資料院, 1930, p.217.
118) 夢庭生, 「위기에 직면한 朝鮮佛教의 原因 考察」, 佛教 제101호, 1932.

本山이나 末寺 모조리 債務者가 되었으니 이것은 소위 住持된 사람의 私慾과 私權에서 모든 피해가 생긴 것이다. 걸핏하면 절을 헐기에 신청, 토지 팔기에 신청, 산을 베어 팔기에 신청, 그러면 그 돈은 갖다가 무엇을 하였는가, 아! 정신을 차려라 불자여.119)

이와 같이 주지들의 부패와 타락이 극에 달하자 1920년대에 들어서 승려들의 주지에 대한 배척운동이 전국적으로 확산되었다.

一. 1923. 10. 14. 李晦光(해인사 주지)이 주지복직운동을 하자 해인사 僧侶들이 僧侶대회를 열고 李晦光의 사면탄원서를 제출하여 사면되었다.

一. 1924년. 김구하(통도사 주지)가 住持排斥運動의 여파로 각황사에서 相愛 公員(청년단체)에게 구타를 당하고 그 후 계속적인 排斥運動으로 사직했다.

一. 1925. 7. 歸珠寺에서 布敎所를 설치하여 社會的 布敎를 하자는 新派와 절을 산에 두어 도만 닦자는 舊派가 대립하여 사찰재산쟁탈 소송을 제기한 결과 新派가 패소하자 自派 주지 선임운동으로 확산되었다.120)

一. 1927년. 普賢寺本寺 住持 朴普峯이 부정행위와 재복직운동을 하므로 普賢寺 60末寺 住持들이 排斥運動을 일으켰다.

이러한 사찰에서의 주지배척운동에 대한 상황이 당시 잡지「佛敎」에 실려 있다.

---

119)「朝鮮佛敎 祈憂論」, 佛敎 제33호, 1927.
120) 東亞日報, 1923. 10. 4・1925. 7. 30・1927. 10. 28 ; 佛敎 제6호, p.5 등 참조.

近來에는 住持排斥運動이 아마 學校의 동맹휴학만큼이나 유행되는 모양이야… 그 중에서 심하기는 慶尙南道와 全羅北道이지, 慶尙北道에는 이미 발생한 것과 앞으로 발생할 것을 두루 합하면 아마 2분의 1이나 될 듯해.[121]

아마 30本山 중에 本末寺가 서로 撥隔없는 데는 별로 없는 모양이야… 今에 寺刹令을 변경하여 朝鮮寺刹에 대대적 시설로 1천여 개 本山을 만들어 보았으면 좋겠어. 그래도 알력이 또 있을까.[122]

住持에게 잘못된 점이 있으면 온당한 수단에 의하지 않고 세속에 알리는가 하면 官衙에 신고하고 사법관헌에 고소하여 세속의 특수한 세력을 이용하는 등 住持排斥運動이 僧侶들의 沒知覺한 貪慾스러움 속에서 난립하였다.[123]

이와 같이 주지 배척운동은 주지들의 타락을 구실로 자신들의 탐욕을 비합리적 수단에 의존하는 등 분쟁이 그치지 않자 1928년 총독부는 사찰령에 저촉되지 않는 범위 내에서 사찰의 공의기관을 부활시킬 것을 지시하여 각 本山으로 하여금 寺法을 개정하여 평의원회를 설치하게 하였다.[124] 평의원회의 부활은 1920년 유신회를 중심으로 한 청년승려 층의 적극적인 개혁투쟁의 결과였다.

---

121) 佛敎 제2호, p.63.
122) 佛敎 제2호, p.63.
123) 「敎界雜感一來에서」, 佛敎 제5호.
124) 평의원회 선출은 定數 중 반은 현직 말사주지로부터 나머지 반은 주지가 아닌 본사 및 首班寺에 승적이 있는 자로서 호선하도록 하였으며 본사주지는 선거에 의하지 않고 평의원이 되는 동시에 의장이 되었다.(『李朝佛敎』, pp.949-950)

③ 총독부의 사찰재산 관리

사찰령 제5조에 '사찰에 속하는 재산은 동산, 부동산을 막론하고 총독의 허가 없이는 처분하지 못한다' 하여 사찰재산의 임의적 처분을 규제하고 있다. 명분상 이는 한국 사찰의 보존을 위한 것이지만 이와 아울러 모든 종교적 활동에 반드시 필요한 경제력의 자유로운 활용을 억제하는 작용도 있었다. 그리고 토지나 산림 등 처분해야 할 재산이 많은 경우 주지들은 총독부에 아부하여 승인을 얻고 총독부는 이를 방관하여 사찰재산이 주지들에 의해 탕진되었다.

1920년대 들어서 불교계의 개혁안 중 사찰재정의 통일에 대한 여론이 일어나자 1929년 6월 10일 총독부는 寺刹令施行細則 중 사찰재산에 대한 부분을 개정하여 그 감독을 더욱 강화하였다.

개정된 寺刹令施行細則 중 중요한 항목을 보면 다음과 같다.

> 제5조 : 寺刹財産은 朝鮮總督의 허가를 受함이 아니면 이를 양도, 담보 기타 처분하지 못한다. 寺刹의 債務함[125])에서도 같다.
>
> 제6조 : 寺刹財産을 처분할 경우 住持는 이를 取得하지 못한다.
>
> 제7조 : 寺刹에 속한 불상, 石物, 古文書 등 기타 동산으로 다음에 해당되는 것을 寺刹財産으로 한다.
>
>   一. 당해 寺刹에 연유 있는 것.
>
>   一. 學術, 技藝 또는 考古資料라 할 만한 것.
>
>   一. 朝鮮總督이 특히 증정한 것.
>
> 제12조 : 寺刹의 매회계년도 收入支出 예산을 정하여 연도 개시 1월

---

125) 채무를 지는 경우는 처음 포함되었는데 종전에 주지들이 권력을 남용하여 부채를 지는 일이 종종 있었기 때문이었다. 예를 들면, 1922년 월정사에서 11만 원의 부채를 지고 사찰토지 등을 담보로 식산은행에 차압경매된 적이 있었고, 1924년 해인사 주지 이회광이 사업확장으로 부채를 내어 식산은행에 보물을 비롯한 재산 일체를 차압당한 경우가 있었다.(佛敎 44호 p.58)

전에 本山은 總督에게, 기타는 도지사에게 보고할 것. 寺刹의 예산 중에 경리 부적당이 있을 때 그 변경을 명할 수 있다. 그리고 예산의 추가경정을 한 때도 즉시 보고할 것.[126]

1929년에 개정된 사찰령에 의해 불교는 새로운 시기를 맞게 되는데 개정된 이유는 다음과 같다.

첫째, 住持들의 專橫으로 寺刹財産이 남용되자 佛敎界는 이에 대한 責任을 住持뿐만 아니라 寺刹令에 根本的 原因이 있다고 생각하였다.

總督府는 佛敎界와 가능한 摩擦을 적게 하기 위해 寺刹財産에 대한 管理를 강화하여 住持들의 재산남용을 막을 필요가 있었다.

둘째, 佛敎界의 改革案 중에 寺刹財政統一을 위한 財團法人 設立에 대한 변론이 높았다. 이에 1926년 학무국에서 각 寺刹의 紛糾를 방지하기 위하여 本末寺別로 財團法人을 조직하고 감독을 강화하자는 의견을 제출했으나 도지사회의에서 寺刹에 대한 충분한 조사와 硏究가 없다는 이유로 일년간 연기하기로 한 적이 있었다.[127] 왜냐하면 財團法人 設立에 의해 財政이 統一될 경우 總督府에 저항할 가능성이 있었기 때문이었다. 그러므로 寺刹財政의 統一을 방지하고 財産濫用에 따른 摩擦을 막기 위해서는 寺刹財産에 대한 規制와 管理를 강화하는 것이었다.

셋째, 寺刹財産의 獨立運動資金 유출에 대한 방지였다. 3.1운동 以後에 임시정부가 세워지자 國內에서는 임시정부활동을 위해 국채모집, 독립운동자금 모집을 하게 되었다.[128] 이에 佛敎界에서도 寺刹과 僧侶

---

126) 高橋亨, 『李朝敎佛』, 國學資料院, 1930, pp.955-958.
127) 佛敎 제26호, p.54.
128) 승려들의 독립운동자금 모집 사례.
　　· 오성월, 이담해, 김경산스님 등이 상해 임정에 거액의 돈을 보내자 임정에서는 위 세 스님을 임정고문으로 추대한 적이 있다.(『韓國佛敎最近百年史』 卷1)

를 中心으로 獨立運動資金 募集에 나섰고 寺刹財産이 秘密리에 流出되는 경우가 많았다. 總督府는 이를 방지하기 위해 寺刹財政을 완전히 封鎖할 必要가 있었다.

이에 총독부가 불교의 독립운동 또는 정치적 활동을 방지하기 위한 정책으로 사찰신축을 금지한 것에서도 알 수가 있다. 布敎所 설립은 적극적으로 권장하면서도 사찰신축을 규제하여 사찰 수가 줄어들게 되었다.[129] 사찰을 지을 경우 그에 따른 토지·산림·부동산 기타 사찰재산이 증가하여 총독부에서 사찰재산에 대한 행정적 관리가 어렵게 되고, 대부분의 사찰이 산속에 위치하여 독립운동가들의 은둔 또는 비밀정치집회 장소가 될 가능성이 많으며, 반면 포교소는 대부분 대도시에 건물만 지으면 되기 때문에 이에 속한 재산이 한정되어 관리가 쉽고 집회에 대한 감시도 용이하기 때문이었다.

1929년 사찰령 개정에 의해 주지의 재산남용은 규제될 가능성이 있었으나 반면에 사찰재산의 폐기, 처분, 신설유통이 원활하지 못하여 사찰경제가 활동력을 상실하게 되었다. 이로 말미암아 불교의 사회사

· 金亨烈, 郭法鏡스님을 중심으로 太乙교도 100여 명이 위봉사, 금산사를 중심으로 독립군자금을 모집하다 검거되었다.(『獨立運動史資料集』 9, pp.993-1000)

· 백초월, 이도혼스님들이 공채모집을 위해 채권발행하다 미수 검거됨.(『獨立運動史資料集』 9, p.473-477)

· 통도사 주지 김구하스님이 거액의 돈 1만 3천 원을 임정에 보냈다. 이에 임정에서 대한승려연합회 대표자 12인의 이름을 대한승려연합회 선언서찰을 우리말, 영어, 중국어 등 3개 국어로 인쇄하여 撒布하였다.(佛敎思想 3월호, 85. p.66)

· 이종욱스님은 한성정부를 수립, 金史國 등과 국민회를 조직하여 임정의 국채모집, 일본이 패전무렵 무장봉기도 계획했었다.(佛敎思想 3월호, 85. p.66)

129) 1929년. 총독부 조사에 따르면 포교소는 104개소로 증가되고 있었으나 사찰 수는 사찰 시행이후 97개소가 줄어든 1,358개였다.(東亞日報, 1930. 11. 26)

업은 위축되었고, 독립운동자금의 유출도 어렵게 되었다.

결국 불교계는 자체 내의 부패를 해결하지 않고 총독부의 법에 의존함으로써 오히려 불교활동이 정체되는 결과를 가져왔다.

3. 自覺期 불교개혁운동과 雷虛의 渡日修學

다음에는 전환기적 자각의 불교시대를 살펴보아 雷虛의 위치를 점검해 보자.

1920년대는 자각의 기운이 강력했던 시기로 한국불교사의 새로운 장을 여는 시대였다. 첫째 종래의 산중불교에서 대중불교로의 이행을 본격적으로 촉구했던 불교사상의 전환기였으며, 둘째 정교분립의 원칙하에 사찰령 폐지 운동을 일으켰던 개혁기였으며, 셋째 권위주의적 체제안주적인 원로파(대부분 본산주지)에 대항하여 체제개혁적인 소장파(젊은 승려층)가 개혁의지를 관철하였던 자각기였다.

1) 불교사상의 전환 촉진

입성해금 이후 승려의 사회활동이 보장받게 되고 사찰령 시행 이후 오히려 승려의 신분이 상승됨에도 불구하고 여전히 승려들의 사회적 활동이 발전되지 못한 데는 ① 총독부의 불교 분열책 ② 주지들의 타락에도 있지만 ③ 근본적인 원인은 승려들 대부분이 여전히 산속에 묻혀 道를 구하는 것에 중점을 두어 세속에서 교화하는 일에 소홀히 하였기 때문이었다. 물론 여기에는 그럴 만한 상황적 이유가 없지는 않았다.

1920년대 들어서면서 지금까지 은둔적 산중불교에 대한 비판과 불교의 대중화에 대한 자각을 강력히 촉구하기 시작하였다. 이에 대한 내용을 다음의 사실들에서 알 수 있다.

朝鮮社會에서 중놈이라 비웃는 것은 敎理를 비웃는 것이 아니라 僧侶의 무식을 비웃는 것이며 社會의 無功德을 排斥하는 것이다. 佛敎의 亡因은 世俗社會에 너무 등한한 까닭이니 이것을 먼저 보충해야 한다. 즉 世間외에서 隱遁的 厭世的 生活을 하지 말고 世俗社會에서 活動的, 奮鬪的, 犧牲的 生活을 하여야 한다.130)

오호라 만천하 청년승려제군이여 今日은 白雲起處에 老僧이 閑眠하는 時代가 아니라 眞佛이 下山하는 時代이며, 松風이 蘿月에 悠悠間間한 시기가 아니오.…131)

천운도 人의 運動力을 기다려 도와주는 것에 불과하고 彌勒佛의 出現은 아직 멀었으니 우리가 기다릴 바가 아니며 白髮老德은 과거법에 用事한지라, 우리의 希望은 靑年諸君의 活動力에 있으니 佛者된 責任을 다하여 朝鮮 佛敎의 革舊就新해야 할 時代이다.132)

…재래 宗敎가 山中에 隱退하여야만 의미를 각하는 줄 알고 인생을 초월하여야만 실로 도인이 되는 것으로 알아온 것이 큰 폐단이며 진리의 발견이라 하지 못하겠다.… 세상을 떠나 세상을 구할 것이 아니라 세상에 들어와서 세상을 구할 것이니… 불교가 민중과 더불어 화하는 길은…133)

---

130) 朴魯英, 東亞日報, 1921. 6. 2.
131) 金井法龍, 朝鮮佛敎月報, 1913. 8. 25.
132) 金智玄, 東亞日報, 1921. 2. 16.
133) 韓龍雲, '유신회 탄생 격려논설' 중에서, 東亞日報, 1921. 2. 16.

이와 같이 20년대에는 조선시대의 '세간 외에서 은둔적·염세적 생활', '白雲起處에 스승이 閑眠하는 시대', '無爲와 不動은 자살적 毒瓦斯', '白髮老德은 過去家에 用事한 것', '人生을 초월해야만 실로 道人이 되는 것' 등의 산속불교를 지양하고 새 시대의 대중불교에 요구되는 '세속사회에서 活動的·奮鬪的·犧牲的 생활', '眞佛이 下山하는 時代', '노자만이 最貴하고 至榮하는 理法', '세상에 들어와서 세상을 구할 것' 등의 '民衆과 더불어 化하는' 불교사상의 전환을 촉구하였다.

2) 前期 불교개혁운동(제도적 개혁)

① 조선불교청년회

주지전횡으로 빚어지는 부정부패를 해결하기 위해서는 우선 총독부의 간섭에서 벗어나 불교의 자율적 체제로 전환할 필요가 있었다.

그리하여 20년대부터 일본에서 유학하고 돌아온 젊은 승려들을 중심으로 비판세력이 형성되었다. 이로 인해 불교계는 구세대와 신세대의 갈등이 표면화되기 시작하였다.

1920년 6월 젊은 승려 100여 명이 覺皇寺에 모여 '朝鮮佛敎靑年會'를 창립하고,134) 이어서 12월에 한국불교유신협의회를 개최하여 30본산연합사무소에 다음과 같은 건의문을 제시하였다.

一. 朝鮮 佛敎는 만사를 공의에 의해 결정할 것.
一. 30本山 연합제규를 수정할 것.
一. 朝鮮寺刹의 재정을 統一할 것.
一. 朝鮮 佛敎敎育의 주의와 제도를 革新할 것.

---

134) 東亞日報, 1920. 6. 22.

一. 布敎方法을 개선할 것.
一. 從來의 의식을 개선할 것.
一. 京城에 弘宗敎院을 세울 것.
一. 印刷所를 設置할 것.[135]

이상의 8개 건의안 외에도 지방사찰에서 25개 단체가 대표를 파견하고 건의안을 제출하였다.

여기서 절실히 해결해야 할 안건을 보면, 첫째 민주적인 산중공의 제도를 부활하여 주지의 전횡을 방지하고, 둘째 본말사 계급을 철폐하여 통일기관을 설치하고, 셋째 재정을 통일하여 사회사업을 원활히 하며, 넷째 교육제도를 혁신하여 승려의 자질을 향상시키는 것이었다.

불교청년회가 건의한 개혁안은 사찰령이 시행된 이래 처음으로 불교자체 내에서 개혁안을 제시했다는 면과 소장파가 원로파에 대항하여 의견을 제시했다는 점에서 한국불교에 새로운 원로파와 소장파 대립의 이중구조가 본격적으로 표출되는 시발점이 되었다.

② 佛敎維新會 활동

불교청년회 건의안이 30본산 주지들에 의해 받아들여지지 않자 1921년 12월에 金法光 스님을 중심으로 소장파 승려들이 '朝鮮佛敎維新會'를 창립했다. 이어 1922년 4월 19일 유신회는 정교분리를 결의하고 2,270여 명이 연서한 건의서[136]를 당국에 제출하여 사찰령 폐지를

---

135) 佛敎靑年運動 9·10월 합병호, (1933), p.3.
136) 내용은 '韓國佛敎의 사원제도는 총림청규가 特色이며, 1600여 년의 歷史이다. 하루라도 빨리 寺刹令을 폐지하여 佛敎 自體의 統制에 일임하라'는 것을 중점에 두었다. 그리고 1923년 4월 26일 총독부와 본산주지회의소에서 반응이 없자 재차 건의서를 제출하였다.(佛靑運動 제9호, p.4.)

촉구하면서 다음과 같이 사찰령의 피해를 주장하였다.

첫째, 역사상 自證하는 통일적 조선불교는 30본산으로 조직된 이래 오늘에 이르러 30파의 현상을 빚고 30본산은 각각 당당하고 동일한 권리이므로 서로 억압코자 한다. 뿐만 아니라 본산의 부정을 다른 본산에서 제재할 수 없어서 전횡과 기만행위가 허다하다.

둘째, 寺法 편제의 불합리와 본사 주지의 전횡으로 사찰 간에 구역 다툼이 심하다.

셋째, 각 본산 주지는 당국과 밀접한 관계가 있으므로 자기의 지위를 이용하고 세력에 의지하며 당국의 권위를 빙자하여 승니를 농락하고 산중의 분열을 일삼아 마침내 평화를 깨뜨렸다.[137]

불교청년회가 불교 자체 내에서 개혁을 주장한 반면 유신회는 범위를 확대하여 정교분리원칙을 내세우고 사찰령 폐지까지 주장하기에 이르렀다. 그러나 유신회는 창립된 지 3년 만에 소멸하고 말았다. 그 원인은 첫째, 30본산을 폐지하라는 주장에 대해 본산 주지들이 이를 못마땅하게 여겨 온갖 방해를 하였고, 둘째 유신회 회원들의 鳴鼓逐山 事件[138]으로 인해 타격을 받았으며, 셋째 근본적인 원인으로 유신회의 승려들은 젊은 층으로 실권이 없었으므로 주지들로부터 재정적 원조가 없어 결국 재정난으로 해체된 셈이었다.[139]

---

137) 姜昔珠·朴敬勛, 『佛敎近世百年』, 中央日報社, 1980, p.92.

138) 유신회 승려 100여 명이 항상 유신회 활동을 방해하던 강대련 스님 등에 북을 지우고 치게 하면서 종로를 돌아다니게 하여 모욕을 준 사건이었다. 이로 인해 주동자 김상오 스님 등 16여 명이 체포되고 일부가 옥고를 치르는 등 유신회 활동에 제약을 가져왔다.(東亞日報, 1922. 3. 27)

139) 1922. 1. 본산주지회의에서 유신회 회원 姜信申 스님은 유신회의 재정난을 다음과 같이 눈물로 호소했다. "여러분은 당당한 주지 자격으로 사찰 재산을 좌우하여 매일 호화로운 생활을 하나 우리 유신회 회원은 불교유신을 위하여 상경 후 여비도 변변히 쓰지 못할 뿐 아니라 침식을 전폐하며 밤에도 세시

그러나 유신회의 개혁활동에 의해 불교계에 새로운 자극을 불러 일으켜 현안문제 중의 하나였던 산중공의제도를 1927년에 다시 부활시켰고 30본산의 통합을 위해 종무원이 설립되는 계기를 마련하였다.

유신회가 소멸된 후 청년회는 겨우 명맥만 유지하다가 27년에 佛敎靑年會를 부흥하고 그 후 31년에 그 조직을 변경하여 佛敎靑年同盟으로 하였다.[140]

③ 宗務院 설립 결의

유신회 활동에 자극 받은 불교계는 전국 사찰 통할기관 설치와 교육·포교활동을 활성화할 필요가 있었다. 그리하여 1920년 말에 30본산 주지회의에서 연합사무소인 종무원을 만들기로 결의하고 洪浦龍 스님을 종무원장에 선출했다. 스님은 말하기를 "총독부의 허가가 되든 안 되든 그것은 둘째 문제고, 첫째는 우리 조선의 승려도 어떠한 제도 아래서든 한 덩어리가 되어 조선문화사업에 공헌하고 조선불교로 하여금 세계적 조류에 순응하고자 한다" 하여 강력한 의지를 표명하는 반면에 종무원 성격에 대해서는 "宗務院은 경성에 두어 각 道의 사찰이 그 명령에 따르도록 하는 제도이다"라고 설명하여 유신회가 주장해온 통일기관의 설치를 실현하려고 했으며, 불교사업에 대해서는 "우리 조선 사람에게 가장 급한 것이 교육이므로 교육사업에 전력을 다하여 해외 유학생 파견도 실현하겠다"는 그의 포부를 밝혔다.[141]

종무원 설립의 결의는 유신회 개혁의지 이상으로 그 의의가 있었는

이전에는 자지도 못했다"고 한 것으로 보아 유신회의 재정난을 짐작할 수 있다.(姜昔珠, 『佛敎近世百年』, p.96)

140) 佛敎(신10집), pp.2-3.

141) 東亞日報, 1921. 3. 9.

데, 첫째 체제유지적인 원로파 자체에서 개혁의지를 제시했고, 둘째 사찰령에 의해 특권을 누리던 원로파가 처음으로 총독부의 의사를 따르지 않으려는 시도였기 때문이었다. 그러나 원로파에 의해 주도된 종무원은 제대로 실현을 거두지 못했는데 그 이유를 보면, 첫째, 총독부가 불교 분열의 기본방침을 고수하여 종무원 설립을 허가하지 않았으며, 둘째 재무부장인 金相淑 스님이 사임하는 이유로 "종래의 연합 사무소를 보면 위원장과 간부가 너무 전제적인 점으로 보아 종무원도 전제할 것이므로 이탈한다"고 밝혔듯이 권위주의적인 지도체제로 인하여 임원들이 거부감을 느꼈고, 셋째 본산 주지들의 불교사업자금 모집에 대한 소극적인 태도와 학교문제[142]를 해결하지 못하여 젊은 층에서 실망하기 시작했다.

④ 총무원과 교무원의 대립

1922년 1월 3일 유신회와 통도사를 비롯한 10본산 주지들은 연합회의소를 조선승려대회로 바꾸어 진행하자는 제의를 했다. 이어서 1월 6일 24명의 본산주지가 참석한 회의에서 '朝鮮佛敎總會'라고 개칭할 것을 13대 11로 결의하고 박한영스님을 임시의장으로 선출하였다.[143] 그리고 곧 불교총회는 '몇몇 주지가 전제하기 때문에 일이 잘 추진되지 않았던 30본산 연합제규는 폐지한다'고 결의하였다.[144]

유신회가 통할기간인 총무원을 설치하자는 제안에 대해 대부분의 본산 주지들은 총무원은 차차 유신회의 양해를 얻어서 설립하고 우선

---

142) 불교중앙학림 학생들의 전문학교 승격 건의와 경영문제를 해결하지 못하여 동맹휴학을 하는 사태가 벌어졌다.(東亞日報. 1923. 9. 13)
143) 東亞日報, 1922. 1. 7.
144) 東亞日報, 1922. 1. 9.

불교사업에 대한 논의를 주장하자[145] 유신회 회원들은 더 이상 한국
불교를 본산 주지들에게 맡길 수 없다는 판단 아래 1922년 1월 9일 통
도사 등 10개 본산 주지들과 각황사에 중앙기관으로 總務院을 두기로
하였다.[146]

한편 총독부는 유신회의 사찰령 폐지운동이 확산되고 과격해지자
더 이상 혼란을 방치할 수 없다 판단하고 다음과 같은 지시를 내렸다.

　一. 30本山연합제규를 폐지할 것.
　一. 동시에 10本山이 設置한 總務院을 폐지할 것.
　一. 새로이 통일기관을 설립할 것.
　一. 東光學校에 재정이 充實해져 高等普通學校가 되기까지 갑종학교
로 유지할 것.
　一. 中央學林은 차차 佛敎專門學校로 昇格하도록 준비를 할 것[147]

이상에서 총독부가 30본산연합제규를 폐지하고 통일기관을 설립하
는 동시에 10본산이 설립한 총무원 폐지를 지시한 것은 총무원의 불
교통솔권을 사전에 방지하고 총독부와 친밀한 대다수의 본산 주지들
에 의해 통일기관을 설립해야만 총독부의 불교정책에 계속적인 동조
세력을 얻을 수 있었기 때문이었다.

이에 총무원에 주도권을 빼앗길 것을 두려워한 18개 본산 주지들은
새로운 통할기관으로 재단법인 조선불교중앙교무원 설립을 결의하고
각황사에 사무소를 두었다. 이어서 1922년 12월 기금 60만원의 재단
법인 설립인가를 받고 범어사, 통도사,[148] 석왕사를 제외한 27개 본사

---

145) 東亞日報, 1922. 1. 10.
146) 東亞日報, 1922. 1. 16.
147) 姜昔珠·朴敬勛, 『佛敎近世百年』, 中央日報社, 1980, pp.115-116.

를 흡수했다.

이리하여 동일한 건물인 각황사에 총무원과 교무원이 각각 사무소를 두어 서로 정통성을 주장하였다. 교무원 측은 "대다수의 本山이 연합하고 총독부의 재단법인 승인을 얻었으므로 전 朝鮮中央佛敎 기관은 오직 교무원뿐이다. 따라서 30본산이 연합해서 세운 각황사는 당연히 교무원에서 관리를 해야 한다. 그러므로 교무원을 반대하는 총무원은 각황사에서 나가야 한다"고 주장하며 3차례에 걸쳐 총무원에 통고하였다.

이에 대해 총무원 측은 "우리가 각황사에 있는 것은 다른 일을 하기 위해서가 아니라 불교사업을 하기 위해서이다. 각황사의 건축은 본산에서 비용을 부담했으므로 우리도 사용할 권리가 있다. 교무원이 총무원을 인정치 않으면 우리도 교무원을 인정치 않는다"고 대립하였다.

점차 알력이 격화되면서 양측은 서로 상대편의 간판을 떼어내고 격투를 하는가 하면 총무원이 경성지방법원 검사국에 고소를 제기하자 교무원은 민사부에 총무원이 점거하고 있는 각황사를 내놓으라고 신청을 하였다. 이에 재판부는 총무원 사무실이 교무원 소유라는 것을 인정할 만한 증거가 없다 하여 고소를 기각한다는 판결을 내렸다.[149]

---

148) 통도사는 교무원에 가입하지 않은 이유를 다음과 같이 말했다. "朝鮮佛敎總會를 무시하고 總督府學務當局과 경관의 입회 아래 재단법인을 조직했다. 그러나 교무원 당국자가 인격이 있어 일을 잘할 가망이 있으면 일반 교도를 무시한 죄를 용서할 수 있다. 그러나 간부들 중에는 10여 년 동안 사사로운 권리를 위해 다투기만 하고 시기, 질투, 음란을 일삼는 자가 있을 뿐만 아니라 우리의 연대책임이 있는 일을 방청까지 금지하고자 했으니 인정할 수가 없다"라고 한 것으로 보아 당시 교무원의 실태를 알 수 있다.(東亞日報, 1922. 12. 25)

149) 東亞日報, 1923. 6. 22.

이 같은 양측의 대립은 1925년에 이르러 교무원에 의해 타협이 이루어져 재단법인 조선불교중앙교무원으로 통일되었다.

3) 維新會 활동에 대한 사회 여론

유신회의 활동은 비록 2, 3년의 짧은 기간이었으나 불교계의 갈등과 대립 속에서 새로운 개혁의지를 불어넣었다. 유신회의 업적에 대해 한용운스님은 이렇게 말했다.

유신회의 業績은 실로 찬연한 바가 있다. 당당한 政·敎 분립을 주창하여 寺刹슈의 철폐를 요구하고 佛敎의 中央行政機關을 각성시켜 不合理한 法規를 정정하여 山間에 은둔한 佛敎를 社會的·大衆的 佛敎로 건설하기에 전력하여 적지 아니한 공적을 내었다.150)

그러나 한편으로 개혁과정에 대한 사회 여론은 비판적 경향이 지배적이었음이 다음의 사설들에 나타난다.

최근 3, 4년간의 경과를 보면 世界風潮의 波及과 時代變遷의 영향으로 朝鮮 佛敎界도 노·소의 衝突과 신·구의 思想으로 朝鮮 佛敎史에 미증유의 活劇이 벌어졌다. 유신운동이니 또는 현상유지니 하고 서로가 敵對行爲를 하고 있으니… 寺財는 소비되고 선량한 僧風은 破壞되고 동시에 朝鮮 佛敎의 面目과 威信은 저하되어 一般人의 蔑視와 僧侶 전체의 수치는 말할 수 없었다.151)

---

150) 佛敎(신10집), p.3.
151) 「1924年 佛敎狀況」, pp.4-5, 佛敎 제6호.

…일부의 新進靑年들이 朝鮮 佛敎는 개조화하여야 한다고 하나 이것은 일종의 妄論이라…. 그 결과는 不完全하나마 있던 것을 없애버리고 和合하던 것을 깨뜨리고… 그러므로 청년제군아 盲目的인 革新의 以上을 포기하여 佛敎의 재래도덕 제도를 尊重하여 본래 精神的 面目을 回復하고…152)

경문을 외우던 강학자의 입에는 개조, 혁신활동 등 온갖 時代的 술어를 부르짖고… 청년회, 유신회를 組織한다는 趣旨아래 기능과 수단을 될 수 있는 대로 다 부려보고… 외면으로는 新佛敎國을 건설하는 느낌이 드나 실질에 있어서는 하등 얻을 만한 성적이 없고 오직 있다면 기강이 흐트러진 것뿐이다.153)

유신 이래 朝鮮 佛敎의 경과한 것을 보면 지금 남아 있는 수확이 무엇인가. 이것이 우리 朝鮮의 民族性인가. 佛敎根性이 劣한 까닭인가. 朝鮮의 政治가 黨派에서 이렇게 滅한 것을 보면 朝鮮 佛敎가 신·구로 시비논쟁을 일삼으니 마지막에 무엇이 있을 것인가, 멸망만이 있을 뿐이다.154)

한편 일본인 학자 高橋亨은 유신회 개혁 과정 중 발생한 마찰과 대립의 원인을 다음과 같이 말하고 있다.

一. 현재 朝鮮 佛敎界에 이것들을 지도할 만한 명망가가 없다.
一. 僧侶가 현재 佛敎界의 사명에 대한 自覺이 없다.
一. 朝鮮人은 一流의 共同精神이 없다.

---

152) 『韓國佛敎最近百年史』 卷4, pp.346-349 ; 佛敎 제7호, pp.102-104.
153) 佛敎 제32호, pp.30-31.
154) 金璧翁, 「朝鮮佛敎 憂論」 중에서, 佛敎 제32호.

一. 思想의 혼란 즉 신·구사상의 對立이다.
一. 李朝佛敎의 沈滯가 누적된 結果이다.[155]

이와 같이 20년대 전반의 개혁은 그에 따른 부작용에 의해 사회로 부터 호응을 얻지 못하였다. 타락한 주지들과 침체된 불교상태에서 젊은 승려층의 급진적 개혁은 시대적 요청이었으나 개혁과정에 수반 되는 마찰에 의해 그 본래의 개혁 취지를 사회에 전달하는 데 역부족 이었다.

4) 후기 불교개혁운동(승려대회 개최)

① 佛敎學人大會

1928. 3. 14-17일까지 李耘虛, 李靑潭 스님 등 49명이 발기하여 각황 사에서 조선불교학인대회를 개회하였다. 이 대회는 교육에 대한 사항 을 토의 결정하고 '조선불교학인단체총연맹'을 조직하기로 결의하였 다.

학인대회 강령은 '중생제도의 사명감을 갖고 시대에 적응하는 교화 방법을 만들어 모든 自量을 통일적으로 준비하고 그러기 위해서는 교 육제도를 확립하자'는 내용으로 하고, 교육제도를 초·중·고 등의 3 단계로 나누고 불교학과 아울러 신학문인 철학, 지리, 역사 등도 수학 하게 하였다.[156]

이운허 스님은 학인대회 설립 목적을 이렇게 말하고 있다.

---

155) 『韓國佛敎最近百年史』 卷1, pp.123-124 ; 佛敎 제4호, p.11.
156) 그리고 圓光(기관지)을 春·秋 2회 발행했다.(佛敎 제46호, p.106)

…나는 앞으로 20년 뒤에는 우리들 학인이 교단의 주인공이 될 것이며 그때 改革을 위해서는 지금부터 힘을 길러야 한다고 생각했다. 오늘과 같이 타락한 주지전횡시대에 학인들이 물들어 버리면 교단의 주역이 되었을 때 교단은 지금이나 다름이 없을 것이므로 우리 학인들이 모여 내일에 대비해야 한다.[157]

당시는 신학문의 영향으로 불교전통강원교육을 받은 학인과, 학교교육을 받아 재래 강원교육은 태고적이며 수구적이라고 비판하여 신학문의 수용을 주장하는 학승이 구분되었다. 그 결과 학승들은 불교의 수행보다 신지식의 습득에 더욱 치중하게 되었다. 한편 학인들은 이런 상황을 타파하는 길은 주지전횡을 타파하고 제도를 개혁해야 한다고 생각했다. 그리고 개혁은 일시에 이루어질 수 없음을 깨닫고 학문에 의해 개혁을 주도하는 것이었다.

유신회 활동이 급진적인 제도적 개혁이었다면 학인대회 및 연맹결성은 점진적인 내실을 통해 개혁을 유도하는 것이었다. 비록 주도자였던 운허스님은 만주방면으로 독립운동을 위해, 청담스님은 선수행을 위해 떠나버려 중심부가 와해되어 버렸지만, 이로 인해 오늘날 각 사찰에 강원제도가 기반을 닦게 되었다.

② 포교사대회

승려의 입성해금 이후 불교계의 시급한 과제는 불교의 포교였다. 그러나 당시 승려의 자질이 하락하여 포교사가 될 만한 승려가 드물었다. 金璧翁 스님은 말하기를 "經論의 宗旨는 그만 두고라도 經文經義도 알지 못하는 이들이 法衣를 입고 法床에 앉아 신도를 속이고 부

---

157) 姜昔珠·朴敬勛, 『佛敎近世百年』, 中央日報社, 1980, p.147.

처님을 속이고 있으니 이는 末法世다"[158]고 하였다. ① 학문이 있는 사람은 계행이 좋지 않고 ② 계행을 지키는 사람은 학문이 없어 ③ 포교사가 될 만한 인재가 없었으므로 ④ 교육을 장려하여 불교를 배우고 계행을 청청하게 하여 ⑤ 포교사를 양성하는 것이 필요하였다.

그리고 1927년 8월 25일 대구 禪宗布敎堂 포교사 金錦潭스님을 비롯해서 경남북지방의 포교사 12인과 서울 포교사 1인 등 13인이 대구 동화사에 모여 제1회 조선포교사대회를 개최하였다.[159]

포교사대회의 의의에 대하여 당시 「佛敎」 제40호 권두언에 다음과 같이 사설이 실렸다.

이제부터는 布敎의 의식, 방법, 사업연구, 연락이 統一을 보게 되었다. 이것은 朝鮮 佛敎의 가장 의의있는 모임이다. 이것이 發展되면 朝鮮 佛敎도 發展될 것이요, 이것이 끝이 있으면 朝鮮 佛敎의 事業도 따라서 끝이다. 나는 이것으로써 朝鮮 佛敎界의 淨標를 삼으려고 한다.

이와 같이 포교사대회는 큰 의미를 내포하고 있다. 이제 산중불교의 은둔지향적 불교에서 벗어나 불교의 목적인 중생구제의 교화사업을 현실적으로 실천할 수 있는 활동적 의도였기 때문이다.

한편 1, 2차에 걸친 포교사대회에 자극을 받은 서울 각황사 포교당은 金大隱스님을 초청하여 매주 일요일 일반 청년 남녀를 위한 불교 강연을 열었다. 이것이 큰 호응을 얻어 성황을 이루자 청년들을 중심으로 '불교전도대회'를 조직하여 처음으로 야간 가두 전도운동을 전

---

158) 佛敎 제33호, p.24.
159) 이어 1928. 3. 제2차대회가 교무원 회의실에서 열렸는데, 여기서는 1차대회 안
　　건을 구체적으로 논의하고 교회제도와 사설 포교당에 대한 논의가 추가되었
　　다.(佛敎 제6호, p.107)

개하여 청년불교 포교활동의 시발점이 되었다.[160] 이어서 金大隱 스님은 처음으로 경성병국에서 불교강연을 하였다.[161]

③ 전국승려대회

학인대회에 자극을 받은 불교계는 해외에서 신학문을 하고 돌아온 白性郁, 權相老, 都鎭鎬, 金法龍 스님 등이 주축이 되어 불교를 완전한 통일기관으로 만들고 장차 자치기관으로 발전시키려는 운동을 전개하기 시작했다. 그리하여 1929년 1월 전 조선승려대표자 102명이 경성에 모여 불전선서 아래 종헌 제정과 종회 구성을 결의하였다. 이러한 구상은 한국불교 1천5백년의 제도적 구각을 벗는 일대 혁신이었다.[162]

백성욱 씨는 승려대회 취지를 다음과 같이 설명하였다.

금번 대회의 目的은 종헌, 기타 法規를 제정하여 지리산만한 佛敎를 통일쇄신하여 장래 發展을 劃策하려 함이다. 從來에 朝鮮僧侶에게 道德的 規律이 없었던 것은 아니나 새 시대에 適應할 만한 憲章이 없었으며 國家의 寺刹令은 있으나 승려 자체를 대동 결속하는 내규가 없었으므로 조선 불교의 유신을 絶叫한 지 이미 오래 되었지만 아직 그 원대한 以上을 實現하지 못하여 이번 대회의 사명과 의의가 가장 중대하고 심각합니다. 이 朝鮮 佛敎의 新紀元的 會合에서 제정할 法規는 교주 석존의 大精神을 발휘하겠다는 불전서약이라 하겠습니다.[163]

---

160) 佛敎 제50호. p.219.

161) 1929. 6. 17-20까지 4일 동안 첫 매스컴 강연을 했는데, 제1일 − 佛敎의 女性觀, 제2일 − 般若經 講義, 제3일 − 勝鬘經과 七女經, 제4일 − 佛敎의 家庭道德觀이 강연 내용이었다.(佛敎 61호, p.85)

162) 姜昔珠·朴敬勛, 『佛敎近世百年』, 中央日報社, 1980, p.155.

163) 佛敎 제56호, pp.120-140 ; 高橋亨, 『李朝敎佛』, 國學資料院, 1930, p.942.

이리하여 교육, 포교, 재정, 사회사업 등 각종 승려 자체 법규가 제정되어 1920년대의 불교개혁은 일단락지어진 셈이다. 한편으로는 선언문에서 '조선불교와 같이 正法 本體가 끊기고 쇠퇴한 것은 아직 없다. 1천 5백여 년의 역사에 있어서 百弊가 俱生하니 제자들이 조선불교를 구하고 만회하고자 20여 년을 하였으나 공적이 많지 않음은 단결의 힘이 약하고 진취의 길을 잃었기 때문이다'[164] 하여 자기 반성의 뜻도 비쳤다.

1920년대 전반기에 유신회를 중심으로 한 현실비판과 제도적인 개혁활동을 통한 자각은 후반기에 들어서 학인, 포교사, 전국승려대회를 통해 불교 내실화로 발전해 갔다. 그러나 승려대회에 의해 설립된 교무원은 제 기능을 발휘하지 못하였다. 그 원인에 대해 한용운 스님은 다음과 같이 말했다.

近來 통일기관을 의미하는 宗會와 敎務院이 있으나 이름뿐 통일은 커녕 佛敎界를 통일하는 일에 막대한 지장을 주고 있다. 그 原因은 僧侶의 自覺이 부족한 것에 있지만 설사 自覺이 있다 해도 기관이 31本山을 영도할 만한 기능, 즉 실권을 갖지 못하면 目的을 달성하기 어렵다. 그 실권이란 통일기관에서 31本山의 住持를 임명하고 소위 寺法을 개정하여 통일기관의 명령에 복종하도록 의무를 지우면 충분한 것이다.[165]

즉 한용운스님은 총독부에서 본산 주지를 임명하는 한 실권이 총독부에 있고 교무원이 막연한 개념적 규약으로 이루어져 31본산 주지를 결속할 만한 통할권이 없으므로 어떠한 불교사업도 이룰 수 없다고

---

164) 姜昔珠・朴敬勛, 『佛敎近世百年』, 中央日報社, 1980, p.157.
165) 佛敎, '朝鮮佛敎改革案' 중에서, 1931. 10.

보았다.

이와 같이 한용운스님은 불교의 부진을 총독부의 주지 임명권 장악에 중점을 두고 있으나 주지들의 권력유지, 아부, 타락의 실태는 사찰령 시행 이전의 고려시대, 조선시대 그리고 사찰령이 폐지되어 불교통할기관이 설치된 오늘날도 여전히 횡행하는 것을 보면 불교의 발전은 예나 지금이나 제도의 개혁과 병행하여 승려의 자질이 향상되지 않는 한 그 본질적 한계가 있는 것으로 보았다.

그러므로 1929년 전국승려대회를 개최하여 종헌을 비롯한 각종 법령을 제정하여 제도적 기반을 마련한 것에도 불구하고 불교가 그 목적을 실현하지 못한 까닭이 ① 외형상 총독부의 주지 임명 실권 ② 주지들이 권력유지를 위한 아부와 타락으로 보이나 ③ 근본적인 원인은 새로운 법을 이끌어 나갈 승려들의 전체적인 자질의 밑받침이 형성되어 .있지 않았기 때문이다.

5) 禪學院의 설립

① 禪宗의 부흥

조선 말기에 이르러 서산, 사명대사의 禪脈은 오래지 않아 그 명맥이 희미해지면서 오히려 화엄교학이 교종 중심으로 발달되고 또는 정토신앙의 念佛宗이 번성하게 됨에 따라 선승들은 점차 그 위치가 격하되어 갔다.166) 이런 상황에서 경허선사의 悟道는 禪宗의 맥을 다시 잇는 계기가 되었다.

이어서 경허선사는 1898년 해인사 선방에서 정혜결사를 동맹하였

---

166) 高橋亨, 『李朝敎佛』, 國學資料院, 1930, pp.904-906 ; 『韓國佛敎最近百年史』 卷1, pp.9-10.

다. 이에 대해서는 다음과 같이 서술되어 있다.

結同修定慧同生兜率同成佛果稧社文

　…余(경허)가 …한번은 해인사를 訪問했는데 마침 修禪精舍를 신축하는 여러 禪德이 함께 겨울을 지내면서 黃楊木禪을 하고 있었다. 하루는 화로 옆에서 잡다한 얘기를 하다가 古人의 結社辨道에 이르러 모두가 잊어버린 것 같더니 문득 그 뜻을 믿는 힘이 생겼다. 그리하여 늦게 만난 것을 한탄하고 나를 盟主로 추대하고 結社同盟을 결의하였다. …동맹을 약속하기를 함께 定慧를 닦고 도솔에 태어나 世世生生 도반이 되어서 구경에는 함께 정상을 이룰 것이니… 함께 행하고자 하는 자가 있으면 男女老少, 어리석고, 귀하고, 가까운 자, 친하지 않은 자가 모두 참가하기를 허락하였다.…167)

　경허선사의 활약에 의해 점차 선수행자가 증가하고 선수행이 활발히 진행되었다. 그리하여 1913년 범어사가 선찰 대본산으로 확정되어 다음과 같은 취지문을 각 사찰에 보내고 參禪學人과 道人을 배출하였다.168)

　근래 전국 사찰과 승려가 단지 아침, 저녁으로 예불하고 주문을 외우는 것을 法으로 하여 생계를 도모하니 佛祖의 정법을 전연 알지 못하므로… 조사공안을 宣善參究함으로써 견성성불하여 중생구제하기를 결심하고 서원키로 했다.169)

　선종의 부흥으로 건봉사를 제외한 각 본말사에 있는 念佛堂은 禪堂

---

167) 『鏡虛集』, p.15.
168) 「梵魚寺特徵槪要」, 『韓國佛敎最近百年史』 卷2, p.18.
169) 「梵魚寺禪院創設記錄」, 『韓國佛敎最近百年史』 卷2, p.11.

으로 일체 변경하고 念佛會는 修禪會로 바뀌었다.[170]

② 선학원 및 선우공제회 설립

선종의 부흥에 힘입고 1921년 金南泉, 康道峰, 金石頭 스님을 중심으로 불조의 정맥을 계승하여 한국불교 본래의 모습을 지키기 위해 禪學院을 설립했다. 이어서 선학원의 재정적 원조를 목적으로 1922년 3월 吳性月, 金南泉, 白鶴鳴 등 79인의 선객들이 발기하여 '禪友共濟會'를 설립하였다. '선우공제회'의 취지문을 보면 다음과 같다.

> …진정한 發心納子가 적을 뿐 아니라 禪侶가 도처에서 逼迫을 받으며 一衣一鉢의 雲水의 生涯를 유지키 어려운 것은 실로 오늘의 현상이다. …우리들 禪侶는 각성하고 분발해서 목숨을 다해 도를 닦으며, 따라서 自立의 활로를 開拓하여 禪界를 발흥하고 대도를 천명하며 衆生을 苦海에서 건지고 迷한 衆生을 피안으로 건너게 할지니 萬天下의 禪侶는 自立自愛할 지어다.[171]

선종 부흥 및 선우공제회의 설립은 다음과 같은 의의를 지니고 있다.

첫째, 경허선사에 의해 禪風이 진작되고 각 사찰에 禪堂이 생겼으나 대부분의 주지들이 敎宗僧이었으므로 선승에 대한 핍박이 심하였다. 그리하여 선승들은 '一衣一鉢의 雲水의 생활을 유지키 어려울 정도'로 심한 경제난에 봉착하고 있었다. 이런 상황에서 선우공제회의 발족은

---

170) 1925. 6. 용성선사는 望月寺에서 '萬日禪會結社'를 한 적이 있다.
    規則 제2조에 主旨는 活句參禪으로 見性成佛하여 衆生救濟를 目的으로 한다.
    (佛敎 제14호, p.45).
171) 『韓國佛敎最近百年史』 卷2, pp.9-10.

선승들의 경제적 원조가 되었다.

둘째, 당시 교종승의 숫자가 선종승을 훨씬 능가했으며[172] 대부분의 교종승들은 타락하였다. 이에 대항하여 소수의 선종 승려들은 청정한 계율로 수행자적 본분을 지켰다.

셋째, 선학원의 설립은 산만한 전국 선종 승려를 통일적으로 통솔하고 감독하는 기능을 하여 禪僧侶의 조직력이 결속되었다.

넷째, 불교계의 당면과제 즉 교육, 포교사업, 재정통일 등 현안문제에 대한 개혁을 '목숨을 다해 道를 닦고 禪界를 발흥하며 불조의 혜명을 이어 중생을 구제하는' 선수행 그 자체에 두었다.

다섯째, 대중포교와 불교의 사회활동이 절실히 요구되는 상황에서 승려의 산속 수행은 소승적인 태도로 보일 수 있으나 불교의 양면 즉 수행에 의해 자질향상과 중생구제라는 이중적 선결요건 중에서 포교활동 이전에 승려의 자질향상이 필요불가결하였던 당시 최우선적인 과제였다.

그러나 한편으로 오늘날 선수행이 수행 자체에 머물러 정체됨으로써 불교의 대중구제활동에 많은 지장을 주는 폐단을 낳고 있다.

1920년대 유신회를 비롯한 일반 여론들이 제도적 개혁을 중시하는 반면에 禪僧侶를 중심으로 한 선학원의 설립은 청정한 수행승의 본래 면목을 되찾으려는 내면적 개혁이었으며 이후에 청정비구승이 조계종을 형성하는 데 중추적 역할을 했다.

선종의 부흥과 선학원의 설립은 당시 다른 어느 개혁보다 오늘날 많은 영향을 끼치고 있다. 왜냐하면 불교가 처한 문제해결을 외부에서 찾지 않고 청정수행의 내면에서 구한 구도자적 자각이었기 때문

---

172) 승려의 수는 정확한 통계는 없으나 7천 1백여 명의 승려 가운데 선종 승려는 10분의 1이 못 된다고 학자들은 보고 있다.(姜昔珠, 『佛敎近世百年』, p.133)

이다.

일제 강점기의 한국불교를 연구하는 데 있어서 특히 1920년대의 상황은 오늘의 한국불교와 많은 유사성을 갖고 있음을 간과해서는 안된다. 1920년대의 사건들 즉 사찰 알력으로 인한 부임주지 치사사건, 원로파와 소장파의 대립으로 교무원과 총무원의 설립, 간판 떼는 사건, 각황사 소유권(정통성 시비)에 대한 법원의 제소, 소장파 개혁안, 사찰령 폐지운동, 전국승려대회 등 일련의 사건들은 1980년대 한국불교가 겪어야 했던 문제들 즉 신흥사 사건 이후 발생했던 소장파 개혁안 제시, 원로·소장파 대립, 범어사 총무원 설립, 종법 확인을 위한 법원의 제소, 원로파 장악, 불교재산법 폐지를 위한 해인사 승려대회 등의 60년 만에 다시 재현되는 실례가 되었다. 여기에 뇌허의 인간적인 고통도 있었다.

우리는 여기서 왜 이러한 악순환이 되풀이되는가 하는 원인을 중요시하지 않을 수 없다.

첫째, 불교계에 역사의식이 부족하다. 과거에 불교가 당면했던 문제들을 시대적 상황으로 그 책임을 전가하여 현실에 대한 비판이 이루어지고 있지 않다.

둘째, 불교의 개혁을 제도개혁에 치중하고 있다. 1920년대 들어서 유신회를 중심으로 주장된 제도개혁은 1929년 전국승려대회에서 종헌제정으로 일단락되었다. 그러나 그 후에 더 이상 새로운 개혁이 일어나지 않고(40년 총본산 설립) 불교가 여전히 침체했던 것은 일제 강점기에서 제도개혁의 한계성도 있었지만 정신적 자각보다 제도적 개혁을 앞세운 결과 더 이상 새로운 제도개혁이 한계성에 부딪히게 되었다.

셋째, 개혁적인 소장파와 권위주의적·체제안주적인 원로파 대립

에서 양파간의 마찰을 중개할 수 있는 매개집단이 결여되어 있다. 불
교교단에서 4부대중을 중시하는 것은 단순히 인적 구성만을 의미하는
것이 아니라 교단 내에서 출가자와 재가자의 힘의 균형작용도 있는
것이다. 상호간이 대등한 관계에서 비판, 견제, 감시의 기능을 할 수
있었다. 그러나 한국에 전래된 이래 교단유지, 통솔권이 비구집단에
집중되어 그 외 구성원은 아무런 힘이 없었으므로 비구승들의 타락과
부패에 대한 견제역할을 할 수 없었다.

넷째, 승려의 자질 하락이다. 초기불교 당시 그리고 한국에서도 고
려시대까지는 대체로 귀족의 자녀들이 많이 출가를 하였다. 출가 전
에 이미 그들은 학문과 견문을 넓혔으므로 출가 후에도 사회를 이끄
는 역량과 세인의 존경을 받았으며 수행자의 질적 향상으로 인하여
불교가 발전하는 데 원동력이 되었다. 그런데 조선시대 후기 이후부
터는 대부분의 사회 낙오자들이 생계수단으로 불교교단의 구성원이
되었으므로 이들은 무식하고 사회의 천대를 받아 불교의 향상은 그만
큼 어렵게 되었다.173)

다섯째, 승려들의 지나친 재물 소유욕이다.

부처님 당시 교단은 불·법·승 삼보가 엄격히 구분되어 탑, 절, 보
시물 등 일체의 재물은 재가신자가 관리하였으므로 승려는 일체 여기
에 관여할 수 없었고 오로지 출가자 본분의 수행에만 전념하였다.174)

─────────────

173) ① 合邦前 통도사 승려 5, 6백 명 중에 편지를 알아볼 수 있는 스님은 불과
　　10명 내외일 정도로 役僧들은 무식했다. 이들이 일제 강점기 승려 대부분을
　　형성했으니 일제 강점기 불교가 부진한 것은 당연한 일이었다.(『韓國佛敎最
　　近百年史』 卷4, p.3)
　　② 스님의 상좌가 되는 것을 보면 고아·사생아가 가장 많아 고려시대 명문
　　자제들이 불문에 들어간 때와 비교하면 차이가 크다.(朝鮮佛敎. p.907).
174) 『摩訶僧祇律』 권33. '승가람을 세울 때는 먼저 좋은 장소를 미리 선정하여 탑
　　을 세울 곳을 정하라. 僧地는 佛地를 침범하지 못하고 佛地는 僧地를 침범하

그리하여 교단은 재가자가 경제적 권한을 소유하고 출가자는 수행자적 권위를 갖추어 양측이 공존할 수 있었다.

특히 종교사를 살펴보면 한국불교가 침체하는 근본적인 원인은 승려들의 재물소유욕 때문이다. 부처님께서 왜 승려는 일체의 재물에 관여할 수 없게 했는지 오늘날의 승려는 깊이 생각하여 반성해야 할 것이다.

여섯째, 승려들이 사회법에 의존하고 있다.

불교는 초국가적 집단으로 세속을 이끌어가야 할 책임이 있다. 그러므로 승려들의 법의 적용은 우선 계율이다. 계율에 의지하지 않고 사회법에 의존하는 것은 본말이 전도된 것이다. 사건 발생이나 정통성시비를 곧 법원에 제소하여 문제를 해결하려는 원로파의 세속법 의존자세와 지속적인 설득력 없이 물리적으로 체제를 개혁시키려는 소장파의 비수행자적 자세는 시정되어야 하며 불교 대중의 의견을 묻고 실천에 옮기는 민주적 방식을 향상시켜야 한다.

오늘날 사회가 승가에 요구하는 사항이 무한정으로 증가하는 반면에 승가는 그 능력의 한계로 인해 대중의 무한한 요구를 제대로 수용하지 못하고 있다.

종교의 사회적 의무, 불교의 목적인 중생구제를 요구하고 있지만 현재 승가에서 그보다 더 시급한 것은 승려의 역사의식 고양이다. 승단의 사회제도 중시 宗風이 제대로 형성되지 않는 한 승가의 사회활동은 그 한계에서 벗어나지 못할 것이다.

한편 오늘날 한국불교의 문제해결을 위해서 재가신자를 중심으로 한 法師團(거사)이 형성되어 4부대중의 세력 균형이 이루어져야 한다.

지 못한다.(平川彰 外 共著, 鄭承碩 역, 『大乘佛敎槪說』, 김영사, 1984, p.45)

그 이유를 보면,

첫째, 재가신자는 권위주의적 원로파와 개혁적 소장파가 대립했을 때 중도적 입장에서 일반적으로 수긍할 수 있는 여론세력으로서 승단의 중개자가 될 수 있다.

둘째, 재가신자가 사찰재정을 관리해야 한다. 현실적으로 규모가 작은 사찰이나 암자는 형편상 주지가 관리하더라도 큰 사찰은 재가신자가 관리 내지는 재정에 대한 감시기능을 해야 한다.

셋째, 재가불교가 발전함으로써 산중불교가 대중불교로 이행할 수 있다. 그렇게 될 경우 불교의 대사회적 구제활동을 재가자 중심으로 할 수 있으며 승가는 오로지 수행에만 전념하여 불법의 宗旨, 慧脈을 잇고 전할 수 있다.

넷째, 현재 출가자의 세속에 대한 배타적 관념에 의해 출가자와 재가자 사이에 괴리가 크게 형성되고 있다. 이 상태에서 출가는 결코 재가자를 이끌 수 없다. 그러므로 신심, 불교교리, 사회적 지식을 갖춘 法師175)團이 이 괴리를 메워야 한다.

결론적으로 이 시대의 불교를 개혁하려면 종래의 승가에 대한 무한한 요구와 의존에서 벗어나 재가자 스스로 깨달음을 구하고 중생교화 활동을 하려는 자기 개혁이 필요하다. 이것은 가능한 일이다. 왜냐하

---

175) 『雜阿含經』 卷1, 法師經, 大正藏 2, p.5下에 法師에 관한 다음과 같은 내용이 있다.
　　'云何名爲法師…若於色說是生厭離欲滅盡寂靜法者　是名法師'라고 부처님께서 법사에 대한 의미를 명확히 말씀해 주시고 있다. 이 내용을 미루어 본다면 법사는 원시불교시대에 있어서 수행인의 최고라 할 수 있는 아라한의 경지에 이른 자를 '法師'라 칭하고 동시에 '법사'는 출가 재가를 초월하고 있음을 추정해 볼 수 있을 것이다. 이러한 근본적인 의미를 담고 있는 법사는 이후 대승불교시대에 오면 보다 구체적이고 보다 다양한 모습의 불교 지도자의 像으로 여러 경전에서 등장하게 된다.

면 활동적이고 항상 환경으로부터 새로운 자극을 받으므로 그만큼 자각할 수 있고 실천할 수 있는 가능성이 많기 때문이다.

雷虛의 입지는 앞서 살펴본 한국적 상황의 타파에 대한 고민과 관심이 많았고 그것에 대한 타파를 위한 求學, 修學, 講學 연구와 발표로 차라리 후학들의 지도에 열중하는 것이었다. 이러한 그의 노력의 결과가 오늘날 한국불교 근대의 제자들의 배출과 불교학의 전반적인 체계화에 성공하게 된 큰 계기가 토대로 마련된 것이라고 사료된다.

4. 교화와 입적

雷虛는 민족국가 사회와 불교승단의 전환기적 격변기 속에서 묵묵히 승려로서 유학승으로서 초기 불교교육 담당자로서 교수로서 포교사로서의 위치를 지키고 있었다.

바로 이러한 사실은 역사의식이나 교리적 고찰이나 시대적 상황에 대처하지 못하고 있는 승단이나 사회에 있어서 뇌허의 움직임은 곧바로 佛陀의 正法을 교리적으로나 사상사적으로나 정리하고, 포교하고, 교화하고 다듬어 가는 역할이었다고 확신하는 바이다.

1916년 승려의 도첩을 받고 같은 해에 상주의 보통학교를 졸업하게 된 것은 당시로서는 그리 흔한 일은 아니었다고 본다. 앞에서 상술한 바와 같이 1910년 나라가 일제의 치하로 합방되어 일본이 조선 승단의 일본화를 획책하기 위하여 1906년 진언종의 高野山敎會所가 세워지고 일본 임제종의 布敎所가 설립되었다. 1909년 조동종의 兩大本山別院 朝鮮布敎管理所가 설치되었고, 1906년 2월 이보담, 홍벽초스님 등이 신학문기관인 佛敎硏究會를 창설하고 元興寺에 明進學校를 설립하였고, 1906년 건봉사 승 李海明이 일본에 건너가 조동종 소속 경복사에서 세존 제83대 계첩을 받고, 1907년 9월에는 의승병 7백여 명이 유점사에서 10일간 주둔하였고, 1909년 이능화 등 30명이 일본에 3개월간 관청·학교·공장 견학의 회유책이 있었고, 1920년 주지 등의 부정부패 타락상이 극에 달하여 전국적으로 주지배척운동이 확산되고 있었다.

雷虛는 1913년 東海寺에서 출가하였고, 1914년 南長寺에서 사미계를 받았고, 1917년 3월 4안거를 마치고, 1919년 상주남명학원 초등과(4집과)를 수료하였다.

1920년대의 승단은 주지들의 몰지각이 승단의 기품을 떨어뜨린 시기였다. 1920년에는 문경 金龍寺에서 4안거를 마치고 1923년 3월 문경 김용사 지방학교를 졸업, 1928년 3월 드디어 일본 東京立正大 전문부 종교과를 졸업하였다.

1917년 권상로 외 8명의 본산 주지들이 일본에 의해 일본 견학중이었고, 1920년 유신회를 중심으로 30본산제를 폐지하고 총본산제 설치운동이 일어나고 있었다. 이런 가운데 1924년 화엄사가 31본산에 가까스로 들어가게 되었는데 僧 장본운 등이 김학산주지를 치사케 한 불행한 사태가 벌어졌다. 1928년 3월 14-17일까지 이운허, 이청담스님 등 49명이 발기하여 각황사에서 조선불교학인대회를 개최하여 8개 단체가 연맹하였다. 1929년 1월 전 조선 승려 대표자 102명이 경성에 모여 불전선서 아래 종헌제정과 종회구성 결의를 하여 한국불교 전래 이래 획기적인 제도적 구각을 일소하는 일대 혁신이 있었고 백성욱이 승려대회 취지문을 작성하기도 하였다. 1930년 6월 뇌허는 경성실업 전수학교 교원으로 취임하여 교화의 일선에 뛰어들게 된다. 그리고 1930년 7월 15일 상주 남장사에서 慧奉禪師를 법사로 건당하고 이때

비로소 '雷虛'라는 호를 받게 된다. 그리고 다시 1932년 3월 日本立正大學의 학부 종교과를 졸업하게 되고 성적우등상을 받게 된다.

동년 4월 立正大學 국내 유학생에 선발되어 3년간 불교교리발달사를 연구하게 된다. 그리고 1936년 4월 立正大學 專門部의 종교과 전임강사로 취임하게 된다.

1929년 6월 10일 총독부는 사찰령 시행세칙 중 사찰재산에 대한 부분을 개정하여 그 감독을 더욱 강화하였다. 이것은 사찰재산 보호의 명분(주지들의 부정부패로 야기된)이나 신불교운동을 억압하였다.(이때 불교승단은 자체의 淨化에 실패하였고 총독부의 타력에 의존 불교활동은 정체되어 가는 결과를 야기하였다.)

1929년 6월 17-20일까지 4일간 첫 매스컴에 의한 강연이 시도되었다. 1931년 10월 한용운은 '조선불교개혁안'을 내놓았다.

이러한 격동과 혼란, 혼돈의 시기에 雷虛는 1934년 불교교리발달사를 연구함으로써 장차 한국불교 아니 불타의 정법에 대한 혜명을 충실히 이행하고 있었다.

1940년 3월 뜻하는 바가 있어 日本立正大의 강사를 사임하고 귀국, 1940년 4월 대구시 경북불교협회 총무에 취임하고 그 해 김용사에서 大德法階를 품수하게 된다.

1941년은 총본 太古寺가 설립되었던 때이고 1941년 2월 雷虛는 경북 五山佛敎學校 교장에 취임하게 된다.

그러나 1941년 10월 京城 惠化專門學校 강사겸 생도주사에 취임하게 되었고 1942년 4월에 同校의 생도과장에 취임하게 되고 동년 1943년 7월에 同校의 교수로 임명된다.

이렇게 살펴보았을 때 雷虛 말고는 이 시대에 불교를 전문으로 하는 공부를 제대로 밟고 있는 사람은 찾아보기 드물게 된다.

거의가 다 불교운동이나 정치승, 운동승, 포교승 등으로 본질적인 불교운동에는 거리가 먼 것이었다고 볼 수 있다.

1944년 5월 朝鮮佛敎中央布敎師 및 朝鮮佛敎敎學委員으로 취임하고 1945년 9월 동국대학의 교수로 임명되었다. 1946년 9월 서울대학교 문리과 대학의 강사로 취임하고, 1947년 朝鮮佛敎法階 考試委員이 되었다.

1948년 8월 13일 동국대학 부학장으로 임명되어 1년간 봉직하고 1950년 5월 13일 동국대학의 학장으로 임명되어 2년 6개월간 봉직하게 된다.

1952년 고등고시 위원으로 위촉되었고 1953년 3월 성균관대학교의 강사로 취임하였다. 1953년 8월 동국대학교의 대학원장에 취임하였다. 그러나 1954년 10월 동교의 교수를 사임하게 된다. 1955년 3월 고려대학교의 강사로 취임하여 1959년에 同校의 대우교수로 취임하였다. 이후 1962년 3월 다시 동국대학교 교수로 복직하였다. 1962년 9월 고려대학교에서 정년으로 인하여 강사로 유임되었다. 1962년 12월 서울대학교 문리대 강사를 사임하고 1962년 12월 2일 동국대학교 대학원에서 명예철학박사 학위를 수여받았다. 1964년 8월 20일 동국대학교 불교문화연구소 소장으로 취임하였고 1965년 8월 1일 동국대학교 불교대학 학장으로 취임하였다. 1966년 5월 8일 同校 10년 근무 표창장 및 금메달을 받았고 1966년 12월 19일 동교 대학원장에 취임(二任)하였다.

1969년 5월 15일 대구 능인고등학교 창립 30주년 기념일에 초대교장 기념패 및 금메달을 받았다. 1969년 12월 동국대학교 대학원장에 三任되었다.

1970년 12월 5일 대한민국 정부로부터 국민훈장 동백장을 받았다.

1971년 동국대학교 대학원장 및 불교문화연구소 소장으로 계셨고, 학술원 임원이 되었다.

1980년 4월 5일 열반하셨다.

다시 말하지만 雷虛 金東華는 제2차 세계대전에서 일본을 패전으로 이끈 중국의 장개석이 일본육군사관학교에서 수학하였듯이 일본에서 불교를 수학하고 일본불교를 능가하여 한국불교 고유의 총화통일적 불교학을 정립하신 분이라고 해도 과언은 아니라고 생각된다. 이제 다음 장에서 그의 불교교학적 이론 체계를 그의 11개 저서에 의하여 살펴보기로 한다.

제3장 雷虛 불교사상의 根源

雷虛의 불교사상의 근원은 불타의 慧命을 바탕으로 하여 그 시대와 역사와 민족성에 기인한 제대로의 모습을 회복하는 일이었다. 그는 그러한 관점에서 어느 누구보다도 한국불교의 실상을 안타까워하고 그 시정과 대안을 제시하고 이지적인 지혜로 비판을 가하고 종합정리의 안을 구상하기에 이른다. 이것이 우리에게 남긴 커다란 밝은 길의 제시다. 그리고 다음에는 한국의 불교가 그 역사의 뒤안길에서 더 이상 헤매지 않고 부패하지 않고 그 불타의 혜명을 역동적으로 이끌어 갈 것이라고 내다보고 있음을 뇌허의 관점을 통하여 고찰해 보기로 한다.

1. 불교 종합 재정리의 필요성

雷虛는 앞으로 한국불교의 발전을 위한 한국불교학 종합 재정리의 대전제를 다음과 같이 잘라 말하였다.

우리 나라의 불교는, 삼국시대와 통일신라시대는 잠시 별문제로 하고서라도 고려 때 5교 양종, 李朝 초에 11종 등이 있어 결코 단일종파의 불교가 아니었다. 뿐만 아니라 현재도 사실상으로는 禪敎 양종으로서 특히 교종의 내용은 매우 복잡한 상태가 되어 있는데 이것을 무시하고 선종인 조계종 하나만을 인정하려고 한다는 것은 어불성설에 그치는 것이 아니라 비정상적인 것이다.[1]

이와 같이 뇌허는 이러한 현재의 비정상적인 실태가 이대로 계속될 수 없는 일이라고 질타하고 있다. 그리고 그는 이 불가능한 상황을 실제로 입증하는 사실로서 이미 우리 나라 불교계에 새로운 종파가 세워져 유포되고 있는 것이니 이에 대하여 먼저 수립된 종파라고 해서 이를 금지할 수 있는 법적 근거가 아무데도 없는 것이라고 논파하고 있다.[2]

또한 그 새 종파들을 설득하여 통합할 법력을 가진 자도 없다. 그런데도 이 나라 불교는 조계종 하나뿐인 것처럼 과대망상을 가져 보았자 그것은 사리에 통하지 않는 독선이며 자기 고집에 불과한 것으로서 불교발전에도 장애가 된다고 지적하였다.[3] '綜合이라 함은, 현재까지 이 나라 불교인들에게 신앙되고 이해되었던 불교가 비록 종파의 형태는 갖추지 않았더라도 그 사이에 생생하게 살아 전해 옴이 사실인 만큼 그 불교사상을 될 수 있는 한 살리자는 의미이다. 또 재정리라 함은, 현재까지 신앙되는 교리사상을 명분이 명확하도록 체계를 세워 몇 개의 종파로서 인정해 주자는 것이다.'[4]라고 하면서 조선시

---

1) 金東華, 『韓國佛敎思想의 座標』, 保林社, 1984, p.147.
2) 金東華, 『韓國佛敎思想의 座標』, 保林社, 1984, p.147.
3) 金東華, 『韓國佛敎思想의 座標』, 保林社, 1984, p.147.
4) 金東華, 『韓國佛敎思想의 座標』, 保林社, 1984, p.148.

대 이래의 종파들을 거론한다.

　　曹溪宗　總持宗　合留　70사　天台疏字宗　法事宗　合留　43사　華嚴道門宗
合留　43사　慈恩宗　36사　中道神印宗　合留　30사　南山始興宗　各留　10사[5]

이에 의하여 태종시대에는 원래 11종이 있었는데, 다음 세종 6년 4
월 예조의 발의문에 '曹溪·天台·總南 세 종파를 합하여 선종으로
하고 華嚴·慈恩·中神·始興 네 종파를 합하여 교종으로 한다.'[6]는
글이 있는데, 이 글에 의하면 11종 가운데 조계종은 선종일 것이고 總
持宗은 다라니진언종일 것이라고 뇌허는 보고 있다.[7] 天台疏字와 法事
宗이라는 것은, 앞의 것이 天台學에서 敎相門 즉 法華玄義와 法華文句
를 주로 하는 理論宗일 것이고, 뒤의 것은 天台의 觀心門 즉 실천을 주
로 하며 摩訶止觀을 근거로 하는 종파일 것이라고 보고, 화엄종은 신
라 때부터 의상에 의해 전래된 화엄경을 근거로 하는 종파이고 도문
종은 이 화엄종의 일파라고 보여진다고 뇌허는 보았다.[8] 慈恩宗은 唯
識法相宗이고 中道宗은 八不中道를 설하는 삼론종, 신인종은 結印하고
주문을 외우는 비밀교로서 다라니만을 외우는 총지종의 또 다른 파라
고 보고, 남산종과 시흥종은 모두 본적이 자세하지는 않은데 태종 6년
(1408)으로부터 세종 6년(1424)이면 겨우 17년밖에 안 되는데 그 동안
11종이 7종으로 된 것은 '각 종파의 사람들이 자진하여 합의하에 이룬

---

5) 『太宗恭定大王實錄』 第11卷 13面 9行 ; 東國大學校 佛敎文化硏究院編, 『抄錄譯註
　　朝鮮王祖實錄佛敎史料集』 Ⅰ, 도서출판제일정신, 1997, p.184.
6) 『世宗莊憲大王實錄』 第24卷 20面 20行 ; 東國大學校 佛敎文化硏究院編, 『抄錄譯註
　　朝鮮王祖實錄佛敎史料集』 Ⅱ, 도서출판제일정신, 1997, p.184.
7) 金東華, 『韓國佛敎思想의 座標』, 保林社, 1984, p.149.
8) 金東華, 『韓國佛敎思想의 座標』, 保林社, 1984, p.149.

110

것이 아니고 국가 재정 운영상 정부가 강압적으로 불교를 억제하며 유교를 장려하는 정책에서 단행한 것이니 이는 불교발전사에 큰 오점이 되어 있다.'9)고 뇌허는 보고 있다. 11종이 7종으로 통합되고 7종이 또 선교 양종으로 정비되었던 것은 당시 불교인들에게 통탄할 일이었을 것이며 '李朝時代 敎宗의 내용을 보면 여러 종파가 혼돈하여 막연한 신앙과 사상을 갖게 되는 근본 원인이 실로 여기에 있다'10)라고 뇌허는 통탄하고 있다.

현재 남아 있는 사상 가운데 전통적으로 독특하게 전해오는 교리로 지적할 만한 내용은 없고 다만 신앙면에서 아침저녁으로 외우는 지송문 등으로 보아 과거의 여러 종파의 잔재를 찾아보면 '우선 신앙의 대상으로서 교주 석가세존 이외에 대일법신불, 미타보신불, 문수·보현·관음·대세지·지장보살 등 여러 대상이 있다. 다음 예불 후에 외우는 글을 보면, 경전으로는 반야심경뿐이고 그 밖에 진언 다라니와 미타불찬·칭명염불이 주가 되어 있으니 이것은 진언종과 염불종이 합해진 현상이라고 보아야겠다.'11)라고 뇌허는 현재의 한국불교를 보고 있다. 물론 이런 견해는 뇌허 생존 당시이므로 지금 대한민국 문화관광부에 등록된 불교종파가 54개이고12), 불교 재단법인 47개, 사단

---

9) 金東華, 『韓國佛敎思想의 座標』, 保林社, 1984, p.150.
10) 金東華, 『韓國佛敎思想의 座標』, 保林社, 1984, p.150.
11) 金東華, 『韓國佛敎思想의 座標』, 保林社, 1984, p.150.
12) 韓國佛敎總覽編纂委員會, 『韓國佛敎總覽』, 大韓佛敎振興院, 1998, pp.28-62. 참조. 현재 한국불교의 종단명은 다음과 같다. 대승불교법왕종, 대승불교실상종, 대한불교관음종, 대한불교교화종, 대한불교대각종, 대한불교대승종, 대한불교미륵종, 대한불교미타종, 대한불교법사종, 대한불교법상종, 대한불교법화종, 대한불교보문종, 대한불교본원종, 대한불교불승종, 대한불교불입종, 대한불교삼론종, 대한불교선교종, 대한불교아미타종, 대한불교열반종, 대한불교영산법화종, 대한불교용화종, 대한불교원융종, 대한불교원효종, 대한불교일붕선교종, 대한불교일승종, 대한불교정토종, 대한불교조계종, 대한불교조동종, 대한불교

법인이 55개나 되는 지금 이때와는 다른 때의 이야기이다. 그러나 이렇게 달라지고 있는 상황이 바로 뇌허가 앞서 '조계종 하나만을 인정하려고 한다는 것은 어불성설'이라고까지 통탄한 바로 그 말이 예언적으로 맞아떨어지고 있는 반증적 현상이라고 보지 않을 수 없다고 필자는 생각한다.

이상과 같은 사실은 우리 불교의 생생한 현실로서 무시할 수 없는 점이다. 이것이 3, 4백년 동안의 전통적인 신앙이므로 아무리 눈이 밝은 宗師나 학문이 깊고 덕이 높은 敎師가 나타나도 이 전통을 하루아침에 변화시킬 수는 없을 것13)이라고 뇌허는 단언하고 있다. 그러므로 雷虛는 이러한 신앙들이 경전에 근거가 없는 사이비 불교가 아닌 이상 비정상적인 현재의 불교를 재정리해야 한다고 주장하고 있으며 그것을 어떻게 정리할 것인가가 문제로 남는다고 갈파하고 있다.

'현재 우리 나라에 살아 있는 신앙적 불교라 하면 禪과 念佛과 敎라 볼 수 있다'.14) 교학적 불교는 고구려 초기부터 백제·신라 특히 통일신라시대에 이르러서는 당나라의 성황을 이루던 불교와 맞설 만큼 발전하였으나 그 후로는 그렇지는 못하였다. 염불은 신라통일 이후 계속하여 일반인의 신앙으로 줄기차게 계속되어 오늘날에 이르고 있으며 진언종은 신라 말기부터 고려 때까지 기도불교의 주축이 되어 오다가 조선에 와서 점차 쇠퇴하여 오늘날은 그 단편적인 진언다라니만

진각종, 대한불교진언종, 대한불교천지종, 대한불교천태종, 대한불교총화종, 대한불교해동종, 대한불교홍제종, 대한불교화엄종, 도솔촌유마종, 보국불교염불종, 불교총지종, 아세아정토불교법안종, 정진불교자은종, 진언불교지송종, 천화불교, 한국대승불교여래종, 한국불교미륵선종, 한국불교미륵종, 한국불교법륜종, 한국불교법화종, 한국불교원각종, 한국불교원효종, 한국불교태고종, 한세계인류성도종, 해동불교포교종, 호국불교효예종(이상 가나다순).

13) 金東華, 『韓國佛敎思想의 座標』, 保林社, 1984, p.151.
14) 金東華, 『韓國佛敎思想의 座標』, 保林社, 1984, p.151.

112

남아 있는데, '禪宗은 수입된 이래 줄기찬 세력으로 이어져 조선 때 모든 교종과 대립하여 양대 세력의 한 위치를 차지하다가 오늘날에 와서는 이 나라 불교 전체를 제압한 형태로 되기에 이르렀다.'[15]고 뇌허는 보았다.

이상과 같은 현황에서 雷虛는 우리의 현 불교는 그 사상을 종합하여 禪·念佛·敎의 세 가지 종파로 재정리하는 것이 우리의 전통을 살리는 길인 동시에 앞으로의 발전도 기대할 수 있으리라 본다고 지적하고 있다.[16]

이 세 종파에서 선과 염불은 다같이 실천 종파이지만 그 방법에서 서로 매우 달라서 언뜻 보기에는 禪은 心一境性의 정적인 종파요, 念佛은 매일 수만 번씩 미타의 명호를 외우는 동적인 종파라 서로 정반대인 것 같지만 중국 盧山 白蓮社의 염불이나 송나라 때의 염불이 단순하게 서방 정토에 태어나기를 바라는 염불이 아니고 '염불이 곧 선정이며 선정이 곧 염불(念唱卽定 定卽念唱)'이었던 것처럼 '지극한 염불로 마음 한 곳에 도달할 수 있으니 서로 통하는 바가 없지 않다.'[17]고 뇌허는 보았다. 다음 禪·念佛 두 종파와 교종과의 관련성을 본다면, 선은 문자를 쓰지 않는 것이 그 본래 태도요, 염불은 교종을 '이치가 깊어 이해가 적으며 행하기 어려운 성인의 길'이라고 보기 때문에 교종을 완전히 배척하는 것 같이 보이지만, '그러나 그것은 문자에 집착하는 사람과 근기가 둔하고 열등한 사람에 대한 경구적 교훈일 것이며, 經·律·論 三藏을 전부 무시해야 옳다는 뜻은 아니다.'[18]라고 뇌허는 보았다. 선·염불 두 종파는 교종의 교학적 뒷받침이 없으면

---

15) 金東華, 『韓國佛敎思想의 座標』, 保林社, 1984, p.151.
16) 金東華, 『韓國佛敎思想의 座標』, 保林社, 1984, p.152.
17) 金東華, 『韓國佛敎思想의 座標』, 保林社, 1984, p.152.
18) 金東華, 『韓國佛敎思想의 座標』, 保林社, 1984, p.152.

충분히 발전할 수 없으니 양종은 교학에 힘써야 한다는 것이 '敎를 버리고 禪에 들어간다(捨敎入禪)'는 말의 본뜻은, '禪을 할 사람은 먼저 敎學을 한 후라야 하고 또 교학을 전공한 사람도 교학을 마친 후에는 반드시 실천문인 禪에 들어가야 한다는 것이다.'[19)라고 뇌허는 해석하였다. 이 지혜의 눈과 실천의 다리가 갖추어질 때 비로소 열반의 깨끗한 연못[淸凉池]에 이를 수 있다는 것이다.

염불은 주장과 교리내용이 선명하지만 敎宗은 실로 막연하다. 조선 초기 11종파 가운데 總持 · 天台疏字 · 華嚴 · 道門 · 慈恩 · 中道 · 始興 등 여러 종파가 모두 교종인데 이 여러 종파를 어떻게 종합할 것인가? 그것은 결코 쉬운 일이 아니라고 뇌허는 개탄하고 있다.[20) 그러면 다음에는 뇌허의 불교 종합 재정리 방법론을 살펴보자.

2. 불교 종합 재정리의 방법론

雷虛는 중국식 자종의 입장만으로 하는 敎相判釋에 의한 三藏 내지 經論 二藏을 하나의 체계로 간추려 잡고 교학을 정립하는 것이 과연 옳은 것일까라는 문제에서부터 교학의 재정리론을 전개한다.[21)

대승경전에 의하여 원시경전을 小乘이라고 낮춰 보고 大乘經 자체를 찬양하는 것도 사실이다. 그러나 그것은 소승적인 견해를 가진 사람들이 그것에만 고집하여 대승사상을 돌아볼 줄 모르기 때문에 한 가지 유도책으로 소승을 낮춰 보았던 게 아닐까? 위에서도 이미 말한

---

19) 金東華, 『韓國佛敎思想의 座標』, 保林社, 1984, p.153.
20) 金東華, 『韓國佛敎思想의 座標』, 保林社, 1984, p.153.
21) 金東華, 『韓國佛敎思想의 座標』, 保林社, 1984, p.154.

바와 같이 부처의 가르침의 효과에는 높고 낮음이 있을 수 없다. 왜냐하면 중생의 능력에 맞춘 설법이며, 병에 따라 약을 주는 것과 같은 설법이기 때문이다. 대승·소승을 막론하고 원래 중생이 없으면 부처의 설법도 있을 리가 없다. 크고 작은 능력의 중생 모두를 다 구제하는 것이 부처 설법의 목적이므로 그 가르침의 내용은 다 함께 평등한 것이라고 보고[22] 그러므로 대소승 경전에 우열을 두는 것은 부처님의 설법 本旨에 맞지 않다고 雷虛는 보았다.

'그러므로 이것을 정리하는 데에도 종래의 모든 종파를 초월하여 종합적으로 한 체계를 갖춘 敎判論이 필요하다'[23]고, 말하자면 새로운 시대에 맞는 교판론의 기준을 제시한 셈이다.

원래 종파불교로 시작하여 현재까지 그대로 계속되어 오는 중국불교나 일본불교와는 달리 우리 나라 불교는 처음부터 중국불교 입장에서 여러 가지 연구를 하였지만 그것이 종파불교는 아니다. 고려 말기에 이르러 5교 양종설이 비로소 발생하고 조선 초기 11종·7종 등이 있었다고 하나 그 각 종파의 종지가 단편적으로 알려져 있지 않는 게 사실이다. 중국이나 일본 등 여러 종파불교는 각자의 특수한 교판과 시조 및 교리가 따로 조직되어 있었는데 우리 나라의 종파는 이것들을 갖추지 않았던 것 같고, '그러므로 각각의 宗은 독립된 종파로서 발전하지 못했던 것이 아닌가?'[24]라고 뇌허는 보고 있다. 만약 그러한 모든 조건을 갖추었다면 어찌 정부가 임의로 종파를 통합할 수가 있으며 또 각 종파의 종도들이 그 타의에 쉽게 따르지 않았을 것이니 이렇게 볼 때 '말하자면 우리 나라는 종파불교로서는 실패하였던 것이

---

22) 金東華, 『韓國佛敎思想의 座標』, 保林社, 1984, p.155.
23) 金東華, 『韓國佛敎思想의 座標』, 保林社, 1984, p.155.
24) 金東華, 『韓國佛敎思想의 座標』, 保林社, 1984, p.155.

다.'25)라고 뇌허는 보았다. 雷虛의 견해로는 종파불교의 실패라기보다도 원래 이 나라의 민족성이 그 같은 부분적이요 편협한 사상을 좋아하지 않았던 때문이라고도 한다. 뇌허는 일단 선·염불종에 관해서는 언급하지 않기로 하고 교학 재정리론을 전개해 나간다.

그러면 교종 이것을 어떻게 종합 정리해야 할 것인가?

이 문제에 관해서 뇌허는 선현들의 직·간접적으로 모범이 되는 설을 찾아 전거를 제시하고 해설을 붙이는 식으로 풀이해 나아간다.

세 가지 법이 있다. 모든 부처가 설한 법을 다 받아 가지는 것을 이른바 敎法이라 한다. 이는 經 등을 베껴 써서 바치고 읽어 외우며 남을 위해 설명하기 때문이다. 모든 부처의 깨달음을 받아 갖는 것을 이른바 證法이라 한다. 불타 정각의 敎法을 증득해서 敎化하여 전해주기 때문이다. 또한 모든 부처가 敎化하는 法을 다 지키는 것을 이른바 修行法이라 한다. 修行을 할 때에 여러 어려움과 장애가 있어도 보호하고 救濟하기 때문이다.26)

이것은 모든 부처의 법을 ① 敎法과 ② 證法과 ③ 修行法 등 세 가지로 종합 정리한 것이라 볼 수 있다.

중국 수나라 광택사 법운은 그의 저서 『法華義記』 권1에서 법화경 방편품 제2의 부처 지혜를 權智와 實智로 나누어 논하고 있다. 權智라 하는 것은 三乘 근기의 대상이 있음을 인정하고 이 세 사람을 교화하

---

25) 金東華, 『韓國佛敎思想의 座標』, 保林社, 1984, p.156.

26) 『十地經』 卷3, 大正藏 10, p.535中.

有三種法 一切佛所說法輪 皆悉受持者 謂敎法 修多羅等 書寫供養讀誦受持 爲他演說故 攝受一切佛菩提者 所謂證法 證三種佛善菩法 攝受此證法 敎化轉授故 一切諸佛所敎化法 皆悉守護者 謂修行法 於修行時 有諸障難 攝護救濟故.

116

는 지혜를 말하며, 實智라 하는 것은 네 가지 대상을 비치는 지혜라 한다. 그 네 가지 대상(四一境)의 설은 다음과 같다.[27]

實智가 비추는 대상에 무릇 네 가지가 있으니 하나는 敎一, 둘은 理一, 셋은 機一, 넷은 人一이다. 如來의 智慧가 이 네 가지 대상을 모두 비추니 이것이 곧 實地이다. 敎一·理一이라고 하는 것은, 오늘에 原因과 다른 結果가 없으며 결과는 별도로 따르지 않음을 밝혔으나 진실한 뜻은 둘이 아니다. 그러므로 나타내는 바 이치가 이미 하나이거늘 나타내는 가르침이 어찌 둘이랴. 또 機一이라고 하는 것은, 법화경이 설해진 때로서 모든 사람들이 반드시 하나의 결과를 얻을 수 있는 근기라는 것이다. 人一이란 옛날의 성문 연각 등이 오늘날 이미 마음을 고쳐 보살이 된다는 것이다. 아래 경문에 말하기를 단지 보살을 교화하고 성문 제자가 없다 하니 역시 한 사람이 하나의 근기로 한 가르침의 한 뜻을 안다는 말이다. 여래가 한 가지 가르침을 써서 한 가지 이치를 설명하니 한 근기에 응하여 한 사람을 교화한다. 그러므로 여래 지혜가 이 네 대상을 비추는 이것이 四一의 실체이다.[28]

즉 四一이란 敎·理·機·人의 네 가지이다. 그런데 위의 책 권3에는 방편품의 글을 인용하여 사일의 경(四一之經)을 논증하고 있는데 앞의 것과 조금 다르다고 인용하고 있다.

'사리불아, 여러 부처님이 오직 한 가지 큰 인연으로 이 세상에 나타나셨다.'고 하는 이것이 제1의 果一이며, '부처님이 사리불에 고하되 여러 부처님과 여래는 다만 보살을 교화한다'고 하는 이것이 제2의 人

---

27) 金東華, 『韓國佛敎思想의 座標』, 保林社, 1984, p.157.
28) 大正藏 33, p.593上.

一이며, '모든 지어진 행위는 항상 한 가지 일이 된다'고 하는 이것이 제3의 因一이며, 분명히 이 사람이 닦아 부처의 지혜와 견해가 되기 때문에 오직 부처의 지혜로 중생에게 보이고 깨닫게 한다. '사리불아, 여래는 오직 一佛乘으로써 중생을 위하여 법을 설한다.' 이하는 제4의 敎一이니라.29)

여기에서의 四一은 果·人·因·敎의 넷으로 되어 있다. 그런데 智顗는 그의 저서『法華經文句』권430)에 법운의 人一과 果一을 고쳐 行一과 理一로 하고 있다. 이상으로 법운·지의 두 논사의 사일설의 의의를 뇌허는 말하기를 법화경 이전의 삼승교는 모두 敎·里·機·人 혹은 敎·行·人·理가 서로 달리 구별되어 있으나 이제 법화경에서는 四一로서 오직 一乘法뿐이라는 뜻을 밝히고 있다고 하였다.31) 화엄종의 제2조인 智儼(602-668)은 화엄경 正宗分의 각 품을 내용별로 나누는데 盧舍那品으로부터 光明覺品까지를 擧果勸樂生信分, 明難品 이하를 修因契果生解分, 離世間品 이하를 依緣修行成德分이라 하고 그 가운데 離世間品을 託法進修行이라 하며 입법계품을 依人入證分이라 보았다. 그는 이와 같이 화엄경 하나를 信·解·行·證의 넷으로 나누었다고 인용하고 있다.32)

일본 淨土眞宗의 종조인 親鸞은 그의 저서인『顯淨土眞實敎行文類』에서 敎·行·信·證의 네 항목으로 眞宗의 요지를 간단히 밝히고 있

---

29) 大正藏 33, p.603 下.
   舍利佛是爲諸佛唯以一大事因緣故出現於世 此是第四結果一也 佛告舍利佛諸佛如來但敎化菩薩此是第二明人一也 諸有所作常爲一事是第三明因明修此因爲佛知見故言唯以佛之知見示悟衆生也 舍利佛如來但以一佛乘故爲衆生說法此下是第四明敎一.
30) 大正藏 34, p.222 中.
31) 金東華,『韓國佛敎思想의 座標』, 保林社, 1984, p.159.
32) 金東華,『韓國佛敎思想의 座標』, 保林社, 1984, p.159.

다. 즉 교에 대해서 문류 제2에 '무릇 진실한 가르침을 나타내며 대무
량수경이 그것이다'라고 하고, 行에 관해서는 문류 제2에 '큰 行이란
무애광여래의 이름을 부르는 것이니 이 行은 곧 여러 착한 法을 포함
하고 여러 德의 바탕을 갖추며 지극히 빨리 원만해지므로 진실로 모
든 德의 보배로운 바다와 같으니 이름하여 큰 바다라 한다.'[33]라고 말
하였다.[34] 또 信에 대해서는 문류 제3에 '이에 어리석은 중 친란은 여
러 부처님의 참된 말씀을 믿어 따르고 이론가·해석가의 으뜸가는 뜻
을 파헤쳐 널리 세 가지 경의 큰 빛을 입고 특별히 일심의 華文을 열
었다.'[35]고 밝히고 있다.[36] 보통의 경우로 보면 敎 다음에 信을 둘 것
인데 여기서는 信을 제3의 위치에 둔 까닭은 미타의 넓은 소원에 대
한 특별한 의미에 의한 것이다. 즉 수행이 갖추어짐은 믿음이 갖추어
진 수행이므로 행하지 않고 行하는(不行而行) 이치에 의하여 오직 듣
고 믿는 한 마음만 있으면 수행으로서 염불을 굳이 하지 않더라도 그
원인과 결과가 원만해진다고 설하기 때문에 信·行의 순서가 아니고
行·信의 순서를 보인 것이다. 다음 證에 대해서는 문류 제4에 '진실
로 증득하면 남에게 이롭고 원만한 妙의 위치에 이르고 더할 나위 없
는 열반의 궁극적 결과에 이른다.'[37]고 말하고 있다.[38]

---

33) 『懸淨土眞實敎行證文類』, 大正藏 83, p.589下.
   云大行者 卽稱無礙光如來名 斯行卽是攝諸善法 具濟德本 極速圓滿 眞如一切德寶
   海 故名大海.
34) 金東華, 『韓國佛敎思想의 座標』, 保林社, 1984, p.160.
35) 『懸淨土眞實敎行證文類』, 大正藏 83, p.589下.
   爰愚禿釋親鸞 信順諸佛 如來眞說 波閱論家釋家宗義 廣蒙三經光澤 特開一心華文.
36) 金東華, 『韓國佛敎思想의 座標』, 保林社, 1984, p.160.
37) 『懸淨土眞實敎行證文類』, 大正藏 83, p.589下.
   謹顯眞實證 卽是利他圓滿妙位 無上涅槃極果.
38) 金東華, 『韓國佛敎思想의 座標』, 保林社, 1984, p.161.

'이제까지의 여러 학설 가운에『십지경론』의 학설은 일반적인 佛敎 法 전체를 교·증·행 세 가지 항목으로 요약한 것이고, 法雲이나 智 顗의 四一說은 법화경의 우수성을 四一이라 밝힌 것이며, 智儼의 신· 해·행·증은 화엄경의 品段을 경문의 내용에 따라 나눈 것이며, 親 鸞은 淨土眞宗의 교리의 요지를 敎·行·信·證이라 한 것이다. 法雲 이하의 모든 학설은 특수교법에 대한 분류이다.'[39]라고 뇌허는 상술 한 여러 학설들에 대한 뇌허 자신의 소견을 말한다. 거기에서 信과 行 의 선후 문제는 주목해야 할 것이라고 본다.

이것은 특수 교법에 대한 분류이기는 하지만 이 같은 방식으로 불 교교리 전반을 종합 정리할 수 있다는 가능성을 암시한 것으로 뇌허 는 투시하였다. 천태지의가 또 '法에 세 가지가 있으니 敎·行·證이 라'[40]고 한 견해가 있고, 慈恩 窺基도 '부처님께서 열반하신 후 법에 세 가지 때가 있으니 正·像·末法이라, 敎·行·證 셋을 다 갖춘 그 때의 法을 正法이라 하고, 敎와 行만이 있을 때 像法이라 하고, 오직 敎만 있고 다른 것은 없을 때 末法이라 한다.'[41]고 하였다. 이러한 견 해들은『십지경론』에서 전체 불교설을 종합 정리한 설과 부합한다고 그는 看破하고 있다.

그리고 雷虛는 불교교리 일반을 종합 재정리하는 방법으로서 위 三分說이 선례로서는 가장 보편적인 방법이라고 보고 있음을 알 수 있다.

이 보편적인 방법에서 한 걸음 더 깊이 찾아 들어간 것이 신앙의 문 제이다. 불교는 그 뜻이 깊고 비교할 데 없이 높은 도리이다. 그러므

---

39) 金東華,『韓國佛敎思想의 座標』, 保林社, 1984, p.161.
40) 金東華,『韓國佛敎思想의 座標』, 保林社, 1984, p.161.
41) 金東華,『韓國佛敎思想의 座標』, 保林社, 1984, p.161.

120

로 어리석은 우리 범부의 지식만으로는 그것을 이해하기가 어렵다. '敎學은 지식으로 이해하기보다도 信念으로부터 시작해야 한다는 선현의 교훈이라든지, 믿음이 도의 근원이라는 화엄경의 말과도 같이 불교에 대한 신앙심으로부터 시작되어야 하는 것이 사실이다.'[42] 이 말에서 雷虛의 교학연구가 그렇게 깊고 넓으면서도 그 근저에는 항상 확고한 信心念佛이 깔려 있음을 엿볼 수 있다.

그는 이러한 견지에서 위 敎·行·證에 信을 더하여 네 가지로 불교 전반을 종합 정리하고자 하고 있다. 이 네 가지 항목을 四敎라고 이름하였는데, 4교를 논하기 전에 이 敎法을 널리 펴는데 그 전제조건으로서 네 가지를 들고 있다. 첫째 그 시대의 검토, 둘째 그 국토의 검토, 셋째 이 교법을 받아들일 민족의 근본적인 성향에 대한 고려, 그리고 넷째가 교법이라고 제시하고 이를 四綱이라 이름하였다.[43] 즉 그는 4강과 4교로써 불교를 종합 정리해 보고자 하는 의도를 가지고 있는데 이러한 뇌허의 원리론을 살펴보기로 한다.

<hr>

42) 金東華, 『韓國佛敎思想의 座標』, 保林社, 1984, p.162.
43) 金東華, 『韓國佛敎思想의 座標』, 保林社, 1984, p.162.

제4장 雷虛 불교사상의 체계

　뇌허의 불교사상을 알기 위해서는 그가 집필하고 가르친 전반적인 불교사상을 살펴 고찰함으로써 가능한 일일 것이다. 그러나 여기에서는 前言한 11개 저서의 내용에 의하여 살펴보기로 한다.

　먼저 인도불교 중국불교의 여러 측면을 고찰하고 『韓國哲學思想史』와 『三國時代의 佛敎思想』과 『佛敎敎理發達史』의 획기적인 여러 방면을 살펴보기로 한다.

　前章의 끝에서 뇌허는 한국불교 고유의 특색이 한국 민족성에 근거하고 있으며, 종파적 전문성이 있으면서도 이론 교학적 측면으로는 總和統一的이라고 보고 있으며, 이러한 한국불교 교학을 정립시킨 분이 뇌허라고 결론한 바가 있다. 그의 그러한 韓國佛敎史觀이 역설되어 있는 저서가 바로 『韓國佛敎思想의 座標』이다. 그래서 이 책의 1장에서는 그의 저서의 전문을 옮기다시피 인용하면서 그의 韓國佛敎思想觀을 상술하였다. 이제 그의 다른 저서들에 의하여 그의 佛敎全敎學觀을 알아보기에 앞서 먼저 그의 저서들이 바로 그러한 한국불교사상관적인 總和統一의 입장에서 저술되었다는 점을 서언하고 각론으로 들어가고자 한다.

1. 雷虛의 인도불교 사상관

1) 原始佛敎觀

'원시불교'라는 말 자체가 옛날 우리 나라 불교학자들에게는 듣기에 서투른 말이라면서 만약 불교의 경전이 모두 釋迦牟尼 一佛說이라고 하면 잘못이라고 다음과 같이 전제하고 원시불교사상을 논하였다.

佛敎의 經典이 모두 釋迦牟尼 一佛所說이라 생각하는 것은 벌써 케케묵은 옛날 생각이다. 人類의 歷史는 새 文化를 창조하는 동시에 또 옛 文化를 發展시킨다. 昔日 학자들이 佛陀의 偉大性만을 認定하기 위하여 모든 大小乘의 經典이 모두 다 敎主 釋尊의 獨說이라 본 것은 佛敎의 모든 經典을 두루 보지 못한 偏見에서 나온 獨斷이다. 그것은 小乘論部上에는 大乘經典이 佛說이 아니라 하였고, 또 大乘經典上에도 小乘敎가 佛敎의 正統이 아니라고 論駁하였음에 依해서도 알 수 있는 일이다.[1]

원시불교라 함은 교주 석가모니불(서기전 560년 탄생)로부터 그 제자들의 시대 즉 부파불교로 나누어지던 때(불멸 후 100년경)까지를 말한다. 이때까지의 특징은 순수한 교법 중심의 시대였다고 볼 수 있다.[2]

그런데 北傳 문헌 등에 의하면,[3] 석가 이전의 과거 부처로서 毘婆尸

---

1) 金東華, 『原始佛敎思想』, 東國大學校, 1967, 序 p.2.
2) 金東華, 『韓國佛敎思想의 座標』, p.33.
3) 『長阿含經』 卷1, 大本經 ; 『雜阿含經』 卷15 ; 『增一阿含經』 卷44.

佛 등 25불설이 나타나고 있는데, 만약 이러한 과거 여러 부처사상에 입각해 본다면 불교는 석가에 의하여 비로소 시작된 것이 아니고 과거부터 여러 부처가 대대로 서로 전해오는, 본래 있던 가르침이라는 것을 알 수 있다[4]고 하면서 불교의 시원 문제를 제기한다.

(1) 불교의 시원

雷虛는 과거의 여러 부처설이 경전에 전래하는 이상 이것을 무시할 수는 없으나 과학적으로 또는 역사적으로 그 실재여부를 논증하기는 어렵다고 하면서 과거 여러 佛 가운데서 특히 7불에서도 그러므로 이 7불 중에서 역사적 인물로 가장 확실성을 가진 佛陀는 오직 釋迦牟尼佛뿐이라고 결론하였다

이는 불교의 시원은 역시 인간 석가모니불이라고 보는 입장이다. 불교의 시원을 인간 석가모니에서부터라고 보는 이 입장은 그가 『佛敎敎理發達史』 서론 p.3에서 다음과 같이 말한 것과 일치된다.

> 우리는 그 敎說대로 果然 覺者가 될 可能性을 所有하고 있는 것이 確實한가? 하는 등의 疑問이 層生 첩출하니 그 理由를 알아야 한다. 要컨대 從來의 佛敎人들은 其實 그 信仰心에는 佛陀와 人間과의 距離를 멀리하고 있다. 釋迦牟尼佛도 元來 우리 人間과 똑같은 一個凡夫에서 出發하여 人間아닌 聖者, 아니 人間以上의 佛陀가 되셨던 것이 아닌가? 換言하면 釋尊은 우리 인간의 나아갈 길을 開拓하시고 올라갈 수 있는 데까지 이미 올라가신 示範者로서 人間完成者이신 것이다. 그러므로 우리가 佛敎의 모든 敎理 문제를 연구함에 있어서는 언제나 항상 人間的으로 理解하는 것을 잊어서는 안 된다. 만약 이 點을 忘却한다면 그것은 死佛敎가 되고 만다.[5]

---

4) 金東華, 『韓國佛敎思想의 座標』, 保林社, 1984, p.34.

뇌허는 석가모니 출현 이전의 인도 재래 종교사상 가운데는 宇宙創造神說 등이 있었고 또 이 사상이 점차 발달하여 드디어 철학사상으로서 우주의 통일적이고 보편 실재적인 원리로 제시되었고, 그러한 諸神들이 시간적으로 항상 실재한다는 개념을 내포하고 있고, 철학적인 원리는 공간적으로 보편 내재한다는 개념을 갖고 있었으나 그러한 諸神觀은 석존이 出世하여서는 재래의 종교적 신의 실재와 철학적 원리의 독립성을 모두 부정하였고 이런 뜻에서 석존은 실로 인도 종교계의 혁명가요, 철학계의 개혁자였다[6]라고 전제하였다.

석존은 종교의 절대원리인 신의 실재를 부정하는 동시에 인간의 위대성을 발견하여 인간으로서 신을 대신하였고, 철학계의 우주 통일적이고 보편적이며 객관적 절대성을 가진 원리를 부정하는 대신에 인간의 한마음으로써 그에 대치하였다는 것이 雷虛의 始祖 釋尊觀이다. 신이 있다면 그것은 인간이 신이요, 원리가 있다면 그것은 인간의 한 마음(一心)이라는 것으로, 석존사상의 특징은 인간 위주의 종교, 人心 중심의 철학이었고 이와 같은 인간중심의 원리를 자각하여 인간 종교를 주장하신 분이 바로 불교의 시조 석존이라고 뇌허는 단호하게 말하고 있다. 그러나 인간중심의 원리를 자각하여 인간 종교를 주장하였지만, 오랫동안 창조신 사상에 젖어온 당시의 인도 사람들은 짧은 시간에 깨달음을 얻었던 석존의 교설을 그대로 믿지 않았다. 실례로서 사위국 왕인 波斯匿(Prasenajit)이 어느 때 석존에게 그 당시 인도의 다른 성자들은 모두 오랜 수도를 하였지만 깨달음을 얻은 사람이 없었는데 석존은 짧은 시간에 깨달았다 하니 어떻게 이것을 믿을 수 있을까 하고 물었던 일을 들고 이런 상황에서 석존은 자기 교설의 권위를 위해

---

5) 金東華, 『佛教教理發達史』, 三榮出版社, 1969, p.3.
6) 金東華, 『韓國佛教思想의 座標』, p.35.

서는 그 근원을 먼 옛날에 두지 않을 수 없었기 때문에 과거 7불 또는 25불설은 교화의 목적을 위해서 훨씬 후에 나타난 설이 아닐까라고 생각된다고 하면서 불교의 시조는 어디까지나 인간 석존임을 雷虛는 역설한다.

뿐만 아니라 더 나아가서 과거의 부처가 실재할 뿐 아니라『증일아함경』권44[7] 등에 나타난 미래의 미륵불설까지도 이런 맥락에서 발생되었을 것이라고 뇌허는 보았다.

요컨대 인류 역사상 불교의 시원은 인간 석가에 있으며, 불교는 인도 가필라라는 한 나라에서 孤高의 소리를 울리며 태어난 석가가 6년간 힘든 수행을 한 결과 마음의 눈이 열린 이후의 교설을 통하여 시작된 역사적 창시의 지적 종교라고 雷虛는 단언하였다. 이것은 그가『原始佛敎思想』序에서 한 말과 일치된다.

> 宗敎는 '다만 믿으라' 하는 類型의 宗敎와 '믿으면 안다' 하는 類型의 宗敎의 두 가지가 있다고 볼 수 있는바, 前者는 情的宗敎요 후자는 知的宗敎로서 佛敎는 後者에 속하는 宗敎라 할 수 있다.[8]

雷虛의 모든 저서는 그 주장하는 바들이 사실상 이렇게 교리적으로 總和統一의 체계에서 이루어지고 있다.

2) 진리로서의 불교

뇌허는 원시불교의 교법을 후세의 이른바 대승불교에서처럼 여러

---

7)『增一阿含經』卷44, 大正藏 2, p.787下.
　　阿難…白佛言…將來久遠彌勒出現至眞等正覺　欲聞其變　弟子翼從佛境豊樂　爲經幾時　佛告阿難　汝還就座聽我所說　彌勒出現國土豊樂弟子多少　善思念之執在心懷.
8) 金東華,『原始佛敎思想』序.

가지로 복잡다단하지 않은 아주 단순 순수한 것으로 보고 그러한 순수성을 고찰하고 있다.

(1) 신앙적 측면

뇌허는 신앙이 빠지면 종교가 아닐 것인데 인도 고유의 諸天神 등을 부정하면 하나의 종교로서 불교가 그 신앙 대상으로 도대체 무엇을 내세워야 할 것인가를 문제로 제기하고 그 답으로 그것이 바로 석존이 가르치신 正法이라고 하면서 그 전거를 다음과 같이 제시하였다.

> 오직 正法이 있어 나를 자각케 하고 깨달음을 이루게 한 것이니 나는 마땅히 그것을 으뜸으로 받들고 모시며 그것에 의지하여 머무르라. 왜냐하면 과거 여래의 평등한 정각도 역시 정법을 으뜸으로 삼고 공경하며 받들어 그것을 의지해 머물렀으며, 미래의 모든 정각도 역시 正法을 으뜸으로 공경하고 받들어 그것을 의지하여 머무르라.9)

즉 정법을 자각함으로써 불타가 되었으므로 오직 믿을 것은 정법뿐이라는 것이다. 이는 불타만이 그러한 것이 아니라 그 제자들에게도 항상 그와 같이 권하는 말씀을 하였다. 그러면 正法이란 어떤 것인가에 대해서 『原始佛敎思想』에서 다음과 같이 정법을 뜻매김하였다. 불타께서 열반에 드실 때에 제자들에게 남긴 최후의 가르침에는 이런 말씀이 있다. 불타는 자신의 成佛은 오직 正法의 획득에 있음을 다음

---

9) 『雜阿含經』 卷44, 大正藏 2, p.322上 ;『南傳』 相應部經 卷12, p.23에도 같은 글이 있다.
 唯有正法 令我自覺 成三菩恭敬宗重奉事供養 依彼而住 過去如來應等正覺 亦於正法 恭敬尊重奉仕供養 依彼而住 諸堂來世應等正覺 亦於正法 恭敬宗重奉事供養 依彼而住.

과 같이 선언하였음을 『잡아함경』 권1, 『중아함경』 권9, 『남전』 권15
등에 있는 구절들을 전거로 인용하였다.

> 法友여, 이 世尊은 알아서 아시며, 보아서 보시며, 眼이요, 智요, 法
> 이요, 梵이며, 語者·說者·利益을 가져오시고 甘露味를 베푸시는 如來
> 이시다(南傳 卷十五, 相應部經 四, 一五四)
> 　世尊爲法主　爲導爲覆(雜阿 卷一)
> 　世尊爲法本　世尊爲法主　法由世尊(中阿 卷九)[10]

또 뇌허는 그 正法이 佛道의 道이고 正覺의 覺이라고 하였다.

> 釋迦가 道를 이루었다. 또는 正覺을 하였다고 하는 道는 무엇이며
> 覺의 내용은 무엇인가. 그것을 抽象的으로 表現한 말이 즉 法이라던가
> 正法이라 하는 것이다.[11]

‘모든 비구들이여, 자기를 주(洲 : 섬, 등불의 뜻)로 하고 자기를 의
지하되 결코 남을 의지하지 말라’는 自歸依 法歸依를 설한 것도 인용하
여 불타가 가르치신 정법이 바로 원시불교에서의 신앙대상임을 밝힘
으로써 불교는 그 시원에서부터 無神의 종교임을 역설하였다. 뇌허의
원시불교 신앙관은 인도의 전통적 諸神 대신에 釋尊 자신이 깨닫고 체
험 체득하고 가르치신 정법을 신앙하라는 正法信仰觀이었다고 할 수
있다.

> 법을 洲로 하고 法을 의지하되 결코 그 밖의 것을 洲로 하여 머물
> 지 말아라.[12]

---

10) 金東華, 『原始佛敎思想』, p.55.
11) 金東華, 『原始佛敎思想』, p.54.

128

雷虛는 또 말하기를 '그러나 부처의 제자들에게 아무리 정법을 믿으라고 하였지만 불타의 인격이 위대하고 영감적이었기 때문에 그 제자들은 자연히 불타를 신앙의 대상으로 하게' 되었던 것이라 하면서 후의 제자들은 더욱더 그렇게 되었다는 점을 강조하였다. 불타 재세시에도 모든 제자들의 공식적인 신앙의 대상은 佛寶·法寶·僧寶의 三寶였으며, 그것이 오늘에까지 이르고 있다고 하였다. 여기에 뇌허 불교관 즉 믿고 공부하여 알고 행하는 불교라는 것이 명백하게 드러나 보이고 있다. 삼보의 전거로서 다음과 같이 『증일아함경』 권12에서 인용하고 있다.

세 가지의 스스로 귀의할 덕이 있으니 어떤 것이 세 가지인가?
이른바 첫째는 부처님께 歸依하는 덕이요, 둘째는 法에 歸依하는 德이요, 셋째는 스님들께 歸依하는 德이니라.13)

뇌허는 法의 발견도 석존의 깨달음에 의하여 체득된 것이요 僧도 불타가 있으므로 인하여 발생한 교단이나, 요컨대 法寶와 僧寶는 불타의 위대한 권위에 의하여 그 가치가 있는 것이라고 하면서 끝까지 불교시원과 그 권위는 오직 인간으로서 깨달을 수 있는, 행할 수 있는 최고의 진리 즉 정법을 깨치고 그 진리대로 행하시고 살면서 가르치신 바로 그 진리와 그 인간인 석존임을 강조하였다.

(2) 교리 사상적 측면
뇌허는 '原始佛敎의 敎法은 비교적 간단하였다'14)고 전제하고 원시

---

12) 『雜阿含經』 卷2 ; 『長阿含經』 遊行經 ; 『南傳』 卷14 上應部經 3, p.66.
13) 『增一阿含經』 卷12, 大正藏 2. p.601下.
　　有三自歸之德 云何爲三 所謂歸佛第一之德 歸法第二之德 歸僧第三之德.

불교의 교리를 논한다. 이러한 전제는 그가 『佛敎敎理發達史』에서 주장한 것과 일치한다.

그러므로 이에 大乘佛敎의 思想的 淵源이라 함은 大乘的 思想의 種子가 阿含經典上에 있느냐 없느냐 하는 問題로서 筆者의 所見으로서는 그것이 있다는 것이다.15)

석가 이전 인도 재래의 우주관이나 인생관은 우주 인생의 근원을 객관계에서 찾았으나, 불타께서는 우주 인생의 근원에 대한 관찰의 초점을 객관계에 두지 않고 자기 한 마음의 내면으로 돌려보았다16)고 하면서 이 점이 종래까지의 사색 관찰법에 코페르니쿠스적인 전환을 일으킨 것이라고 보았다. 이 점은 곧 그가 『佛敎倫理學』序에서 다음과 같이 말한 것과 일치한다.

즉 현세의 우리 자신과 각자의 세계의 원인은 前生의 우리 각자의 행위·행동이 원인이 되어 현세의 자신과 세계라는 결과를 가져온 것이므로 이와 같은 의미에서 그 자신을 正報라 하고 이 세계를 依報라고 하는 것이다.

우리의 모든 행위·행동은 즉 자기 자신과의 환경인 세계를 창작하는 것이므로 이것을 윤리학적으로 볼 때 실로 深大한 의의가 있는 것이다.

다시 말하면, 우주나 인생의 근본적인 원인은 창조신이나 다른 어떠한 원리에 있는 것이 아니라 일체의 衆生 각자의 행위·행동에 있다

___

14) 金東華, 『韓國佛敎思想의 座標』, p.40.
15) 金東華, 『佛敎敎理發達史』, p.431.
16) 金東華, 『韓國佛敎思想의 座標』, p.41.

는 것이다.17)

각자의 행위·행동의 원동력은 마음이다. 이 마음을 눈앞에 아마라과를 놓고 보듯이 명약관화하게 보고 깨달았음이 바로 석존이 見自心性하고 悟道成佛함이라고 뇌허는 말하였다.

뇌허는 또 원시소승불교의 전거인 원시경전의 석존의 깨달음은 '緣起'라고 밝히고 이 연기의 원리는 움직이지 않고 변하지 않는 원리도 아니며 자연적인 원리도 아니고 그 최초의 원인은 역시 자기의 한 마음의 움직임에 있다고 보고 그 한 마음에서 一心緣起, 唯識緣起 등의 학설로 이어졌다고 보았다.

뇌허는 석가의 출가 목적은 단순히 우주 인생의 원리를 지적으로 알고자 하는 것에 있었던 것이 아니고, 당면한 인생의 괴로움을 벗어나는 데에 있었으며 그 목적이 달성된 경지가 다름 아닌 涅槃寂靜이고 그러한 離苦得樂된 경지에 이르러 그렇게 행하며 사는 방법이 곧 불법의 正道인 八正道라고 보고 있다. 諸行無常과 諸法無我가 석존의 현실에 대한 관찰 내용이었으며 열반적정은 이상적 경지를 의미하며, 이것이 원시불교의 三法印의 교리라고 한다.

뇌허는 '이상과 같이 한 마음을 기반으로 연기·삼법인·팔정도 등의 교리가 연쇄적으로 전개되는데 이러한 교리를 종합하여 조직한 원시불교의 전체적 교법이 즉 苦·集·滅·道의 四諦說인 것이다'라고 결론지었다.18)

이상과 같은 원시불교관에 근거하여 다음과 같은 그림으로 추려 잡을 수 있는 원시불교 기본교리로서 四聖諦를 觀하고 行하고 證하는 三

---

17) 金東華, 『佛教倫理學』 總論, 文潮社, 1971, pp.15-16.
18) 金東華, 『韓國佛教思想의 座標』, p.43.

轉十二行相을 뇌허는『原始佛敎思想』제7장(pp.130-160)에서 詳說하고
있다.

19)

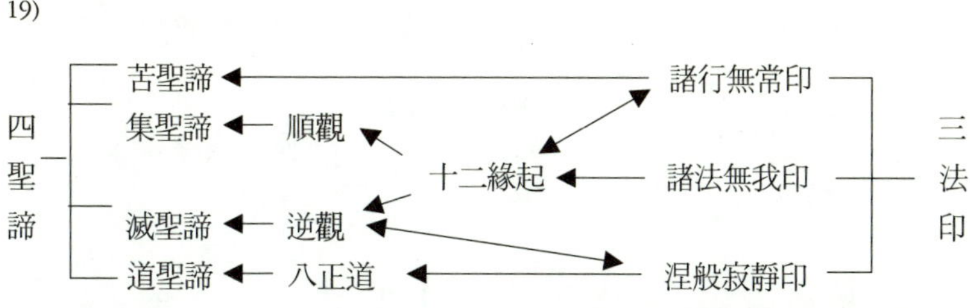

20)

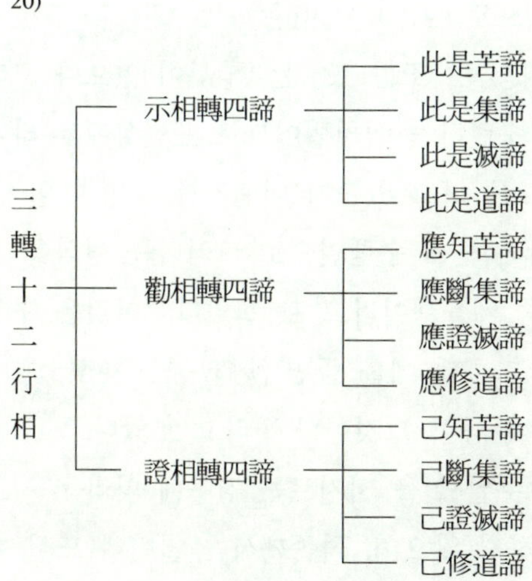

19) 金東華,『原始佛敎思想』, p.157 ; 金東華,『佛敎敎理發達史』, p.37.
20) 金東華,『原始佛敎思想』, p.159 ; 金東華,『佛敎敎理發達史』, p.35.

21)

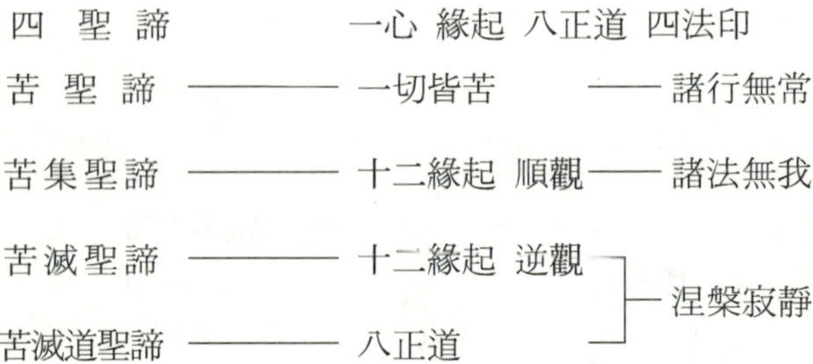

(3) 실천 수행적 측면

雷虛는 원시불교의 실질적인 실천방법으로는 팔정도가 있고, 그보다 약간 후대에 생긴 듯한 것으로 四念處·四正勤·四如義足·五根·五力·七覺支 등이 三十七菩提分法 또는 三十七助道品이 있으나 그러나 이들은 주로 정신적으로 수련하는 실천법이므로 표면상에 나타나지 않는다. 남이 보기에 수도를 하고 있는지 어떤지를 분명히 알 수 없는 것인데 이에 반하여 남의 눈에 수행인으로 드러나는 형식을 갖춘 방법이 있으니, 그것이 즉 계율행이라고 보고 있다. '이것은 수행인에게 따라서 조항의 수가 다른데 예를 들면 沙彌五戒·在家十戒·比丘二百五十戒·比丘尼五百戒 등이 그것이다'22)라고 보았다.

雷虛는 이 계율은 원래 그릇된 일을 저지르는 경우에 따라 수시로 제정된 것이기 때문에 일정하지 않으며, 석존께서는 열반에 드실 때

---

21) 金東華, 『佛教學槪論』, p.112 ; 金東華, 『韓國佛教思想의 座標』, p.44.

22) 『阿毘達磨大毘婆沙論』 권123, 大正藏 p.643上에 勤策戒(沙彌戒)에 관한 이야기가 나오지만 그 가지 수는 일정하지 않고, 『俱舍論』 권14, 大正藏 29, p.73上에 勤策戒 10戒가 나오고, 또 雷虛 『佛教倫理學』, p.308에 沙彌戒(勤策戒) 10戒가 명시되어 있는 것으로 보아 『韓國佛教思想의 座標』, p.44에서 沙彌 5戒라고 있음은 아마 미스프린트일 것으로 論者는 본다.

사소한 계율 따위는 버려도 무방하다고 아난존자에게 유언을 하신 것
도 있어서[23] 이런 까닭에 계율 그 자체는 원래 七科의 助道法을 닦기
위한 방편이며 見性悟道成佛의 본질적 절대적 조건은 아닌 형식적인
것이었지만 이것을 지키지 않을 수 없었고, 일반 신자도 계율을 지키
는 것이 승려의 본분이라고 생각했던 것이라고 그의 계율관의 입장을
밝혔다. 이처럼 형식적인 것이, 물론 후세에 와서는 많은 변혁이 있었
지만, 원시불교 당시에는 실제 수행력이 있고 없고는 불문하고 단지
계율을 지키는 것만이 승려의 생명인 것처럼 모두가 공인하였다. 원
시불교 시대의 승려의 특징은 한 마디로 戒律行이었다 해도 옳을 것
이라고 지적하였다.[24]

3) 二藏通依 三學並修의 불교

雷虛는 원시불교사상의 원전은 제1회 500 비구에 의한 결집에서 律
과 法을 결집하였는데, 法은 五尼柯阿이며,『五分律』권30[25]에 의하면
율과 법을 결집하되 법의 내용은 장아함·중아함·잡아함·잡장 등
에 있다고 보았다.[26]

---

23)『小品 四分律』卷54, 大正藏 22, p.967中.
　　時阿難卽從坐起偏露右肩右膝著地合掌 白大迦葉言 我親從佛聞 憶持佛語 自今已
　　去爲諸比丘捨雜碎戒 迦葉問言 阿難汝問世尊不 何者是離碎戒 阿難答言 時我愁憂
　　無賴失 不問世尊 何者是雜碎戒時諸比丘皆言 來我當語汝雜碎戒中或有言 除四波羅
　　夷 餘者是雜碎戒.
24) 金東華,『韓國佛敎思想의 座標』, p.45.
25)『五分律』卷30, 大正藏 22, p.191上-下.
　　此是長經今集爲一部 名長阿含 此是不長不短今集爲一部 名爲中阿含 此是雜說爲
　　比丘比丘尼優婆塞優婆夷天子天女說 今集一部名雜阿含 此是從一法增至十一法 今
　　集爲一部名增一阿含 自餘雜說 合名爲修多羅藏 我等已集法竟 從今已後 佛所不制
　　不應妄制 若已制不得有遠 如佛所敎應謹學之.

134

그러나 三藏으로 말하자면 論藏은 후세의 불제자들의 저작이기 때
문에 원시불교의 전적이라 하면 당연히 律·經 二藏만을 의미한다고
잘라 말하였다.27)

律藏은 계율의 각 조목이 제정된 유래와 의의·벌칙 등을 밝혀 놓
은 것으로 그밖에 법에 관한 설명도 조금씩 나타나 있고, 經藏은 주로
법에 관한 교리사상이 담긴 내용으로서 북방에 전래하는 四阿含이 있
고 남방에 전래하는 五尼柯耶가 있는데 후대 종파불교에서는 經宗·
律宗 등의 구별이 있지만 원시불교 당시에는 律·經을 공통으로 의거
하였던 것이 특색이라고 하면서 원시불교는 經律二藏通依의 불교라고
하면서 二藏通依佛敎라는 새 용어를 쓰기도 하였다.28)

원시불교도들이 二藏의 가르침을 마땅히 수학해야 한다는 내용의
三學說이 原始典籍에 나타나 있는 전거로서   .

　　　三學이 있으니 즉 增戒學·增心學·增慧學이다. 이 三學을 배워서
　　수다원·사다함·아나함·아라한과를 얻나니 그러므로 마땅히 이 三
　　學을 힘써 부지런히 배울지니라.29)

라고 제시하였다.30)

그리고 增上戒學·增上意學·增上慧學 三學을 마치면 머지않아 여
러 번뇌를 다해 번뇌 없는 心解脫·慧解脫을 얻을 것이며 現法에 증득

---

26) 金東華, 『韓國佛敎思想의 座標』, p.46.
27) 金東華, 『韓國佛敎思想의 座標』, p.46.
28) 金東華, 『韓國佛敎思想의 座標』, p.46.
29) 『四分律』 卷58, 大正藏 22, p.996中.
　　復有三學 增戒學 增心學 增慧學 學此三學 得須陀洹 斯陀含 阿那含 阿羅漢果 是
　　故 當勤精進學此三學.
30) 金東華, 『韓國佛敎思想의 座標』, p.47.

함을 스스로 알리라[31]고 하는 三學說의 전거로서『사분율』제58권에
서의 三學을 예거하였다.[32] 그 삼학의 구체적인 내용을『잡아함』제
30에서 다음과 같이 인용 제시하였다.[33]

三學이 있으니 무엇이 그 셋인가? 증상계학·증상의학·증상혜학이
그것이다. 어떤 것을 증상계학이라 하는가? 만약 비구가 계바라제목차
를 지키고 위의와 행할 바를 다 갖추어 작은 죄도 보면 두려워하고
계율을 잘 지키면 이를 증상계학이라 한다. 어떤 것을 증상의학이라
하는가? 만약 비구가 모든 악법을 떨치고 깨닫기도 하며 관찰하기도
하여 離生喜樂으로 初禪에서 제4선까지 머물게 되면 이를 증상의학이
라 한다.(세계의 초선에서 覺은 깨달아 아는 것을 말하고, 觀은 禪의
경지를 자세히 가려 아는 작용을 말한다.) 어떤 것을 증상혜학이라 하
는가? 만약 비구가 苦의 진리를 알고, 고가 일어나는[集] 진리와 苦가
없어지는[滅] 진리 및 고가 없어지게 하는 도리를 진실하게 알면 이를
증상혜학이라 한다.[34]

뇌허는 더 나아가 大·小乘戒觀의 相依相續 관계의 일단을 전거에
의하여 밝히기 위하여『대지도론』권22에 '戒를 지키는 것은 禪定의

---

31)『雜阿含經』卷29, 大正藏 2, p.212下.
　　佛告跋耆者 汝當隨時 增上戒學 增上意學 增上慧學 隨時精勤 增上戒學 增上意學
　　增上慧學己 不久 當得盡諸有漏 無漏心解脫 慧解脫 現法 自知作證.
32) 金東華,『韓國佛教思想의 座標』, p.46.
33) 金東華,『韓國佛教思想의 座標』, p.48.
34)『雜阿含經』卷30, 大正藏 2, p.213下.
　　有三學 何等爲三 謂增上戒學 增上意學 增上慧學 何等爲增上戒學 若比丘住於戒波
　　羅提木又 具足威儀行處 見微細罪 則生怖里 受持戒學 是名增上戒學 何等爲增上意
　　學 若比丘離諸惡不善法 有覺有觀離生喜樂 初禪具足住 乃至 第四禪具足住 是名增
　　上意學 何等爲增上慧學 若比丘此苦聖諦如實知 此苦集聖諦 此苦滅聖諦 此苦滅道
　　跡聖諦 如實知 是名增上慧學.

인연이 되고 선정은 지혜의 인연이 된다'35)라는 구절과 중국의 釋道
安의 말을 인용 제시하였다.

　　世尊이 敎法을 세움에 세 가지가 있으니 첫째는 戒律, 둘째는 禪定,
셋째는 智慧이다. 이 셋은 도에 이른 문이요, 涅槃의 관건이니라. 戒는
3악을 끊는 干將과 같고 선은 분산을 막는 이로운 그릇이며 慧는 병에
서 구제하는 유능한 의사와 같다. 이 세 가지를 갖춘다면 도에 나감에
있어 다른 무엇이 있겠는가?36)

　앞의 설명으로는 三學의 필연적 관계를 알 수 있고 뒤의 설명으로
는 삼학이 불교의 세 가지 중요한 관문임을 알 수 있다. 이 삼학설은
후대의 불교에서까지도 중요시되는 불교 수도의 중요한 요체임을 雷
虛는 간파하고 있다.
　결국 뇌허의 원시불교관은 二藏通依三學並修觀이며 이는 大小乘全
佛敎의 基底이고 소승에서 대승으로의 싹이라는 것을 주장한 것이라
고 할 수 있다.

---

35) 『大智度論』卷22, 大正藏 25, p.33上.
　　答曰 此時者隨世俗法爲佛法久住故 結時戒 若爲修道 得涅槃及諸禪定知慧微妙法不
　　待時也 諸外道法皆待時節 佛法但待因緣具足 若雖持戒禪定 而智慧未成就不能成道
　　若持戒禪定智慧皆成就便得果 不復待時 復次久久得果名爲時 卽得不名時 譬如好染
　　一入便成 心淨人亦如是 聞法卽染得法眼淨 是名不待時.
36) 『比具大戒序一出三藏記集』卷11, 大正藏 55, p.80下.
　　世尊立敎法有三 一戒律 二定禪 三智慧 此三至道之由戶 泥洹之關要 戒斷三惡之干
　　將 禪絶分散之利器 慧濟藥病之妙醫 此三具者 於取道何有.

2. 뇌허의 部派佛教觀

1) 부파의 분열

교주 석존의 생존시 그 교단 내에는 뛰어난 제자들이 많았고, 이들을 위시하여 전 사부대중은 오직 석존의 위대한 인격의 감화 아래 수행하며 일사불란하게 교단을 유지하였다. 그러나 석존께서 80세를 일기로 쿠시나가라의 사라수 아래에서 열반에 드시자 교단원 사이에는 약간의 동요가 보이기 시작했다. 그때 대가섭은 교단의 정통과 올바른 질서를 위해 하루 속히 스승의 가르침을 분명하게 정리해야겠다고 생각하고 제1회 결집을 단행하였으나 거기에 참석하지 못했던 부루나 존자와 2,500 제자가 가섭에게 합의하지 않은 데서 승단의 분열이 이미 시작되었다고 뇌허는 보고 있다.[37] 그러나 결집 당시 교단 안에는 이미 이와 같은 움직임이 있었으나 문헌상으로 분열이 나타나는 것은 부처님의 입멸 후 100여 년경이라 보고 처음 분파가 된 것은 上座·大衆의 두 파로서 根本部派라 하고, 분파의 원인에 대하여는 南傳과 北傳이 서로 다르다고만 하고 그 분열 이유는 전거상으로 보아서는 정확하게 알 수는 없다고 하면서 다만 大衆部는 자유진보적 소장파들이고, 上座部는 보수적 장로파인데 그 분열의 기저적 원인이 있었을 것이라고 보고[38] 『俱舍學』 序論에서 다음과 같이 말하고 있다.

上座部는 대개 年高 臘長한 長老들이 중심이 되어 佛陀 所制의 戒律

---

37) 金東華, 『韓國佛教思想의 座標』, p.51.
38) 金東華, 『韓國佛教思想의 座標』, pp.51-52.

을 엄수하여 修行을 하는 동시에 佛陀所說의 敎法도 述而不作 傳之後世 하는 것으로써 그들의 임무로 하였던 保守派이었다. 이에 대하여 大衆部는 비교적 年淺한 少壯들이 중심이 되어 실천보다도 理論에, 戒律보다도 사상에 살고 進展하고자 하는 自由進步派였다고 볼 수 있다.39)

이 根本 2부로부터 각각 지말적인 末派가 불멸 후 400년 초까지 생겼다고 보고 있다.40) 이상이 양파 분열에 대한 뇌허의 견해이지만 이는 학계에 이미 정설화되어 있는 것이어서 별달리 생각할 것은 없다고 본다.

2) 所依의 典籍

뇌허가 부파불교의 새로운 전적들인 論藏에 관하여 그가 가지고 있는 생각을 다음과 같이 간추릴 수 있다. 위에서 설명한 바와 같이 원시불교에서 의존한 전적은 經藏과 律藏이었지만 부파시대에 이르러서는 論藏이 생겼다. 『四分律』 권54에 의하면 제1회 500비구의 결집 때에 '어렵고 쉬운 대목에 따라 알맞게 阿毘曇藏을 결집하였으니 이때 三藏이 이루어진 것이다.(有難無難 繁相應作處 集爲阿毘曇藏 時卽集爲三藏)'라고 하여 '논장도 이미 결집되었던 것처럼 되어 있지만 기타의 남북 문헌은 그렇지 않다.'41)고 잘라 말하고 있다. 論은 원래 불타의 제자들이 저작하는 것이 원칙이지만 대승불교가 일어나기 이전의 논장이라 하면 소위 發智・六足 七論으로서, 석존 재세시의 사람인 사리

---

39) 金東華, 『俱舍學』, 文潮社, 1971, p.20.
40) 金東華, 『韓國佛敎思想의 座標』, p.52.
41) 金東華, 『韓國佛敎思想의 座標』, p.53 ; 『四分律』 大正藏 22, p.968中.

불의 集異門足論, 대목건련의 法蘊足論, 迦多延那의 施設足論 등이 있으나 이것이 과연 그들의 저서인지는 분명치 않다. 또 불타가 입멸하신 후 100년 중의 사람인 提婆設摩의 識身足論과 불타 입멸 후 300년 초의 사람인 世友의 品類足論과 界身足論 등 이를 합해 六足論이라 하고, 역시 불타 입멸 후 300년 초의 사람인 迦多演尼子의 發智身論이 있는데 이와 같은 논들은 각 논사들의 독창적인 학설은 아니라고 결론지었다. 그 이유로서 '만약 독창적인 학설이라면 그것이 불교의 사상일 수 없을 것이다. 그들은 經藏 가운데 나타난 여러 교리에서 혹은 부분적인 문제 혹은 전체적인 문제에 대하여 자기네의 의견을 더하고 또는 조직화하고자 하여 이 논장들을 저작한 것이다.'[42]라고 말하였는데 이것은 論藏의 본질을 지적하는 말이라고 생각된다. 왜냐하면 論은 아무리 훌륭한 論이라도 독창적일수록 불타의 말씀에서 그만큼 떠나게 될 것이기 때문이다.

經만으로서는 그 의미를 이해하기 어렵고 또 여러 가지 교리의 상호관계가 어떤 것인지를 알 수 없을 때에 논장을 읽어보면 의심을 풀게 되고 그들 옛 사람도 후세 우리와 같은 의문이 있었구나 하는 점으로 더욱 친밀감을 갖게 만들어 주는 것이 논장의 본질이라고 뇌허는 분명하게 밝혔다.[43] 이 말은 그가 『原始佛敎思想』 제7장 자료론에서 '經의 설법주는 대체로 佛說·直弟子說·天人說·魔說 등 여러 가지의 종류가 있으므로 이 중에서 원시불교사상으로 취급될 것은 불설과 직제자설이라야 할 것이다.'[44]라고 말한 것과 잘 부합된다.

뇌허는 부파불교가 이전 원시근본불교와 다른 점을 다음의 세 가지

---

42) 金東華, 『韓國佛敎思想의 座標』, p.54.
43) 金東華, 『韓國佛敎思想의 座標』, p.53.
44) 金東華, 『原始佛敎思想』, p.25.

로 말하였다. 첫째, 三藏을 모두 의존하는 점.[45] 둘째, 계율 문제 즉 다시 말하자면 생활상의 문제가 주된 것이었지만 점차 시간이 지나면서 여러 論部의 저작이 나올 정도로 연구적이요 학문적이었다는 점.[46] 셋째, 부루나로부터 점차로 근본을 버리고 지말을 널리 펴게 되었다. 그리하여 비담이 바로 홍포되었으며 가전연에 이르러서는 비담이 크게 일어난 점[47] 등을 들고 그 전거로서 宗輪論述記에 있는 다음 구절을 인용 제시하였다.

　　上座部는 본디 經藏을 널리 펴고… 律과 論은 널리 퍼지 않았다.… 300년 초에 이르러 가다연니자가 상좌부에 출가하여 먼저 논을 널리 알리고 후에 경・율을 알리니 이미 상좌부 본래 뜻과는 다르다.[48]

　　또 논사들이 지나칠 정도로 극성을 부린 예로서 同前 7에 있는 다음의 구절을 인용 제시하였다.[49]
　　계율부에서는 經・律 2장 이것은 불타의 방편상의 가르침이요 진실한 가르침은 아니라고 하며, 따라서 아비담장(논장)이 진실한 가르침이라 하여 경・율장은 펴지 않고 오직 논장만을 널리 폈다는 것이다. 이는 실로 외도 같은 짓이라고 할 수 있을 것이다.

　　이 部에서는 경・율 2장 이것은 불타의 방편상의 가르침이요 진실

---

45) 金東華, 『韓國佛敎思想의 座標』, p.53.
46) 金東華, 『韓國佛敎思想의 座標』, p.54.
47) 金東華, 『韓國佛敎思想의 座標』, p.55.
48) 『宗輪論述記』 卍藏續 권83, p.438下.
　　上座部本弘經藏…不弘律及對法…至三百年初 迦多衍尼子出世 於上座部出家 先弘對法 後弘經律 既乘上座本旨.
49) 金東華, 『韓國佛敎思想의 座標』, p.56.

한 가르침은 아니라고 하며, 따라서 아비담장(논장)이 진실한 가르침
이라 하여 경·율장은 펴지 않고 오직 논장만을 널리 편다.[50]

그런가 하면 經量部는 그와 반대로 경에만 의지하고 율과 논에는
의하지 않았던 부파, 가령 經量部 같은 부파도 있어서 부파불교시대에
는 이미 經을 주로 하는 派가 있고 論을 주로 하는 派가 있었지만 그
러나 이 같이 경을 주로 삼는다든지 논을 주로 삼는다 하여 經宗이니
論宗이니 단정할 수는 없고 다만 여러 부파는 공통적으로 자기 종파
의 근본되는 취지를 독립시키고자 하는 것이 아니고 오직 공명정대한
진리를 밝히기 위하였던 것이라고 뇌허는 논파하고 있다.[51]

3) 사상적 특징

20부파의 교리사상에 대해서 그 낱낱의 특징을 말할 필요는 없으므
로 大衆部 계통과 上座部 계통의 대체적인 특징만을 개괄적으로 논평
해 본다.

大衆部의 태도는 자유주의적이고 이상적·진보적이며, 上座部는 주
석적이고 분석적·보수적이라 할 수 있다. 원래 상좌부 계통의 비구
들은 대가섭과 우파리 등 연장자로서 계율행을 주로 하며 엄격한 실
천주의의 계통이다. 그런데 대중부는 아난·부루나 등의 연소자들로
서 육체를 억압하여 일상생활의 자유를 제한하는 계율행보다도 이상
과 이념에 살고자 하는 생기발랄한 사색가들이었다고 전제하고[52] 雷

---

50) 『宗輪論述記』 卍藏續 권83, p.435下.
　　此部云 經律二藏 是佛方便敎 非眞實敎 准此 阿毘曇藏 是眞實敎 不弘經律兩藏 唯
　　弘阿毘曇藏.
51) 金東華, 『韓國佛敎思想의 座標』, p.56.

142

虛는 부파불교의 사상적 특징을 간추려 다음과 같이 말한다.

    大衆部 思想의 基本的 原理는 緣起法이다. 緣起라 함은 모든 것의 空한 法을 의미하며, 동시에 中道라고 하는 뜻으로 이는 佛陀의 思想을 그대로 계승한 것이다. 다음에 衆生의 心性觀을 본다면 心性이 본래부터 깨끗하다는 心性本淨觀이다.[53]

여기서 뇌허가 말한 것은 그가『大乘佛教思想』pp.20-28에 걸쳐서 지적한 대승교리의 중심사상 10개항 空, 智慧, 唯心, 佛性說, 佛身常住, 緣起說, 中道, 菩薩, 涅槃, 和合에 항목적 개념으로도 그 절반이 일치된다. 이점에 관하여 뇌허는 다음과 같이 결론지었다.

이와 같이 보면 대승을 어찌 비불교라 배척할 수 있으리요. 원시경전상에 나타난 四諦의 범위로서는 諸法이 포섭되지 못하므로 四諦의 범주를 깨뜨리고 분방 자유롭게 여러 문제가 백출하였던 것이 아니였던가. 그러나 기실은 四諦 아래에 다 각각 포섭시킬 수 있는 것이다.[54]

3. 뇌허의 소승불교관

1) 소승불교의 성립

뇌허는 '小乘佛教라 함은 大衆·上座 두 계통 가운데 다른 부파는 거의 쇠퇴해 없어지고 후세까지 유력하게 남아 있던 파로서 上座部에

---

52) 金東華,『韓國佛教思想의 座標』, p.56.
53) 金東華,『韓國佛教思想의 座標』, p.57.
54) 金東華,『大乘佛教思想』, 寶蓮閣, 1973, p.28.

속하는 說一切有部와 經量部, 남방에 전해진 分別上座部 등이 그것이다.'55)라고 뜻매김하였다.

소승불교의 六足論을 위시한 여러 논서들은 원시경전 속에 산만하게 설명되어 아무런 체계도 없던 것을 가다연니자가 종합·조직해서 간단한 의의를 해석한 것으로, 雜·結·智·業·大種·根·定·見의 8蘊으로 체계화한 데서 시작되어 후세에 소승불교시대라고 불리우는 시대에 그 이전부터 있었던 六足論을 비롯한 여러 가지 논서들이 연구, 토론되었다. 하지만 연구결과는 한 문제에 대해서도 여러 부파의 각 학자들 사이에서 여러 해석이 나오자 그 귀결을 예측하기 어려워 결국 설일체유부에서는 옳고 그름을 가려 자기 파의 견해를 명확히 해둘 필요가 있어서 그래서 결집된 것이 곧 大毘婆沙論이라고 뇌허는 보았다.56)

이 論이 결집됨으로써 비로소 有部의 학설은 定說을 얻게 되고, 이것이 곧 소승불교의 성립을 의미하게 된 것57)이라고 한 것은 그의 『佛敎敎理發達史』에서 한 말과 부합된다. 이 부분의 말은 아래와 같다

雜阿毘曇心論을 著作한 것도 犍陀羅이었다.(西域記 卷二) 즉 婆沙論上에서도 迦濕彌羅國人이 아닌 사람들의 學解에 異義가 많았다는 것은 그들의 세력이 그 當時 상당히 强烈하였던 것을 反證하는 것으로 이러한 情勢에 놓여 있던 迦濕彌羅系의 發智論學者들로서는 自派의 學解에 一定한 權威를 세우기 위해서 一致團結 婆沙論의 編纂을 할 必要가 있었던 것이다.58)

---

55) 金東華, 『韓國佛敎思想의 座標』, p.59.
56) 金東華, 『韓國佛敎思想의 座標』, p.61.
57) 金東華, 『佛敎敎理發達史』, pp.289-291.
58) 金東華, 『佛敎敎理發達史』, p.289.

2) 교리의 정리·조직

뇌허는 大毘婆沙論 결집 동기를 다음과 같이 말하기도 하였다. '여러 부파간에 열렬한 연구의 결과 갖가지의 다른 견해가 쏟아져 나와 오히려 무엇이 옳고 그른지를 분간하기 어렵게 되었다. 그리하어 옳고 그름을 판결하기 위해서 행해진 사업이 곧 대비바사론의 결집이었던 것이다.'59)

이리하여 원시경전상에는 표면적으로 없었던 五爲說 즉 '이 세계를 有爲世界(현상)와 無爲世界(본체)의 둘로 나누고 있다. 또 유위세계는 첫째 色法, 둘째 心法, 셋째 心所有法(여기에 또 大地法·大善地法·大煩惱地法·大不善地法·小煩惱地法·不定地法 등으로 세밀히 나누고 있다.) 넷째, 心不相應行法 등의 네 가지로 나누고, 무위세계는 셋으로 나누는 법이 등장하게 되었고 후세에 정비된 5位 75法의 원형이 되었다.'60)고 뇌허는 보았다.

그런데 소승불교의 우주관의 기본적인 사상은 이와 같이 5위의 여러 법이 다 각각 실체가 있어 소멸하지 않는다는 이른바 '三世實有 法體恒有'라는 일종의 소박한 존재철학이라고 뇌허는 보았다.61)

이 '三世實有 法體恒有'의 사상은 大衆部 계통에서 '과거와 미래는 실체가 없고 현재만 실체가 있다(過未無體 現在有體)'고 주장한 것은 원시불교 사상을 정당하게 계승했다고 볼 수 있고 소승불교의 사상은 표면으로는 확실히 이단적이다. 그러나 이상과 같은 이질적 여러 法

---

59) 金東華, 『韓國佛敎思想의 座標』, p.61.
60) 金東華, 『韓國佛敎思想의 座標』, p.62.
61) 金東華, 『韓國佛敎思想의 座標』, p.62.

의 실체가 어떻게 해서 서로 연관성을 갖고 현상계를 구성하는가를
설명하는 원리가 원시불교에서의 因緣生起說인데 이 인연생기설이 소
승시대에 이르러 因에 여섯 가지, 緣에 네 가지, 果에 다섯 가지 즉 6
인·4연·5과설로 진전되었다고 뇌허는 보고 있고, 이 관계를 도표로
나타내면 다음과 같다고 하였다.[62]

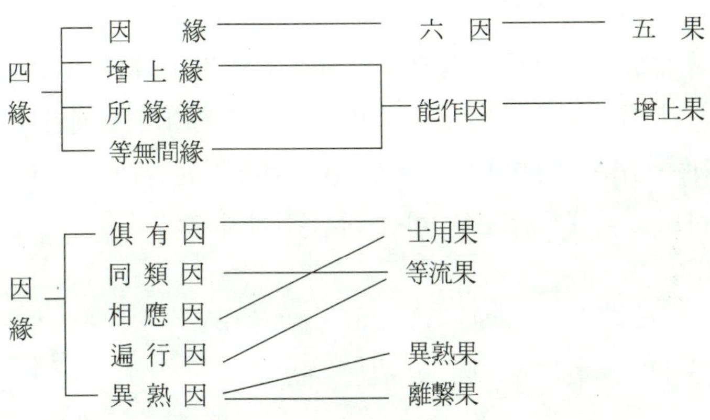

이 그림표에 다음과 같이 간단한 해설을 붙였다.[63]

(해설)

6因과 여러 법과의 관계

① 물질적인 여러 현상의 원인 : 능작·구유·동류·이숙의 인

② 心的인 현상 : 6因 전부

③ 공간적 인과관계 : 구유·상응의 인

④ 시간적 인과관계 : 통류·변행·이숙의 인

---

62) 金東華, 『俱舍學』, p.157, p.161.
63) 金東華, 『俱舍學』, pp.157-167 참조.

⑤ 시간·공간 공통의 인과관계 : 능작의 인

위의 해설에서 ② 6因 전부가 心的인 것으로 해설된 점은 주목해야할 것이다. 이는 결국 소승불교의 존재철학은 인간 자신과 그 마음에 근거하고 있으며 결코 神따위 어떤 초월적인 것에 근거하고 있지는 않다는 것을 말하는 것이며 이 점을 뇌허는 명확 간단하게 보여준 것이라고 논자는 말하고 싶다.

이제 실천 수도에 있어서, 공통으로 정해져 있는 각 단계를 거쳐 궁극적인 결과인 아라한에 오른다고 설명하는데 그 각각의 단계란 곧 三賢·四善根·有學·無學의 四位를 말한다. 이것은 定說的이고 일반적 이야기이므로 아래 그림표[64] 이상 더 언급하지 않겠다.

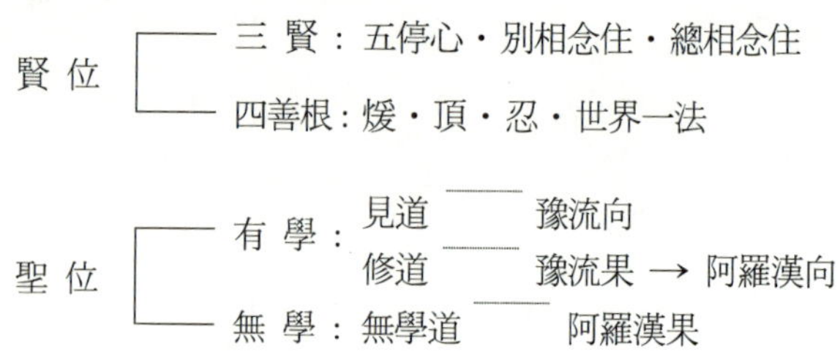

3) 초세속적인 불교

원시시대의 불교는 종교로서의 불교 즉 구제의 불교요, 실사회적인 불교요, 대중적인 불교였다. 그러던 것이 부파시대를 거쳐 소승시대에 와서는 교리에 대한 이해와 체계조직에 주력하였으므로 불교는 자연

---

64) 金東華, 『佛敎學槪論』, p.475 ; 金東華, 『禪宗思想史』, p.42, p.46 ; 金東華, 『佛敎敎理發達史』, p.93 ; 金東華, 『俱舍學』, p.305, p.324.

히 연구를 위주로 한 학구적이요 출세간적이게 되었다. 학문적 연구를 중심으로 삼으니 실제 사회적 교화에 힘쓸 여유가 없었을 것이며, 사부대중에서도 출가자를 중심으로 하게 되었을 것이라고 뇌허는 소승불교시대 논설들이 출세간성을 띠게 된 까닭을 말하고 있다.[65]

소승불교의 장점인 동시에 단점이라고 할 특징은 이처럼 출가자 위주·학문적 연구 중심·초세속주의 등으로 말할 수 있다.

그러나 당시의 이와 같은 출세간적 불교, 특히 소승 학승들이 중생을 깨우치게 하고 사회·국가를 올바르게 이끌어야 하는 불교 본래의 목적을 충실히 수행하고 있지 않다는 생각을 가진 분들이 원시불교의 구제정신과 대중성(사부대중) 및 실사회적으로 활동적인 정신으로 돌이키려는 생각에서 일어난 불교가 이른바 소승을 비판하고 나서는 대승불교라고 뇌허는 보았다.[66] 이것은 그가 『佛教教理發達史』에서 말한 다음과 같은 말과 바로 일치한다. 인용문이 조금 긴 느낌이 있지만 이는 소승에 대승의 씨, 원시경전에 대승경전의 씨가 있다는 뇌허의 불교교리 발달사관의 입장에서 아주 중요한 구절이므로 길어도 그대로 인용 제시한다.

上述에서 考察해온 바와 같이 印度의 佛教는 그 初期가 原始佛教로서 이것을 만약 思想의 發展史的 見地에서 본다면 佛教思想의 定立期라 할 수 있다. 이로부터 百年後가 되며 水乳一味의 佛教教團은 첫째는 教團員들의 生活要件問題로 因하여 一派는 戒律의 定한 바대로 嚴格한 戒律爲主의 生活로 教法도 經에 說해져 있는 一文一句 이외의 意義는 찾지 않는 守文主義를 固執하였으니 이것이 즉 上座部요, 또 한 派는 戒

---

65) 金東華, 『韓國佛教思想의 座標』, p.65.
66) 金東華, 『韓國佛教思想의 座標』, p.65.

148

律이란 定을 하기 위한 方便이 아니니까 戒律에 그다지 구애되지 않고
어느 程度 生活上의 融通性을 默認하면서 敎法上으로도 반드시 文面에
만 팔려서 隨文解釋함에 그치지 않고 文裡文底의 深義를 看取하고자
하던 進步的 態度를 取하였으니 그것은 大衆部였다.[67]

4. 뇌허의 대승불교관

1) 대승불교 발생의 원인

뇌허는 말하기를 출세간적이라고 해서 소승불교가 멸망하고 이어
서 일어난 것이 대승불교라고 생각하지는 않고, 부파불교 가운데 대
중부 계통의 사상이 진보적이었고 여기에 대승적인 사상이 농후하게
이미 있었다고 보고 있다.[68]

뇌허는 소승을 비판하는 대승이 일어나기 시작한 그 시기는 대개
서기 1세기경부터라고 보고 있다.

또 뇌허는 大·小乘의 사상적 차이점은 한마디로, 소승은 '我體는
공하지만 法體는 있다(我空法有)'고 하며 대승은 '我體와 法體 둘 다
비었다.(我法兩空)'고 하는 데에 있다고 보고 있다.[69] 그리고 실천면에
있어서는 소승은 자신을 위한 修行을 하고 대승은 남을 위해 實行을
하면서 궁극적 이상을 소승은 아라한에 이르는 것에 두고, 대승은 부
처가 되는 것에 두고 있다고 하였다.[70] 이것도 일반적 정설이다.

---

67) 金東華, 『佛敎敎理發達史』, p.428.
68) 金東華, 『韓國佛敎思想의 座標』, p.66.
69) 金東華, 『韓國佛敎思想의 座標』, p.67.
70) 金東華, 『韓國佛敎思想의 座標』, p.67.

그러나 소승불교에 의하여 불교교리가 명백히 되고 체계적으로 조직되었다고 하는 사실은 불교발전상 다행한 일이라고 뇌허는 지적하였다.[71] 그러나 때로 소승교도들이 불교교리에 대한 오해가 있었을 뿐만 아니라 또한 학구 일변도의 태도가 일반 사회와 불교와의 거리를 멀게 하여 드디어는 교단이 쇠퇴하기에 이르렀다[72]고 뇌허는 냉철하게 분석하고, 이어서 소승불교로 인하여 대승불교가 일어나게 된 과정과 이유를 좀더 자세하게 다음 세 가지를 들고 있다.[73]

첫째, 龍樹가 특히 薩派多部의 學說을 積極的으로 論破한 것.

둘째, 實踐面에서 볼 때 小乘佛敎의 修行論은 다분히 出家者 中心으로 조직되어 있으며 一般 大衆을 위한 普遍的 修行論이 아니었다는 것. 또 大乘에서는 菩薩思想에 입각한 具體的인 修行法으로서 六度・十波羅蜜을 주장한 점.

셋째, 敎團的으로 보아 一般 社會에 거리가 멀어진 小乘學僧爲主 敎團을 開放하여 僧俗을 막론하고 大乘的 包容力을 가진 사람들이 나서지 않을 수 없었으며 그러므로 大乘 運動家들은 모두 菩薩이었으며 여기에 出家菩薩 혹은 在家菩薩의 구별이 있었으나 그 때문에 法力의 차이를 인정하지 않았던 것.

2) 大乘 三藏의 성립

뇌허가 숱한 저서, 논문을 내고서도 '佛敎는 敎主 佛陀의 가르침에 근거를 둔 것이어야 한다.'[74]고 말한 것은 너무나도 진부한 말 같지만

---

71) 金東華, 『韓國佛敎思想의 座標』, p.67.
72) 金東華, 『韓國佛敎思想의 座標』, p.67.
73) 金東華, 『韓國佛敎思想의 座標』, pp.67-68.

불교학자로서는 매우 중요한 말이다. 언제나 述而不作한다는 학자, 특히 신앙을 위주로 하는 종교적 학자의 양심, 신앙심의 토로라고 필자는 이 한 구절을 평하고 싶다. 원시불교가 원시의 律藏과 經藏을 근거로 하였던 것과 같이 '大乘佛敎 운동가들도 그들이 비록 인류를 구제하고 사회를 정화하며 실천하였더라도 그 행동이 불타의 가르침에 근거를 둔 것이 아니라면 이는 진정한 불교라고 인정받을 수가 없다.'75)고 뇌허는 말하였다. 그러면 대승이 의지하는 大乘 三藏은 어떤 것인가에 대하여 『大智度論』의 다음의 두 구절을 비판적으로 인용하고 첫 구절(『大智度論』 권100)은 역사적으로는 인정할 수 없다고 하고 두 번째 구절(『大智度論』 권46)은 고려해 볼 만하다고 하였다.

어떤 사람이 말하되 마하가섭이 비구를 거느리고 기사굴산 속에 있으면서 삼장을 결집한 것처럼, 불타께서 돌아가신 후 문수사리와 미륵 등 여러 보살이 아난을 데리고 이 마하연(대승)을 결집한다.76)

또 같은 논46에

설한바 여러 가지 법은 소위 본기경·단일체생의경·화수경·법화경·운경·대운경·법운경·미륵문경·육바라밀경·마하반야바라밀경이니라. 이와 같은 수없이 많고 끝없는 경우 혹 佛陀의 설이기도 하고 혹 化佛의 설이고 혹은 사람·보살의 설이고 혹은 성문, 혹은 도를 깨친 여러 하늘의 설이니 이처럼 화합된 것을 이름하여 마하연(대승)이

---

74) 金東華, 『韓國佛敎思想의 座標』, p.69.
75) 金東華, 『韓國佛敎思想의 座標』, p.67.
76) 『大智度論』 卷100, 大正藏 25, p.756中.
    有人言 如摩訶迦葉將比丘 在耆闍堀山中 集三藏 佛滅度後 文殊舍利彌勒諸大菩薩 亦將阿難 集是摩訶衍.

라 한다.[77]

라고 하였다.

그리고 현존하는 大乘經의 성립은 대략 서기 1세기경에 제1차로 반야부 경과 법화경·화엄경·정토 계통의 경전·진언종 계통의 경전 등이 성립되었고, 제2차로는 서기 200~400년에 열반 계통의 경전·승만경·해심밀경 등이 성립되었으며, 제3차로 서기 4세기 이후에는 능가경 등이 성립되었으리라 추측된다고 하고, 大乘律藏의 성립에 관한 문헌은 명확치 않으나 竺佛念이 번역한『菩薩瓔珞本原經』, 구마라집이 401년 이후에 번역한『菩薩地持經』등에 대승의 戒法이 비로소 설해져 있다고 보았다.[78]

계율에 관해서는 대승시대에 이르면 형식적으로 신체를 속박하는 것보다도 정신적인 마음의 계율을 더 중요시하였다고 보면서 그 전거로서『大寶積經』제117권 제47의 1, 寶髻菩薩會에 '보살의 계율이 끝없으나 한 가지 계율 내지 열 가지 계율이라'[79]고 언급되어 있는 것과, 80권『화엄경』제53권에도 '菩薩界는 菩提心을 버리지 않는다'[80]는 등의 열 가지가 있는 것과,『大智度論』제46권[81]에는 '열 가지 착한 일이 계율의 전체적 모습이요, 낱낱의 계율은 헤아릴 수 없이 많

---

77)『大智度論』卷46, 大正藏 25, p.394中.
　　所說種種法者 所謂本起經 斷一切生疑經 華手經 法華經 雲經 大雲經 法雲經 彌勒聞經 六波羅蜜經 摩訶般若波羅蜜經 如是等無量無邊阿僧祇經 或佛說 或化佛說 或人菩薩說 或聲聞說 或諸得道天說 是和合事 皆名摩訶衍.
78) 金東華,『韓國佛敎思想의 座標』, p.71.
79) 大正藏 11, p.659上.
80) 大正藏 10, p.282中.
81)『大智度論』48권은『韓國佛敎思想의 座標』p.71에도 48권이라 되어 있지만『大智度論』46권에 있는 말이다. 大正藏 25, p.395中에 '十善爲總相戒 別相有無量戒'도 '十善道則攝一切戒'라고 되어 있는 것이 그것이다.

152

다'고 한 것을 들었다. 결국 '열 가지 착한 길이 곧 모든 계율을 포함한다'고 하는 등 소승의 계율에 반발하여 대승에서는 열 가지의 계율로 요약하는 풍조가 생겼다. 이러한 사조를 종합한 것이 『범망경』의 보살계로서, '十重大戒'와 '四十八輕戒'가 생겼다고 보고 있다.82) 이것도 일반적 정설인 견해이지만 특히 전거를 분명하게 밝힌 점이 역시 뇌허의 述而下作하는 학자적 양심의 나타남이라고도 할 수 있다.

다음 論藏은 후세 대승을 연구하는 학자들에 의하여 성립된 것인바 龍樹時代(150)부터 無着·世親時代(400~500)까지에서 중요한 論部가 저작되었다. 그들이 論을 저작한 이유 및 동기를 나타내는 기록이 있으니, 즉 大乘論藏에 관해서는 부처님 경전이 비록 묘하지만 그것을 이치로서 짐작하기에는 다하지 못함이 있으니, 그 다하지 못한 것 가운데 헤아려 널리 펼 수 있는 것으로서 후대에 배우는 이들을 깨우쳐 주어 이치에 어긋나지 않게 하고 일에 결함이 없게 하노니 무슨 허물이 있겠는가?83)라는 말을 전거로 삼고, 이러한 論에는 別申論(경전의 해석)과 通申論(교리중심의 논설)의 두 가지가 있는데, 龍樹의 智度論·世親의 十地經論 등은 전자에 속하고 또 龍樹의 中論·十二門論과 無着의 攝大乘論·世親의 唯識三十論 등이 후자에 속한다고 보았다.84)

---

82) 金東華, 『韓國佛敎思想의 座標』, pp.71-72.
83) 龍樹傳, 大正藏 50, p.186上.
   佛經雖妙 以理推之故有未盡 未盡之中 推之可演 以悟後學 於理不遠 於事無決 斯有可咎.
84) 金東華, 『韓國佛敎思想의 座標』, p.72.

3) 발전적인 교리

대승불교사상의 근거가 大乘 三藏에 있다고 보고 이 대승 삼장이 만약 원시불교 교리와 무관한 독창적인 것이라면 이는 불교라고 할 수 없을 것이라고 전제하고,[85] 그러나 앞서 누차 말하였듯이 뇌허는 대승의 種子가 소승에 있었다는 기본적 입장에서 대승사상을 관하고 있다. 그러므로 대소승 經律論이 아무리 서로 표면적 언어문자상 괴리되는 것처럼 보일지라도 그들이 의미하는 속뜻을 잘 觀하여 了解할 때에는 역시 『법구경』 雙要品에 있는 '心爲法本心尊心使'라는 句가 대소승 전 불교를 수렴하듯이 原始 三藏 속에 大乘 三藏의 얼이 들어 있다는 입장이 뇌허의 대승불교관에 일관된 관법이라고 필자는 감히 생각하는 바이다.

이러한 입장에서 이하 雷虛의 대승불교관을 간추려 보기로 한다.

뇌허는 바로 그러한 대승불교관의 입장에서 '후세에 성립된 대승의 經·論藏이 반드시 불교가 아니라고도 말할 수 없을 것이다. 뿐만 아니라 원시불교 교리에서 대승교리의 근원계통을 찾는다면 그것이 결코 불가능한 일도 아닌 것이다.'[86]라고 하였다고 생각된다.

雷虛가 '원시불교의 근본교리인 연기사상이 발전하여 대승의 賴耶緣起·眞如緣起·法界緣起·六大緣起·佛界緣起로 전개되었고, 또 我空法空說은 無相空·有空中道·諸法實相·事事無礙·卽事而眞論 등으로 발달하였다. 心爲法本 사상은 三界唯心 萬法唯識으로 전개되고, 또 한 마음을 위주로 하는 사상은 自性淸淨心·如來藏心·菩提心·一

---

85) 金東華, 『韓國佛敎思想의 座標』, p.73.
86) 金東華, 『韓國佛敎思想의 座標』, p.73.

切衆生 悉有佛性 悉皆成佛의 이상으로 전개되었다.'[87]라고 한 것도 바로 그러한 입장에서라고 생각된다.

'現法涅槃 思想은 不住涅槃 無住處涅槃 사상으로, 또 육신을 가진 불타의 무상한 죽음(入滅)으로 인하여 추구된 法身思想은 드디어 佛身常住 法身遍在 사상 등으로 이어졌다. 그 실천 수행설에 있어서도 6년의 고행만으로는 불타의 깨달음의 가치가 가볍게 느껴질 우려가 있었으므로 十住・十行・十廻向・十地・等覺・妙覺의 42위설 또는 位 앞에 다시 말해서 10주 전에 10신위를 더한 五十二位說로 정립되었던 것이다. 이러한 제목들이 원시경전에는 없었으나 그 사상적 근원은 이미 그 안에 나타나 있었던 것이다.'[88]라고 대승사상의 골자를 소승사상의 발전적 역사적 전개라고 말한 것도 이런 입장에서라고 생각된다.

4) 불교의 사회 대중화

인도에서 대승불교의 사상적 시원은 이미 교주 석존에게 있었던 것인데, 이를 계승한 부파의 주동으로서 대중부를 생각할 수 있는데 상좌부 계통에서도 뜻 있는 학자라면 이에 찬동하였으리라 본다. 그렇지만 이것이 교단적으로 혁신을 일으키고 또 사회・국가적으로 실천운동을 한 것은 서기 1세기 전후라고 생각되고, 대승불교도들이 교단의 이 같은 혁신적 운동을 하고 또 사회・국가적으로 승속을 초월한 범불교도적인 활동을 하였는데 사부대중 가운데서도 특히 비구들이 등장하기는 하지만 그 지위는 보살 등에게 논박과 힐책을 당하는 것이 보통이며, 주된 역할을 연출하는 것은 으레 보살들로 되어있다고

---

87) 金東華, 『韓國佛教思想의 座標』, p.74.
88) 金東華, 『韓國佛教思想의 座標』, pp.73-74.

보았다.89)

이점에 대하여 뇌허는 '원시경전에 보살은 나타나지 않는다. 더욱이 소승시대에도 보살설이 있기는 하지만 그것은 이상적인 인물에 불과할 뿐 실제로 아무런 역할을 하지 않는 말하자면 비구의 독무대 같은 불교였다. 그러던 것이 대승경 시대에 와서는 상황이 변하여 菩薩 중심의 불교로서 二乘을 꾸짖어 인도하는 내용으로 구성되어 있다.'90) 라고 전제하고 결국 대승불교는 보살중심 불타 위주로 소승불교도들을 대승으로 유도하는 자비사상을 고취시키는 불교라고 보았다.91)

이때 보살들이란 출가보살과 재가보살이 혼연일체가 되어 있으며 다만 법력을 위주로 하였으며, 그 실례로서 잘 알려져 있는 優婆塞 維摩詰 거사 앞에는 불타의 상수제자인 10대 성문도 나타날 용기가 없었고, 優婆夷 勝鬘 부인은 연약한 여자의 몸으로 불타 앞에서 긴 설법을 하여 칭찬을 받았다고 하는 사실을 들었다92)는 것으로 잘 알려져 있다.

또 유마거사와 승만부인 같은 이야기가 대승의 창작이 아니라는 또 다른 전거로서 『증일아함경』 권3 淸信士品93)에 유마힐거사에 못지않게 지혜가 제일인 質多長者94)와 외도를 항복시키기 잘 하는 掘多長者,95) 깊은 法을 잘 설명하는 優波掘長者96) 등을 들고, 또한 승만부인에 뒤지지 않을 만큼 정법을 잘 이어받는 須賴波夫人97)과 지혜가 제

---

89) 金東華, 『韓國佛敎思想의 座標』, p.75.
90) 金東華, 『韓國佛敎思想의 座標』, p.76.
91) 金東華, 『韓國佛敎思想의 座標』, p.76.
92) 金東華, 『韓國佛敎思想의 座標』, p.76.
93) 大正藏 2, p.559下.
94) 大正藏 2, p.559下.
95) 大正藏 2, p.559下.
96) 大正藏 2, p.559下.

156

일인 久壽多羅,[98] 설법을 잘하는 鴛竭斯,[99] 경전의 뜻을 잘 알아 펴는
跋多婆羅,[100] 須焰摩[101] 등을 예시하였다.[102]

이상으로 雷虛는 인도불교 1,200년의 역사를 개관하면서 원시불교
가 어떻게 인간문화로서 창시되었던가를 밝혔으며, 또 어떻게 소승과
대승으로 전개되었는가를 밝히는 동시에 특히 대승이 아무리 비불설
이라는 평을 받을 정도로 대승적이라고 하여도 그것은 일방적인 견해
이고 대승사상의 種子는 이미 원시소승불교에 있다는 일관된 뇌허 佛
敎史觀에 근거하여 논하여졌음을 알아볼 수 있었다.

雷虛는 종래 불교도들의 그릇되고 인습적인 관념 중의 한 가지가
'바로 불교의 역사성을 무시하는 것'[103]이라고 지적하고, 그럼으로써
인류 문화사에 있어서 불교가 지니는 가치와 비중의 인식이 반감되어
왔던 것이라고 말하고, 불교의 인류문화적 가치성이 바로 원시불교의
시원인 인간 석존의 成佛이라는 역사적 창시성에 있음을 적극 주장하
였다고 논자는 말하고 싶다.

그리고 부파불교가 최초에 분립하게 된 이유야 어쨌건 간에 궁극적
으로는 불타의 가르침을 이해하려는 데에 그 목적을 두었다는 것이
특징이라고 뇌허는 설파하였다.[104] 또 뇌허는 소승불교시대에는 부파
불교도들의 복잡다단한 교리와 그 각각의 문제에 대한 갖가지 다른
학설, 다른 견해들을 정리하고 조직했다는 점에서 그 위대한 특징을

97) 大正藏 2, p.560中.
98) 大正藏 2, p.560中.
99) 大正藏 2, p.560中.
100) 大正藏 2, p.560中.
101) 大正藏 2, p.560中.
102) 金東華, 『韓國佛敎思想의 座標』, pp.76-77.
103) 金東華, 『韓國佛敎思想의 座標』, p.78.
104) 金東華, 『韓國佛敎思想의 座標』, p.78.

인정해야 할 것이라고 지적하고,105) 그러나 소승시대의 이와 같은 공로에도 불구하고 불교교리에 대한 기본적 견해와 착오를 일으켰던 것이 또한 소승불교인들이었다고 분명하게 논파하고,106) 이 과오를 시정하여 원시불교의 참뜻으로 환원시키려는 필연적 요청에서 대승불교가 일어났다고 보았다.107) 그리하여 이미 말한 바와 같이 대승불교 시대에 이르러서는 당대의 문화정도에 상응하여 불교교리를 표현하는 방법상의 발달을 보게 되었고, 이와 같이 언어 문자로 보아서는 대승불교가 발달불교이지만 그러나 그 내용상으로 본다면 그것은 원시불교 환원운동이었던 것이 분명하다는 점을 강조하고 더 나가서 소승불교도가 주장하는 大乘非佛說은 언어 문자에만 국한된 말이며 대승교리의 골자는 모두 원시교리의 표현상의 발달에 불과한 것이었다고 뇌허는 결론지었다.108)

또 雷虛는 대승사상의 핵심은 自利利他라고 보았으며, 그럼에도 불구하고 후세의 불교도가 초세간적인 생활태도를 취하는 것이 보살행이요 불교인인 양 생각하는 경향도 있었지만 '이타적인 보살행, 세속과 출세간이 서로 다른 둘이 아니라고 보는 생활태도 등은 대승시대에 비로소 시작된 것이 아니라 이미 원시불교에 있던 내용이었다'.109) 그러한 실례로서 마갈타국과 코살라국이 전쟁을 하여 마갈타 국왕이 포로로 잡혔을 때 불타의 중재로 풀어준 일110)이라든가, 또 코살라왕 毘瑠他가 가필라국을 침공하였을 때 불타의 헌신적인 교화로 그 전란

---

105) 金東華, 『韓國佛敎思想의 座標』, p.78.
106) 金東華, 『韓國佛敎思想의 座標』, p.78.
107) 金東華, 『韓國佛敎思想의 座標』, p.79.
108) 金東華, 『韓國佛敎思想의 座標』, p.79.
109) 金東華, 『韓國佛敎思想의 座標』, p.80.
110) 『南傳 相應部』 南傳 12, pp.140-144.

158

을 일단 중지한 일,111) 또 마갈타 阿闍世王이 雨舍로 하여금 他國 침공의 승패여부를 물었을 때 만약 상대국이 7개조112)를 지켜 그 정법으로 바른 정치를 한다면 어떠한 강대국이라도 그 나라는 꺾을 수 없다고 한 것 등을 들었다.113)

그리고 雷虛는 가정도덕에 관해서는 부모 자녀의 관계, 사제의 관계, 부부의 관계, 朋友의 관계, 주종의 관계, 출가자와 재가자와의 관계 등을 세밀히 규정하였다고 하는데 이 자세한 내용은 그의 『佛敎倫理學』 제3편 제6장 1·2·3·4절 330쪽에서 357쪽에 걸쳐서 知恩報恩行 개인적 도덕, 가정적 도덕, 사회적 도덕설 등을 소·대승경에서 72개, 율부에서 2개의 구절 등을 인용하여 전거를 설시하여 자상하게 설하였다.

또 사회문제에 관해서는 타인을 대할 때 布施·愛語·利行·同事 등 소위 四攝을 원시경전에 널리 설명하였다. 그리고 그 현실사업으로서는 森林 조성하기, 과일나무 심기, 우물 파 목마른 이에게 공급하기, 집지어 주기, 하천에 다리 놓기, 배 만들어 사람을 건네주기 등114)이 보살행으로서 매우 실질적이고 구체적인 것으로 제시되고 있다. 대승보살의 六度萬行이란 요컨대 이 같은 불교의 대자비행을 그대로 이어받아 행하는 것인데, 이도 또한 원시불교 자비행의 환원에 불과한 일이라고 판단하였다.115) 이러한 견해는 필자가 알기에는 옛부터 대승으로 자처하는 버릇이 있는 일본인 불교학자들은 별로 주장하지 않는

---

111) 『增一阿含經』 26, 大正藏 2, p.691上.
112) 『南傳 長部』 大般涅槃經 南傳 7, pp.29-32.
113) 金東華, 『韓國佛敎思想의 座標』, p.80.
114) 『長阿含經』 卷2, 遊行經 大正藏 1, pp.11-30 ; 『雜阿含經』 卷36 大正藏 2, pp. 259-266.
115) 金東華, 『韓國佛敎思想의 座標』, p.81.

것이어서 이런 점에서 前言한 바와 같이 한국불교학계에서 중국의 장 개석에 비할 수 있는 분이 雷虛라고 보고 싶다.

이상과 같이 인도의 불교는 서기전 500여 년경부터 시작하여(기원 전 560년 탄생-35세 성도) 서기 800년경까지 그 사이 1,300여 년에 걸 쳐 창시기·이해기·조직기·발전적 해석 및 실천기 등의 굴곡과정 은 있었으나 종교적 信仰相으로 보면 釋尊 一佛에 대한 신앙으로서 단 일불교였음을 알 수 있다116)고 뇌허는 말하였는데, 이 또한 특히 일본 불교학자들에게는 듣기가 거북한 말일 것이다.

雷虛는 또 서기 6, 7세기경의 인도불교 사상계의 실태를 전하는 義 淨三藏(635-713)의 다음과 같은 글을 인용하고 있다.

만약 菩薩에게 예의를 갖추고 大乘經典을 읽으면 이를 大乘이라 하 고 그런 일을 하지 않으면 小乘이라 한다. 大乘이라 하는 것은 두 가 지가 있으니 하나는 中觀이요 하나는 瑜伽이다. 中觀은 거짓으로 현상 이 있고 참된 것은 비어 있다(空)고 하며 실체가 환상과 같은 것이며, 瑜伽는 바깥 현상은 실재하는 것이 아니고 안의 실체는 있다고 하며 모두 識일 뿐이라고 한다. 이 설들이 다 성스런 가르침(佛敎)의 도리이 니 어느 것을 옳다 하고 어느 것을 그르다 하리오. 다 涅槃에 합당한 것이다. 어느 것이 참되고 어느 것이 거짓이라 하겠는가? 그 뜻이 모 두 煩惱를 끊고 衆生을 救濟함에 있으니 어찌 분분한 논쟁으로 煩惱에 더 빠져들게 하겠는가?117)

---

116) 金東華, 『韓國佛敎思想의 座標』, p.81.
117) 『南海寄歸內法傳』 卷1, 大正藏54. p.205下.
　　　若禮菩薩 讀大乘經 名之爲大 不行斯事 號之爲小 所云大乘 無過二種 一則中觀 二 乃瑜伽 中觀則僞有眞空 體虛如幻 瑜伽則外無內有 事皆唯識 斯並咸道聖敎 熟是 熟非 同契涅槃 何眞何僞 意在斷除煩惱惑 拔濟衆生 豈欲廣致紛紜重增沈結.

이 논지가 표면상으로 얼른 보기에는 인도 대승불교는 中觀·瑜伽 두 파로 분열하여 대립한 것처럼 보이지만 그러나 그것은 교리적 이론이며 학자간의 대립된 견해였지 결코 후세 중국에서 보게 되는 것과 같은 종파불교는 아니었을 것이라고 명백하게 역설하고 있어서[118] 후진들에게 매우 큰 길잡이를 해주고 있는 것이라고 사료된다.

雷虛는 중국불교에 대해서도 인도불교 못지않게 해박한 분석과 길잡이를 하였으니 다음에 살펴보기로 한다.

그는 중국불교를 수입기의 불교와 연구기의 불교로 나누어서 고찰하였는데, 먼저 수입기의 불교를 살펴보기로 한다.

5. 뇌허의 중국불교 사상관

1) 수입기의 불교

雷虛는 중국의 불교는 그 수입기로부터 현재에 이르기까지 대개 1,900년 동안의 불교사를 수입기·연구기·제종파 분립기·실천기·계승기·쇠멸기 등 6기로 나누고 있으며, 이 가운데서 중국불교 내지는 중국 일반 문화사상이 획기적인 의미를 가진 것이 앞의 수입기, 연구기와 제종파 분립기라고 보고 있다.[119]

雷虛는 불교가 처음 중국에 전래되었던 시기에 대한 여러 학설 중에서 드러나 보이는 세 가지 異說을 첫째, 明帝 永平 10년(서기 67년)에 迦攝摩騰과 竺法蘭이 王使와 함께 낙양에 와서 『四十二章經』을 번

---

118) 金東華, 『韓國佛敎思想의 座標』, p.82.
119) 金東華, 『韓國佛敎思想의 座標』, p.85.

역해 냈다는 것,120) 둘째는 이보다 먼저 前漢 哀帝 元壽 원년(기원전 2년)에 중국인 景盧가 大月氏의 伊存으로부터 浮屠經을 구두로 전해 받았다는 것인데 그러나 이 시대에 대월지국에는 불교가 아직 전래되지 않았다고 보고, 셋째는 明帝의 이복동생인 楚王 英이 영평 8년(65년)에 불교를 이미 신앙하고 있었다는 說이라 하고, 이 세 학설을 종합해 보면, '서기를 전후해서 상업상 이 지역을 왕래하던 사람들에 의하여 불교가 이미 전래해 있었고 그것을 초왕 영이 당시에 신앙하였던 것으로 생각된다.'121)고 하여 셋째 說을 긍정적으로 본 듯하다.

雷虛는 한편 중국불교 전래 이후의 三藏의 傳譯은 桓帝(147-176) 때에 安世高·支婁迦懺·竺朔佛 등의 소·대승의 많은 역경을 비롯하여 安世高는 주로 소승경론, 支婁迦讖은 도행반야·수능엄·반주삼매 등의 대승경을 번역했고 竺朔佛은 도행반야경의 범어본을 가지고 왔다.

위·오·촉 삼국시대(221년 이후)에는 支謙이 오나라에서 大明度·維摩·阿彌陀·大般泥洹 등 대·소승경 약 30부 40권을 번역하였고, 西晋 秦始 2년(266)에는 장안에서 竺法護(약230-308)에 의하여 光讚般若·維摩·正法華·無量壽·十地·般涅槃·華嚴·寶積 등 주로 대승 50부 300권의 경이 번역되었다고 보고 있는데 이는 일반적 견해이다.122)

이상에서 살펴본 바와 같이 뇌허는 중국의 불교 수입기(후한 명제~동진시대)의 특징을 말하기를 무엇보다도 대·소승 三藏의 활발한 번역사업을 들어야 할 것이라고 하였고, 이 시기에 小乘 三藏은 거의 번역되었고 그리고 대승경 중의 중요한 것들도 거의 譯出되었으며 그

---

120) 新集經論錄 第一 『出三藏記集』 卷2, 大正藏 55, p.5下.
121) 金東華, 『韓國佛敎思想의 座標』, p.86.
122) 金東華, 『韓國佛敎思想의 座標』, p.86.

후의 여러 시기에도 삼장의 번역이 있기는 있었으나 그러나 역시 앞서 말한 바와 같이 수입기 초기의 특징은 譯經이라고 보고 있다.[123) 이렇게 보는 까닭은 수입기 초기에 이미 대소승 경율론 즉 사분율에서 摩訶僧祇律까지 또 잡아함에서 대품반야, 유마, 법화, 무량수, 아미타경까지, 대비바사론에서 성실론, 대지도론 등에 이르기까지 구마라집을 위시한 여러 역경승들에 의하여 번역되었기 때문이라고 보고 있다.124) 물론 번역사업은 당·송시대까지도 계속되었지만 초기에 있어서 그 중요성이 더욱 두드러지기 때문에 중국 초기불교의 특징은 역경이라고 뇌허는 지적하고 있다.

2) 연구기의 불교

雷虛는 연구기를 남북조시대로 보고 이 시기에는 특히 三藏에 대한 연구가 활발하였고, 그 앞 시대에 이미 대·소승의 수많은 삼장들이 번역되었으므로 그 같은 신문화재를 많이 수입한 당시로서는 그것들이 어떠한 사상 내용인가를 음미하고자 함은 당연한 귀결이었을 것이라고 보았다.125)

그러한 음미 연구의 결과로서 僧道의 성실 및 三論의 義疏를 위시하여 道猛(411-475), 僧崇 및 그 제자인 僧淵(414-481) 등 성실론 학승들이 배출되고 승연의 문하 曇度(?~489)의 '成實大義疏'가 나왔다고 보고, 이들을 중심한 毘曇學이 성립되었다고 뇌허는 보고 있다.126)

---

123) 金東華, 『韓國佛敎思想의 座標』, p.87.
124) 金東華, 『韓國佛敎思想의 座標』, pp.86-88 참조.
125) 金東華, 『韓國佛敎思想의 座標』, p.90.
126) 金東華, 『韓國佛敎思想의 座標』, p.90.

또 번역사상 중요한 사실의 하나는 대승경전 가운데 처음으로 번역
되었던 것이 반야경이라는 점이며 반야경의 요지는 공사상인데 중국
인들로서 인도의 공사상을 이해하기는 매우 어려운 일이었다고 뇌허
는 말한다.127)

그는 그 까닭을 다음과 같이 말하였다.128)

漢民族은 원래 現實生活에 급급하여 現世的이고 實質的인 民族이므
로 일찍이 獨自的인 哲學思想을 갖지 못했다. 다만 現實主義의 代表로
서 유교가 있고, 이에 비해 다소 이상주의요 철학적인 老莊思想이 있
기는 했지만 그것은 論理的이 아니었다. 이러한 思想들이 보급되는 데
에도 廣大한 中國의 양자강 南·北方이 서로 다른 특징을 갖는다. 즉
實質主義로서 그 핵심사상이 有라고 할 유교는 양자강 北에서 유행하
였고, 理想主義이며 無를 中心으로 하는 老莊思想은 江南에서 발달하였
던 것이다. 그리하여 後世 佛敎가 發展할 때에는 有를 주로 하는 俱
舍·唯識·華嚴 등의 여러 宗은 江北地方을, 空을 토대로 삼는 三論·
天台·禪 등의 여러 宗派는 江南을 각각 거점으로 하여 발달하였다.

중국불교사를 이렇게 보는 中國佛敎史觀은 뇌허 특유의 것이며 중
국불교에 적중되는 것이라고 감히 말하고 싶다.

뇌허는 또 이어서 중국인이 노장사상의 無에 관한 개념으로써 대승
불교의 이 空을 이해하고자 하는 풍조가 생겼는데 이른바 格義佛敎라
는 것이고, ‘格義’라 함은 ‘경 가운데의 일을 다른 책에 비기어 그 이
해를 얻고자 하는 경우를 격의라 한다(以經中事數 擬配外書 爲生解之
例 謂之格義 : 高僧傳 法雅傳)129)’고 하는바, 이런 格義로서는 空의 뜻

---

127) 金東華, 『韓國佛敎思想의 座標』, p.90.
128) 金東華, 『韓國佛敎思想의 座標』, pp.90-91.

을 바르게 이해하지 못하는 것을 僧叡가 '비록 매일 강의가 베풀어지나 격의는 우회하여 근본 뜻에 어긋남이니, 六家가 모두 치우쳐 性空의 종파와는 일치하지 못한다.(雖日講肆 格義迂而乖本六家偏而 不卽性空之宗)130)'라고 한 전거를 들어서 말하였다.131)

六家란, 송의 釋曇濟가 六家 七宗論을 지어서 6家가 일곱 종파를 형성한다고 한 그것이다. 다시 말해 6家는 첫째로 本無宗, 둘째 本無異宗, 셋째 卽色宗, 넷째 心無宗, 다섯째 識含宗, 여섯째 幻化宗, 일곱째 緣會宗의 7종 가운데에서 本無異宗을 제외한 것인데132) 뇌허는 간략히 아래와 같이 해설하였다.

本無異宗은 琛법사의 설로서 色法이 있기 전에 먼저 無가 있어 그 無로부터 有가 나온다고 한다. 즉 無는 有에 앞서 존재하고 有는 無 다음에 존재한다는 것이다. 卽色宗은 支道林의 說로서 거짓 이름(假名)이 파괴되지 않고 그대로 진실된 모습(實相)이라는 것이다. 心無宗은 溫법사의 주장으로 만물은 무가 아니며(非無) 이것을 헤아려 국집하는(計執) 바를 일컬어 空이라 설명한다. 識含宗은 于法開의 이론으로서 三界를 어두운 긴 밤의 집이라 하고 心識을 큰 꿈의 주인이라는 것이다. 幻化宗은 曇臺의 이론으로 世諦法은 다 환상과 같다는 것이다. 緣會宗은, 因緣으로 모인 것들이 흩어지면 곧 無라고 하는 것을 으뜸의 진리(第一義諦)로 삼는 것이다. 本無宗은 6家를 말할 때 本無異宗에 포함되기도 하고 또는 本無異宗을 제외하여 6家를 구성하기도 하는바, 이 本無宗은 格義說로서 般若의 空理를 해석하고자 하는 것이다. 그러나 이러한 격의설은 위에서 밝힌 바와 같이 般若性空宗에 일치하지는 못하는 것이다.

---

129) 大正藏 50, p.347上.
130) 大正藏 55, p.59上.
131) 金東華, 『韓國佛敎思想의 座標』, p.91.
132) 金東華, 『韓國佛敎思想의 座標』, p.92.

이상이 6家에 대한 뇌허의 견해로 이는 일반적 견해이다.

뇌허는 그러나 중국의 無와 有와 空의 문제 논의의 실례로서 吉藏의 『中論疏』 권제 二末에 釋道安을 예시하였다.

즉 중국에서 출가한 승려로서 처음으로 세속의 姓을 버리고 釋씨라는 姓을 붙였으며, 불경을 읽는 방법으로서 序分·正宗分·流通分의 三分法을 사용한 석도안(314-385)은 檀溪寺에서 15년 동안 매년 2회 放光般若를 강의하였다. 뿐만 아니라 光讚·放光 두 경을 비교 연구하여 각각 주석을 붙였다고 한다(『出三藏記集』 권5[133])에 반야에 관한 6부의 책이름이 있다). 그런데 그가 반야경을 강의할 때에도 舊譯의 잘못으로 뜻이 통하지 않는 점이 있으면 대의만 말하고 단지 轉讀했다[134] 하였으니(『高僧傳』) 반야의 이해에 적지 않은 어려움이 있었던 것을 알 수 있다고 뇌허는 말하고, 그리고 道安 역시 다음과 같이 반야경의 公理를 無로 보았다는 전거로서 아래와 같이 인용하였다.

석도안이 본래 無의 뜻을 밝히니 소위 無는 만물이 피어나기 이전을 말하며 空은 모든 형상의 시초가 됨을 말한다. 대개 사람들이 막히는 바는 그 막힘이 '아직 있지 않음'에 있으니 만약 마음을 本來 없음에 맡기면 곧 다른 생각이 쉬어질 것이다.… 도안화상은 거친 길을 닦아 열고 깊은 뜻을 空에 내세웠다. 풀무질의 힘을 들여 그것을 살피니 오직 本性이 空하다는 宗派가 가장 진실하다. 이 뜻을 자세히 밝히니 도안스님이 밝힌 본래 無란, 모든 法은 그 本性이 空寂함이라 그러므로 본래 無인바, 이는 저 방등경론과 鳩摩羅什·僧肇 문하의 뜻과도 다름이 없다.[135]

---

133) 大正藏 55, p.39中-下.
134) 大正藏 50, p.352上-中.
135) 『中論疏』, 大正藏 42, p.29上.

위의 글에 의하면 도안은 반야의 공을 無로 표시하되 6家와는 달리 般若性空의 이치로 해석한 것을 알 수 있음과 동시에 이것이 즉 7종 가운데의 本無일 것이라고 뇌허는 확인하고 있다.136)

뇌허는 또 중국에서의 반야경 연구과정을 三論學係와 四論學係의 두 계파로 간추려 다음과 같이 약술하였다.137)

다음은 三論學에 대한 뇌허의 판단을 살펴보자. 반야의 공사상을 더욱 크게 천명한 것은 龍樹의 中觀論과 十二門論, 提婆의 百論을 포함한 소위 三論이다. 이 삼론의 연구자는 매우 많았다. 羅什의 문하인 僧肇(384-418)는 空의 이해에 解空第一이라는 칭송과 명예를 들은 사람으로서 '般若無知論'을 저술하여 나집과 慧遠을 경탄시키고 '不眞空論'을 저작해서 후세 삼론종의 始源을 이루었다. 道生(434년 입적) 역시 나집의 제자로서 중관계의 사상에 젖은 학자이며 삼론학에 밝을 뿐만 아니라 二諦論·佛性當有論·法身無色論·佛無淨土論·應有緣論을 저술하였다. 그 후에는 법화·열반경에도 일가견을 가진 것으로 유명하다. 僧叡(378-444)도 나집의 문하이며 삼론학자로 유명하다. 중론과 십이문론의 각 品에 대한 간단한 강요를 썼으나 후자만 현재까지 전해오고 또 삼론에 각 서문도 썼다.

道融도 나집 문하의 삼론학자로 법화·대품·금광명·십지·유마 등의 경에 義疏를 썼다.

羅什이 삼론을 번역해 낸 이후에 삼론을 연구하는 것은 하나의 시

釋道安 明本無義 謂無在萬化之前 工爲衆形之始 夫人之所滯 滯在未有 若託心本無 則異想便息…安和上 鑿荒途以開轍 標玄旨於空 以爐冶之功驗之 唯性空之宗 最得其實 詳此意 安公 明本無者 一切諸法 本性空寢 故云本無 此與方等經論 什肇 山門義無異也.

136) 金東華, 『韓國佛敎思想의 座標』, p.94.
137) 金東華, 『韓國佛敎思想의 座標』, pp.94-95.

대 풍조가 되었던 것이니 그 성황은 가히 짐작할 일이다. 그리고 이 삼론 외에 용수가 번역한『大智度論』을 더하여 연구하는 것을 四論學이라 뇌허는 고찰하였고, 삼론파의 취지는 대체로 소극적이고 부정적임에 대하여 사론파는 적극적이고 긍정적이라 논파하고 있다.

뇌허는 地論學에 대해서는 다음과 같이 南道派와 北道派와의 대립으로 보는 입장에서 설명하였다.[138] 그리고 兩派對立의 근거는 十地論 보살 제6지설에서 아라야식, 6식, 진여여래장의 관계가 명확하지 않은 데에 있다고 보았다. 그래서 兩派는 이른바 八識說과 九識說, 妄識說 등으로 대립되었다고 보는 입장에서 아래와 같이 설명하고 있다. 북위 영평 원년(508)으로부터 동4년까지 菩提流支·勒那摩提·佛陀扇多 등에 의하여 世親의『十地經論』12권이 번역되었는데, 보리유지로부터 십지론 강의를 세 해 겨울동안 들으면서 疏를 낸 道寵이 있고, 또 이 도총에게서 법을 듣고 깨달은 사람이 천여 명이 있었다 하니 그 성황은 짐작하기 충분한 일이다. 이 도총의 계통은 道北에 있었기 때문에 이를 地論의 北道派라 한다. 반면 勒那摩提는 房·定 두 사람에게 心性 즉 禪을 전해주고, 慧光에게 法律 즉 敎를 가르쳤다 하는데 慧光은 道南에 있었으므로 이를 地論의 南道派라고 한다. 이 南北 양파는 학설에 있어서도 서로 달랐다. 十地論의 보살 제6지설 가운데 6識 외에 阿梨耶說이 나타나 있는데 論에서는 아라야식·6식·眞如如來藏의 관계가 명확하지 않으므로 菩提流支·勒那摩提 두 사람의 해석이 일치하지 못하여 두 계통의 학설도 서로 다르게 되었던 것이다.

北道派는 아라야식을 그릇된 識(妄識)이라 보고 眞如와는 다르다 하며, 南道派는 아라야식과 진여가 서로 같다고 보았다. 즉 남도파는 아

---

138) 金東華, 『韓國佛敎思想의 座標』, pp.95-96.

168

라야 淨識의 八識說이고, 북도파는 眞妄이 함께 있는 九識說로서 제8
아라야 妄識·제9아라야 淨識이라고 하는 것이다.

뇌허는 攝論學에 대하여서는 세친의 『十地論釋』, 또 『攝大乘論』의
新舊譯에서의 立九識義와 立八識義의 차이 등으로 인하여 이른바 八識
家와 九識家의 대립이 생기게 되었다고 보고 眞諦는 틀림이 없이 九識
家였다는 입장에서 아래와 같이 설명하고 있다.139)

眞諦는 陳 天嘉 4년(563)에 무착의 『攝大乘論』 3권과 세친의 『攝大
乘論釋』 15권을 번역하였는데, 뒷날 『섭대승론석』을 연구한 학자가
많았다. 『섭대승론석』은 그 이름이 표현하듯이 일종의 불교개론으로
서 대승불교교리 가운데 가장 중요한 문제 열 가지를 논하고 있다.

그 열 가지란 흔히 十勝相이라 불리는 것으로 곧 阿黎那識·三自
性·唯識義·六波羅蜜·十地階位·戒學相·心學相·慧學相·無住處
涅槃·三種佛身 등인데 처음 셋은 유식학에 관한 문제이다.

앞서 설명한 『십지론』이 세친의 저술이며 이 論釋 또한 그의 저술
로서 동일한 사상이지만 두 학파의 견해에 따라 같기도 하고 혹은 다
르기도 한 점이 있다. 뿐만 아니라 같은 『섭대승론』이라 하더라도 新
舊 번역자에 따라 또한 서로 다른 점이 있는데, 구역인 眞諦의 번역은
立九識義임에 비해 신역인 唐 三藏의 번역에는 立八識義로 되어 있는
것이 그것이다.

眞諦에게는 『九識義記』의 저서가 있었다는 것이 그 점을 말하는 것
이라 하지만 그러나 그 저술이 현재 전해지지 않고 있을 뿐만 아니라
또 그가 번역한 『섭대승론』 및 『섭대승론석』에도 그러한 第九識說은
나타나지 않는다. 그러나 眞諦의 다른 번역서인 『決定藏論』 및 『瑜伽

---

139) 金東華, 『韓國佛敎思想의 座標』, pp.96-98.

師地論部分譯』과 『三無性論』 등에는 아라야식 외에 아마라식이 보인
다. 이러한 사정으로 볼 때 眞諦가 九識家였다는 것은 틀림없다. 왜냐
하면 뒷날의 新譯인 『瑜伽師地論』에는 아마라식설이 없기 때문이다.

　眞諦는 또 이 『攝論』 번역과 함께 『義疏』 18권을 지었으며, 그의 제
자 慧愷(518-568)는 『섭론』과 『구사론』을 번역할 때 筆受가 되어 眞
諦로부터 친히 가르침을 받기도 했다고 파악하고 있다.

　뇌허는 중국 법화경 연구과정 첫 단계를 구마라집시대부터 있었던
會三歸一 사상과 慧觀의 뒤를 이은 道生이 『法華義疏』에서 비롯된 법
화의 本迹二門說과 그리고 寶亮의 제자 法雲의 『法華義記』 8권 중의
法華經方便品에서 비롯된 이른바 '법화의 교리는 인과가 모두 一乘뿐
이고 三乘에 걸치지는 않는다'고 하는 법화교의 最上乘性과 세 가지
단계로 보고 다음과 같이 약설하였다.140) 중국의 법화연구는 서기 266
년 이후 쓰法護에 의해 『正法華經』이 번역되었는데 이때부터 법화연
구가 일기 시작했다. 쓰法崇이 『法華義疏』 4권을 지었고 쓰法義
(306-380)도 法華에 유능하여 健康에서 이를 강의하였으며, 쓰法曠은
會三歸一의 요지를 얻었다고 하는데, 이는 모두 구마라집 이전의 법화
연구였다.

　본격적으로 법화연구가 시작된 것은 서기 406년 나집이 『묘법연화
경』을 번역하면서부터였다. 나집은 三論 四論 등 주로 중관사상의 번
역에 주력했지만, 그의 『묘법연화경』 번역으로 법화연구는 새로운 관
심으로서 일대 전기를 맞게 되었다. 나집에 의해 이 경이 번역된 후부
터는 그보다 앞서 번역된 『正法華經』이나 그 후 隋 仁壽 元年(601)에

---

140) 金東華, 『韓國佛敎思想의 座標』, pp.98-102.(이 세 가지 단계에 관련된 뇌허의
　　　예시 설명은 역사적 사실이므로 필자는 이 책의 논맥상 그것을 그냥 그대로
　　　논평 없이 인용한다.)

170

번역된 『添品法華經』 등은 연구의 대본이 되지 못하고 오직 『묘법연화경』만이 유행하였다. 나집 문하의 한 사람인 曇影은 나집 문하에 들어가기 전부터 법화학자였으므로 나집의 명에 의하여 이를 강의하였고, 또 종래의 所宗에다가 깊은 사상을 첨가하여 『法華義疏』 4권을 지었다 한다. 역시 나집의 直弟子 가운데 한 사람인 道融도 『法華義疏』를 지었다는데 이는 그 권수도 자세히 알 수 없다. 그러나 나집이 그에게 새로 지은 義疏를 강의하게 하여 이를 듣고 난 다음 찬탄하기를 '佛法을 일으킬 사람은 바로 道融이로다.'141)라고 했다 하니, 가히 그의 실력이 얼마나 훌륭했던가를 짐작할 수 있다.

그 다음에 僧叡에게도 法華를 강설하게 하였는데 그는 법화경 일부 全經을 九轍로 분류하여 강의하였으므로 九轍法師라는 칭호를 얻기도 했다. 九轍이란 아래와 같다.

   1 昏聖相扣轍 — 序品
   2 涉敎歸眞轍 — 爲上根人
   3 興類潛彰轍 — 爲中根人
   4 述窮通昔轍 — 中根領解
   5 彰因進悟轍 — 爲下根人, 곧 化城喩品과 授記品
   6 讚揚行李轍 — 法師品 爲如來便
   7 本迹無生轍 — 多寶品 多寶不滅 釋迦不生
   8 擧因徵果轍 — 踊出品 壽量品 彌勒擧因徵果 佛擧壽量因果所由
   9 稱揚遠濟轍 — 隨喜以下訖經 屬流通也 등이다.

慧觀은 『法華宗要』를 지었고, 또 나집으로부터 南方 江漢의 사이에

---

141) 『高僧傳』 卷6, 大正藏 50, p.363下.

두루 펴라는 명을 받고서 나집이 입멸한 뒤 남방(刑州)에 갔다 한다. 그 다음에 慧叡는 喩疑라는 한 작은 저서에서 法華는 하나의 究竟을 연 것이라고 보았으며, 道生(369-434) 역시 『法華義疏』를 지었다. 그는 이 저서에서 부처님의 전체 敎說을 善淨·方便·眞實·無餘의 四法輪으로 나누고 法華는 제3륜과 제4륜에 해당한다고 했다. 그는 또 여기에서 會三歸一과 法身常住를 迹本二門으로 분류함으로써 법화의 本迹二門說의 기원을 이루고 있다.

慧基(412-496)는 위의 慧叡와 교분이 있던 慧義의 제자로서 法華에 능통한 학자였으며 齊나라의 문선왕을 위하여 『法華義疏』 3권을 저작하였다. 그리고 梁武帝의 勅에 의하여 『涅槃經義疏』를 저술한 寶亮(444-509)은 法華經 十地를 강의하기 십여 차례였다 하며, 그의 제자인 光宅寺의 法雲은 莊嚴寺의 僧旻 및 開善寺의 智藏과 더불어 양나라 삼대법사 가운데 한 사람으로서 『法華義記』 8권을 저작하여 법화 연구상 전에 없는 대작을 남겼고 후학을 계발하는 선구적 존재가 되었다. 그 가운데 한 예를 든다면, 그는 법화경 방편품에서 부처의 지혜를 설명하는데 이 지혜에는 권지와 실지가 있다고 하며 그 중 실지가 비추어보는 대상 경계에는 네 가지가 있다고 한다. 첫째는 敎一이요, 둘째는 理一, 셋째는 根一, 넷째는 人一이니 여래의 지혜가 이 한 경계를 비추어 보는 것, 그것이 곧 실지이다[142]라고 하였다. 또 이 네 가지를 증명하는 글로서 方便品에 '사리불이여, 모든 부처님은 오직 한 가지 큰 인연으로 세상에 나오셨다'고 함은 결과인 한 가지(果一), '부처님이 사리불에게 말씀하시되, 모든 부처는 다만 보살만을 교화한다'고 함은 사람인 한 가지(人一), '모든 존재의 의지할 바는 마땅히 한 가지

---

142) 『法華義記』 卷2, 大正藏 33, p.587下 ; p.593上-下.

이니 오직 부처의 知見으로써 중생에게 깨달음을 보인다'고 함은 원인인 한 가지(因一), '사리불이여, 여래는 오직 一乘으로써 중생을 위하여 설법을 하나니 그밖에 이승도 삼승도 없다'고 함은 가르침인 한 가지(敎一)라고 논증한다. 요컨대 법화의 교리는 인과가 모두 일승뿐이요, 삼승에는 걸치지 않는 것임을 밝혀 법화교의 最上乘性을 주장한 것이라고 뇌허는 보았다.143) 바로 이와 같은 과정들이 중국불교가 종파화하는 과정이라고 볼 수 있다고 본다.

뇌허는 一切衆生悉有佛性, 法身常住, 首生의 闡提成佛有佛性說, 僧崇의 佛身常住反對說, 慧觀에서 구체화되기 시작한 敎相判釋頓漸二敎五時說, 또 영이사 寶亮과 건원사 法朗의『열반경집주』72권 저자 문제 등을 중심으로 중국 열반경 연구를 다음과 같이 약술하면서『법화경집해』72권 저자는 寶亮이 아니고 法朗일 것이라는 말을 맺었다. 論者는 중국불교가 법화경 연구과정에서 자리잡은 二敎五時敎相判釋에 이르러 종파불교로서의 중국불교가 그 완성의 마지막 단계에 이르렀다고 본다.144)

"涅槃經의 원형인『長阿含經』가운데에 있는 遊行經으로서 불타의 열반 직전과 열반에 드실 때의 기록이다. 여기에는 여러 가지의 소승열반경과 대승열반경이 있는데 여기에서 문제가 되는 것은 대승열반경이다. 그것은 東晋 義熙 14년(405년) 法顯의 번역인『大般泥洹經』6권과 송 元嘉 原歸朝인 北涼의 曇無讖(385-433)의 번역인『大般涅槃經』40권과, 北涼 知盟(424이후)의 번역인『大般泥洹經』20권 등이다. 知盟

---

143) 金東華,『韓國佛敎思想의 座標』, p.102.
144) 金東華,『韓國佛敎思想의 座標』, pp.102-107.
    (이 또한 법화경 연구에서 말한 바와 같이 뇌허의 略述說明을 그대로 인용한다.)

이 번역한 것은 현재 전하지 않고 앞의 6권 번역본은 불완전한 것으로서 40권본의 전체 13품 가운데 앞부분 5품만을 다시 세분해서 17품으로 한 것이다. 품의 수는 17이지만 40권본의 앞 5품과 동일하다.

그리고 40권본이 후에 남방에 전해졌는데 품을 나누는 방법이 보다 세밀한 6권본에 기준해서 학자들의 편의를 위하여 다시 앞 5품만을 17품으로 고쳤다. 이때에 문장에도 손을 대어 보다 더 명쾌하게 한 것이 소위 남본 열반경 36권이다. 이에 대하여 40권본을 북본 열반경이라 한다.

이 大乘涅槃經의 宗趣로서는 '모든 중생이 다 부처의 성품을 가졌다(一切衆生 悉有佛性)'는 것과 '法身이 항상 존재한다(法身常住)'는 것이다. 이러한 열반경이 처음부터 완전하게 번역되지는 못했던 만큼 그 연구에도 우여곡절이 많았다. 열반경 연구로 유명해진 최초의 학자는 나집의 문하인 道生이다. 6권『泥洹經』이 健康에서 번역되자 그는 이것을 정독한 후 성불할 성품이 없다는 闡提도 성불할 수 있다는 뜻을 간파해 주장하였다. 그 당시는『大涅槃經』을 아직 보지 못했던 때라 사람들은 도생의 주장이 그릇된 학설이라고 비난하였다. 대중으로부터 쫓겨나기에 이른 도생은 그 앞에서 당당한 태도로 맹세하기를 '만약 나의 주장이 경전의 뜻에 어긋나면, 청컨대 이 몸이 큰 병이 나게 하고, 만약 실상에 위배되지 않는 바이면 원컨대 목숨이 다할 때 獅子座에 앉게 하소서' 하고 盧岳에 은거하였다. 그 후 大涅槃經이 京都에 소개되자 과연 闡提도 불성을 가졌다는 說이 있어 道生의 앞선 견해가 증명되었다.

일반 소승불교의 이론은 우리 인간이 세상에 대하여 常·樂·我·淨이라고 그릇되게 집착하기 때문에 생사의 고통에서 벗어나지 못한다고 보며, 이 집착을 타파하기 위하여 無常·不樂·無我·不淨을 설

하고 있다. 常樂我淨의 견해를 네 가지 전도(四轉到)라 하고 이를 벗어
난 것을 正見이라 한다. 그런데 열반경 哀嘆品 같은 곳에서는 無常·
不樂·無我·不淨이 오히려 그릇된 견해요 常·樂·我·淨이라 보는
것이 바른 견해라 말하고 있으니, 이는 그 당시의 학자들을 놀라게 하
지 않을 수 없었다. 나집 계통의 사람으로 추측되는 彭城의 僧崇은 大
涅槃經의 佛身常住觀에 반대한 결과 '혀가 썩어진 후 깨달은 바가 있
었다(中論疏)' 하는 전설 등이 아주 놀라운 한 예이다. 나집 문하의 네
철인 가운데 한 사람이었던 慧觀은 열반경을 判釋하여 말하기를, 불타
의 一代 설법 중에 가장 궁극적인 것이라 하고 이를 常住敎라 하였다.
그는 불타 一代의 가르침을 頓·漸의 둘로 나누고 頓敎는 화엄을 들
고, 漸敎로서는 三乘別敎 즉 三乘에 있어서 원인된 행위와 그에 따라
얻어지는 결과가 서로 같지 않음을 설명하는 경전이 있고, 三乘通敎
즉 般若經, 抑揚敎 즉 維摩 思益과, 同歸敎 즉 法華經, 常住敎 즉 涅槃經
을 드는데 이것이 소위 二敎五時의 敎相判釋이다. 그리하여 慧觀의 이
러한 학설은 道生의 4종 法輪說과 함께 2대 敎判思想을 이룬다. 이를
도표로 비교하여 보면 다음과 같다.[145]

```
    (二敎五時)                              (四種法輪)

頓敎 ─────────────────────── 華嚴
    ┌─ 初  時 ──── 有相敎 ──── 小乘 ──── 善淨法輪
    │  第二時 ──── 無常敎 ──── 般若 ──── 方便法輪
漸敎 │  第三時 ──── 抑揚敎 ──── 維摩 ──── 思益
    │  第四時 ──── 同歸敎 ──── 法華 ──── 眞實法輪
    └─ 第五時 ──── 常住敎 ──── 涅槃 ──── 無餘法輪
```

---

145) 金東華, 『韓國佛敎思想의 座標』, p.105.

慧觀은 위의 頓·漸 2교 외에 不定敎를 세워 3교로 삼기도 하였다고 전하며, 이 주장은 개선사 智藏·광택사 法雲에 의해 채택되었는데 장엄사 僧旻은 抑揚敎를 생략하여 4교로 하였다 한다.

羅什 문하의 僧嵩·僧淵 등은 열반경을 비방하였지만 또 한편으로는 강의를 하기도 하고 주석을 붙이기도 하였다. 涅槃經 筆受者 道朗은 담무참의 의견을 쫓아 涅槃義疏를 저작하였는데 이는 그 후 여러 학자들에게 지침이 되었다. 道生에게도 泥洹義疏가 있었다 하며 그밖에 열반 36문·釋八住初心·欲取泥洹義·辯佛性義도 있었다 한다. 法瑤와 僧鏡에게도 각각 涅槃義疏가 있었다고 한다. 특히 寶亮(444-509)은 齊 문선왕의 청에 의하여 靈味寺에 머물면서 대열반경 80편, 성실론 14편, 승만경 42편, 유마경 20편, 기타 여러 經을 강의하여 재가·출가 제자가 3천여 명이 있었다 한다. 또 양 무제 天監 8년(509)에는 칙명에 의하여 열반의소를 저작하고 황제가 친히 서문을 썼다. 열반경집해 71권이 보량의 이름으로 현전하고 있으나 이것은 아마 建元寺 法朗이 칙명에 의하여 508년에 열반경집주 72권을 저작하였다는 것과 혼돈되지 않느냐 생각된다. 왜냐하면 寶亮의 명의로 현존하는 集解 가운데 寶亮의 說을 기타 여러 학자들(도생·승량·법요 등 다수)의 견해와 아울러 열거하고 있는 점이 이상하기 때문이다.

梁高僧傳의 저자인 慧皎에게도 涅槃義疏 10권, 대승정 寶璟에게도 소 17권이 있었으며 天台智者를 가르친 驚韶(508-583)도 열반경을 강의하기 30편이었다 하니 당시의 열반경에 대한 연구열을 짐작할 수 있다. 또한 삼론·성실론의 학자들도 거의 모두 열반경에 통하였던 듯하다고 밝히고 있다.146)

---

146) 金東華, 『韓國佛敎思想의 座標』, p.106.

다음에는 중국 정토사상에 대한 고찰로서 중국에서 염불 실천을 처음으로 한 사람은 동진 중기 이후 불교계의 중진이었던 慧遠(334-416)으로서, 그는 여산 東林寺 般若臺精舍에 모인 재가·출가 합하여 123인과 함께 아미타불상을 모시고 서방 정토에 왕생하기를 기원하는 재를 올리도록 하였으니 이것이 유명한 白蓮寺 念佛이다. 그러나 이 계통의 염불사상이 후세 정토종 흥기에 직접적인 영향을 주지는 못하였다.

뇌허는 曇鸞의 他力往生說, 칭명염불을 중심으로 정토사상을 간추렸다.[147]

정토사상의 원전인 아미타경은 支謙이, 무량수경은 축법호가, 관무수량경은 薑良耶舍(383-442)가 각각 이미 번역을 해놓았고, 후세 정토종에 직접 영향을 미친 사람은 曇鸞(476-542)이다. 그는 원래 四論 佛性의 연구가였는데 중도에 병이 들어 건강을 회복하기 위해서 陶候景을 찾아가 仙經 10권을 얻었다. 그러나 그 후 菩提流支를 만나 선경보다 더 우수한 관무량수경을 받고서는 깊이 연구하며 만년을 玄中寺에서 머물렀다. 그는 보리유지가 번역한 (529-531) 세친의 『淨土論』에 대하여 註를 달았으며, 그의 간략한 논문으로는 「安樂淨土義」·「讚阿彌陀佛偈」 등이 있다. 그는 항상 정토행을 닦으면서 자신의 지혜가 얕고 짧음을 자각하고, 서방에 왕생하기를 스스로 믿고 행하며 자신뿐만 아니라 타인에게도 염불을 전하였다. 그는 論註에 의하면, 미타정토는 三界에 속한 바가 아니고 또 범부의 왕생은 미타의 서원 즉 타력에 의한 것이라고 밝혔다. 그리하여 그는 觀經의 염불관에서 나아가 칭명염불의 단서를 열었다.

---

147) 金東華, 『韓國佛敎思想의 座標』, pp.107-108.

3) 多宗派 分立時代

중국의 다종파의 分立에 대한 뇌허의 견해를 다음과 같이 간추릴
수 있다.

다종파 분립시대는 수나라 초(580)부터 당나라 중기 玄宗·肅宗대
까지의 대략 170년 동안인데, 한마디로 이때는 중국 특유의 불교가 건
립되는 시기였다.

이 시대 이전에는 불교교리의 자료인 여러 가지의 三藏이 수입 번
역되었고 그 후 남북조시대까지는 번역된 三藏을 연구했던 것이니 그
연구의 열성과 사상적인 성황을 이루어 正邪를 가리기 힘들 정도였는
데 이러한 신문화 연구가 마침내 隋唐佛敎의 모체가 되었다.148)

북방을 대표한 淨影寺의 慧遠, 남방의 천태산 智顗, 嘉祥寺의 吉藏,
三階敎의 信行, 淨土의 道綽, 唯識의 慈恩과 圓測, 禪의 神秀와 慧能, 華
嚴의 法藏 등 모두가 중국적 불교의 건설자들이다. 이들은 남북조의
연구결과로 혼란해진 불교관을 종합하거나 체계화시키고 또는 이론
불교에서 실천불교로 경주하는 등 각자의 소견과 소신에 입각하여 별
개의 교단을 구성하는 경향을 만들었다. 이리하여 이 시대는 여러 종
파가 분립했음을 그 특징으로 삼는다. 뿐만 아니라 아직도 많은 번역
가들이 있어 다수의 경론을 역출하였다. 그 가운데서도 玄奘(602-661)
과 不空(705-774)은 이 기간의 新譯 2대가로서 舊譯의 羅什·眞諦와
함께 칭송되는 인물이다. 玄奘은 유식불교, 不空은 밀교를 각각 주로
전하였다.149)

---

148) 金東華,『韓國佛敎思想의 座標』, p.109.
149) 金東華,『韓國佛敎思想의 座標』, pp.109-110.

이때야말로 중국불교의 특징을 찾을 수 있는 동시에, 중국의 일반 문화사상의 精華를 이룬 시대였고 중국불교의 특징이기도 한 종파 분립시기인데, 중국불교의 특징인 이 종파성 문제야말로 뇌허가 말하는 중국불교관의 주제임을 '중국불교 특징이기도 한 종파불교의 사실은 이 책의 주제인바'150)라고 분명하게 밝혔다. 이하에서 뇌허의 중국불교 종파성에 대한 분석비판의 요지를 간추려보고 뇌허의 그러한 분석비판의 본뜻이 어디에 있었는가를 짚어 보기로 하겠다.

뇌허의 중국 종파불교 분석비판은 『韓國佛敎思想의 座標』 109쪽에서 143쪽에 달하는 장광설인데, 그가 이렇게 장광설을 편 마지막 말은 '이와 같은 이유에서 볼 때 부처가 설한 가르침에 우열을 가려 자기네가 우월하고 남의 것은 열등하다고 하는 것은 종파불교의 큰 편견이라 할 것이다'151)라고 하였다.

역시 뇌허의 總和統一佛敎觀의 충심에서의 忠言이라고 받아들여야 할 것이라고 필자는 생각한다. 이러한 입장, 이러한 불교관에서 뇌허는 중국불교의 전부를 이어 받은 한국불교의 당위문제를 필연적으로 거론하게 되고, 한국불교 좌표 설정문제가 제기되지 않을 수밖에 없게 되어 雷虛 金東華 著 『韓國佛敎思想의 座標』가 나오고, 기타 그의 여러 가지 저서도 실로 이러한 맥락에서 모두 저술되었다고 보고 이 논문을 쓰게 된 동기도 여기에 있다는 것을 새삼스레 또 한 번 말하고 싶다.

종파분립시대는 불교교리 연구기라고 할 수 있는데 이 기간 동안에 연구된 결과 서로 상반된 내용들이 발견된 것을 雷虛는 다음과 같이 열거한다.

---

150) 金東華, 『韓國佛敎思想의 座標』, p.110.
151) 金東華, 『韓國佛敎思想의 座標』, p.143.

첫째 신앙적으로 교주 석존을 주로 하는 현세주의, 아미타불을 주로 믿는 내세주의, 석가 응신불에 대한 대일 법신불, 과거 諸佛說, 미래 미륵불설, 또 이론상으로 有說과 一切皆空說 色心等分說에 唯識無境說 즉 唯識無色說, 性具와 性起 등 여러 가지 사상적 대립에서 어느 것이 불교의 진의인가를 헤아리기 어렵고, 또 그들의 상호 연관성을 알기 어렵도록 복잡한 현상이었다. 이런 상황에서 '선현들의 업적을 토대로 각자 특유한 견해에 따라 과감히 비판·선택하여 독자적인 불교관을 수립하였으니 이것이 이른바 敎相判釋 즉 교판에 의한 각 종파의 분립이다.'152)

凝然의 『三國佛法傳通緣起』 상권에 중국의 불교로 毘曇·成實·三論·涅槃·律·地論·淨土·禪·攝論·天台·華嚴·法相·眞言 등 13개 종파를 열거하고 있다. 이 가운데서 宗이라 할 만한 宗祖와 독자적인 敎相判釋이 있는 것은 '천태·화엄·법상·진언·정토·선 등 隋代 이래 종파로 분립되었다.'153) 뇌허는 이하에서 경전에 근거한 초기 유형의 교판론 세 가지(華嚴經·涅槃經·解深密經), 인도 논사의 교판 세 가지(용수·계현·지광), 중국 논사들의 아홉 가지(지의·호구산 급사·종애·승유·삼교오시설·보리유지·광통·주창자가 알려지지 않은 5교설·늠사), 다음에 두 가지 대승설, 일음교설, 2교 5시 7계설, 혜원, 길장, 다시 지의의 5시 8교 겸 고려 제관의 5시 8교, 慈恩 基의 3교 8종설, 法藏의 5교 10종설, 禪敎兩宗說, 曇鸞의 聖淨二門說 순서로 하나하나 그들이 주창하는 근거인 전거를 제시하고 그들의 說의 내용을 도표로 나타내는 형식으로 열거 설명한다. 그의 이런 설명이 표절이라는 오인을 받을지라도 뇌허의 중국 종파불교 분석비판

---

152) 金東華, 『韓國佛敎思想의 座標』, p.111.
153) 金東華, 『韓國佛敎思想의 座標』, p.112.

180

의 진의를 알아보기 위해서는 일단 변조없이 그냥 그대로 옮기면서 곳에 따라 뇌허가 견해를 펴는데 따라서 그 끝에 필요한 대로 이 책의 맥락에 따라서 첨언할 수밖에 없다. 唐代 후기에, 비담학은 구종파가 대개 침체 쇠망하고 禪宗만의 독무대가 된다.154)

그 당시 학자들의 고매한 식견에서 불교를 비판하여 진의를 구하고자 한 결과 敎相判釋의 풍조가 생겼으며 이에 따라 독자적인 종파로 나타나게 된 것이다. 그러므로 이 시대의 특징이라면 종파 분립의 근본 동기인 敎判思想이라 해야 할 것이다. 그런데 교판사상은 '멀리는 인도의 경론에 있어서도 시원적인 교판의 유형이 있었고 또 중국에 와서도 이전의 언급한 바와 같이 이미 그 유형이 있었다'.155)

이후로 원시 교판론이 나타나게 되었는데 그 유형으로는 화엄경의 三照說, 열반경의 五味說, 해심밀경의 三時說, 능가경의 頓・漸 2敎說 등이다.

① 화엄경의 三照說156)

불자야, 비유컨대 해가 떠서 먼저 모든 산왕을 비추고 다음 모든 큰 산을 비추며 다음 금강보산을 비춘 연후에 널리 대지를 비추되 햇빛이 비춘다는 생각을 내지 않느니라. 여래의 정각도 이와 같이 헤아릴 수 없고 끝없는 법계에 지혜의 태양이 되어 항상 무량한 지혜의 광명을 놓아 먼저 보살 마하살의 모든 산왕을 비추고 다음 연각을 비추고 다음 성문을 비추고 차례로 결정선근중생을 비추어 근기에 따라 교화를 받게 하나니라. 그런 연후에 일체 중생 내지는 邪定까지도 다 비추

---

154) 金東華, 『韓國佛敎思想의 座標』, p.112.
155) 金東華, 『韓國佛敎思想의 座標』, p.112.
156) 金東華, 『韓國佛敎思想의 座標』, p.112.

어 미래에 이익을 갖게 하는 동일한 인연을 지으나 여래의 지혜의 빛
은 그 같은 생각을 내지 않으리라. 나도 마땅히 먼저 보살 내지 邪定
까지도 다 비추되 오로지 큰 지혜의 빛을 놓아 모두를 널리 비추리
라.157)

雷虛는 위의 글 가운데 '一切大山王·一切大山·金剛寶山·一切大
地' 四祖의 비유는 중생 근기의 깊고 얕음을 비유한 것이다. 그런데
위의 글 가운데 菩薩·緣覺·聲聞·決定善根衆生·一切衆生 내지 邪
定의 5조로 되어 있는 것을 天台는 三祖說로 보고 이를 다시 五時에
배당하여 불타 교화의 순서를 보여주고 있다고 보았다.

② 열반경 五味說158)

　선남자야, 비유컨대 소에서 우유가 나오고 우유에서 酪이 나오며 낙
에서 蘇가 나오고 소에서 더 익은 소가 나오며 익은 소에서 醍醐가 나
오니 제호가 가장 좋은 것이다. 만약 제호를 먹은 자는 모든 병이 다
없어지는 것이니 모든 약이 그 가운데 있느니라. 선남자야, 부처님도
이와 같아 부처님에게서 12부경이 나오고 12부경에서 修多羅가 나오며
수다라에서 方等經이 나오고 방등경에서 반야바라밀, 반야바라밀에서
대열반이 나오니 그것이 제호와 같은 것이니라. 제호라 말하는 것은
불성의 비유함이요, 불성은 곧 여래니라.159)

---

157) 『華嚴經』 卷34, 寶王如來性起品, 大正藏 9, p.616中.
　　　後次佛子　譬如日出　先照一切諸大山王　次照一切大山　次照金剛寶山　然後　普照一
　　　切大地　日光　不作是念　如來應供等正覺　亦後如是　成就無量無邊法界智慧日輪　常
　　　放無量智慧光明　先照菩薩摩訶薩諸大山王　次照緣覺　次照聲聞　次照決定善根衆生
　　　隨應受化然後　悉照一切衆生乃至邪定　爲作未來饒益因緣　如來智慧日光不作是念
　　　我當先照菩薩乃至邪定　但放大智光　普照一切.
158) 金東華, 『韓國佛敎思想의 座標』, p.114.

뇌허는 이것을 불타의 가르침이 얕은 단계에서 높은 단계로 거쳐 나아가는 과정을 밝힌 것으로, 예컨대 불타의 一代說法은 12부경·수다라·방등경·반야바라밀경·대열반경의 순서로 되어 있어 대열반경이 제호의 맛처럼 가장 높은 法이라고 보았다.

③ 해심밀경 三時說160)

…이는 완전한 뜻이 아니어서 여러 논쟁의 근거가 된다. 세존께서 다음 제2시에 오직 大乘을 향해 수행하려는 자를 위하여 모든 법이 다 스스로의 성품이 없고 생멸이 없으며 본래 고요하여 자성이 곧 涅槃이라는 그 은밀한 모습으로 바른 법의 수레를 굴리시나 아직도 불완전한 뜻이라 여러 논쟁의 근거가 된다. 그리하여 세존께서 이제 제3시에 널리 一切乘을 향해 나아가는 자를 위하여 모든 法에 다 자성이 없고 생과 멸도 없으며 본래 고요하고 자성이 涅槃이며 무자성의 성이라는 뚜렷한 모습으로 바른 법의 수레를 굴리시니 이것이 가장 신기하고 希有하여, 이제 세존께서 굴리시는 이 바른 법의 수레는 세상에 더 이상 없는 참으로 완전한 것이니 논쟁의 처소가 아니로다.161)

---

159) 『涅槃經』聖行品 卷14, 大正藏 12, p.449上.
　　善男子 譬如從牛出乳 從乳出酪 從酪出生蘇 從生蘇出熟蘇 從熟蘇出醍醐 醍醐最上 若有服者 衆病皆除 所有諸藥 悉入其中 善男子 佛亦如是 從佛出生十二部經 從十二部經出修多羅 從修多羅出方等經 從方等經出般若波羅蜜 從般若波羅蜜 出大涅槃 猶於醍醐 言醍醐者 喩於佛性 佛性者 卽是如來.

160) 金東華, 『韓國佛敎思想의 座標』, p.115.

161) 『解深密經』卷2 無自性相品, 大正藏 16, p.697上.
　　世尊 初於一時 在婆羅泥斯仙人隨處施鹿林中 惟爲發趣聲聞乘者以四諦相 轉正法輪… 是未了義 是諸諍論安足處所 世尊 在昔第二時中 惟爲發趣修大乘者 依一切法皆無自性無生滅本來寂 靜自性涅槃 以隱蜜相 轉正法輪 猶未了義 是諸諍論安足處所 世尊 於今第三時中 普爲發趣一切乘者 依一切法皆無自性無生無滅 本來寂靜自性涅槃無自性性 以顯了相 轉正法輪 第一甚奇最爲希有 于今世尊所轉法輪 世上

위의 글에 의하면 처음에는 오직 聲聞僧을 위하여 4제법을 설명한
有敎로서 我空法有의 뜻을 담은 四阿含經이 있었다. 제2시에는 대승을
위하여 隱密相으로 법륜을 굴리시니 그것이 空敎인 반야경이라고 한
다고 뇌허는 보았다.

여기서는 일체의 法이 다 自性을 갖지 않는다는 뜻으로 諸法皆空을
설명한다. 제3시에는 遍計所執의 我와 法은 없고(無), 有爲와 無爲의
法은 있다(有)고 가르치며, 空과 有를 다 피하면서도 또 함께 설명하
고 있으니 中道敎라 한다. 이 가르침을 담은 것이 解深密經이다.

④ 능가경의 頓漸 二敎說[162]

世尊이시여, 어떻게 一切衆生의 마음에 있는 煩惱를 혹은 한꺼번에
혹은 점차로 맑게 없앨 수 있습니까? 부처님께서 大慧에게 이르시되
점차 맑게 함은 마치 암라과일이 익을 때 점차 익는 것이지 한꺼번에
되는 것이 아닌 것과 같으니, 여래가 衆生의 마음에 煩惱를 맑게 없애
는 것도 이처럼 점차 맑게 하지 한꺼번에 갑자기 되는 것이 아니다.
비유컨대 도자공이 그릇을 만들 때 점차 완성시키지 갑자기 완성하는
것이 아님과 같다. 여래도… 이와 같아 점차로 맑게 하시며 일시에 하
지 않나니 비유컨대 大地가 만물을 점차 생장시켜 가지 갑자기 한 번
에 생장시키지 않는 것과 같다. 如來도 또한 이와 같아서 점차 맑게
하는 것이지 일시에 하는 것이 아니다.

또한 비유하면 밝은 거울이 모든 모양을 한꺼번에 나타내듯이 여래
도 …이와 같아 모양이 없고 있는 바가 없는 청정한 세계를 한꺼번에
나타내신다. 마치 해와 달이 일시에 모든 사물의 모습을 비추어 드러

無容 是眞了義 非諸諍論安足處所.
162) 金東華, 『韓國佛敎思想의 座標』, p.117.

넘과 같이 여래께서도 마음에 병이 깊은 중생을 해탈케 하기 위하여 이처럼 단번에 헤아릴 수 없는 지혜의 가장 높은 경계를 드러내신다.[163]

돈교와 점교설, 이것은 후세 교판설에서 종종 문제가 되었던 점으로 불타께서 중생을 교화하시는 방법, 소위 化儀法이라는 것이다.

論師의 교판사상이 있으니 그것은 용수의 顯密二敎說과 難易二行道說이다.

부처님의 법에 두 가지가 있으니 하나는 비밀, 하나는 現示라. 현시법 가운데 불·벽지불·아라한은 다 福田이니 그 번뇌가 다해 남김이 없는 까닭이다. 비밀법은 모든 보살이 無生法印을 얻고 번뇌를 이미 끊고 여러 가지 신통력을 갖추어 중생에게 이롭도록 설하고 있다.[164]

위의 인용문이 용수의 교판사상의 근거가 된다. 또한 그의 저서인 『十住毘婆沙論』 권5에[165] 있다고 뇌허는 그것을 제시하였다.[166]

---

163) 楞伽阿跋多羅寶經 卷1, 大正藏 16, p.485下.
　　世尊 云何淨第一切衆生自心現流 爲頓爲漸那 佛告大慧 漸淨非頓 如菴羅果 漸熟非頓 如來淨除一切衆生自心現流 亦復如是 漸淨非頓 譬如陶家 造作諸器 漸成非頓 如來… 亦復如是 漸淨非頓 非如大地 漸生萬物 非頓生也 如來 亦復如是 漸淨非頓 譬如明鏡頓現一切無相色像 如來… 亦復如是 頓現無相無有所有 淸淨境界 如日月輪 頓照顯示一切色像 如來爲離自心現習氣過患衆生 亦復如是 頓爲顯亦不思義智最勝境界.

164) 『大智度論』 卷4, 大正藏 25, p.84下.
　　佛法有二種 一秘密 二現示 現示中 佛辟支佛阿羅漢 皆是福田 以其煩惱盡無餘故 秘密中 說諸菩薩得無生法印 法惱已斷 具六神通 利益衆生.

165) 金東華, 『韓國佛敎思想의 座標』, p.118.

166) 金東華, 『韓國佛敎思想의 座標』, p.117.

불법에 헤아릴 수 없는 문이 있으니, 세간에 어렵고 혹은 쉬운 길이 있음과 같다. 육지에서 걸어감은 힘든 일이고 물길에서 배를 탐은 즐거운 일이니 보살의 길도 이와 같아 혹은 부지런히 정진하기도 하고 혹은 믿음을 방편으로 쉽게 불퇴전의 지위에 이르기도 하느니라.167)

⑤ 戒賢의 三時敎說168)169)

계현은 멀리 미륵·무착을 이어받고 가까이는 호법·난타를 따르며 해심밀 같은 경과 유가 등의 논에 의하여 세 가지 가르침으로 나눈다. 첫째는 소위 불타께서 처음 녹야원에서 소승법을 설하신바 비록 生空을 설하셨으나 아직 법이 공하다는 진리를 설명한 것은 아니니 그러므로 완전한 뜻이 못 된다. 이는 네 가지 아함경이 있는 내용이다. 둘째 제2시에는 이리저리 억측하여 집착하는 자성을 들어 모든 법이 공한 것임을 설명하지만 역시 依他起性·圓成實性 등의 唯識의 도리는 아직 설명치 않는 까닭에 완전한 뜻이 못 된다. 이는 여러 반야부의 경전에 있다. 제3시에는 바야흐로 대승의 바른 이치에 나아가 三性·三無性 등의 유식의 두 진리를 갖추어 설하니 이는 완전한 뜻으로서 해심밀경 등에 있다.170)

---

167) 『十住毘婆沙論』 卷5, 大正藏 26, p.41中.
　　佛法有無量門 如世間道有難有易 陸道步行則苦 水道乘船則樂 菩薩道亦如是 或有
　　勤行精進 或有以信方便 易行疾至阿惟月致者.
168) 金東華, 『韓國佛敎思想의 座標』, p.118.
169) 吳亨根, 「中國窺基法師의 敎判思想」, 佛敎學報 제16집, 東國大學校 佛敎文化研
　　究所, 1979, pp.178-179.
170) 『華嚴經探玄記』 卷1, 大正藏 35 p.111下.
　　戒賢卽遠承彌勒無著 近踵護法難陀 依深蜜等經瑜伽等論 立三種敎 謂佛初鹿圓 說
　　小乘法 雖說生空 然猶未說法空眞理 故非了義 卽四阿含等經 第二時中 雖依遍計
　　所執自性 說諸法空 然猶未說依他圓成唯識道理 故示非了義 卽諸部般若等敎 第三
　　時中 方就大乘正理 具說三性 三無性等唯識二諦 方爲了義 卽解心密等經.

⑥ 智光의 三敎說[171]

　지광논사는 멀리 문수·용수를 계승하고 가까이는 提婆, 淸辯으로부터 받아들여 반야경과 중관론 등에 의하여 삼교를 세우니, 불타께서는 처음 녹야원에서 여러 작은 근기의 중생을 위하여 소승법을 설하셔서 마음과 경계가 함께 있음을 밝히셨고, 제2시에는 중간 근기의 중생을 위하여 법상의 대승을 설하시어 객관 경계는 공하고 마음은 있는 것이라는 유식의 도리를 밝히셨으니, 근기가 열등하여 평등한 眞空을 깨닫지 못하는 까닭에 이같이 설하신 것이다. 제3시에는 상근기의 중생을 위하여 無相의 대승을 설하여 마음과 경계가 다같이 공하고 평등한 한 가지임을 가리니 참으로 완전한 뜻이다.[172]

　위에서 無相의 대승이라 함은 반야경의 사상을 가리킨다. 智光은 이 경을 바탕으로 삼는 중관파의 학자이므로 계현과는 정반대의 주장을 하는 것이라고 뇌허는 고찰하였다.

　다음에는 중국 논사들의 敎判相에 대하여 雷虛는 수나라 智顗(583-597)가 전하는 바에 의하면 남북조시대에 이미 여러 가지의 교상 판석 사상이 유행하였음을 알 수 있다고 하면서, 그의 저서 『法華經玄義』 권10에 나오는 '南三北七'說을 들어서 서로 비교 제시하였다.[173]

---

171) 金東華, 『韓國佛敎思想의 座標』, p.119.
172) 『華嚴經探玄記』 卷1, 大正藏 35, p.112上.
　　智光論師 遠承文殊龍樹 近稟提婆淸辯 依般若等經中觀等論 亦入三敎 謂佛初鹿園 爲諸小根 說小乘法 明心境俱有 第二時中 爲彼中根 說法相大乘 明境空心唯識道 理 以根猶劣 未能令入平等眞空故 作是說 於第三時 爲上根 說無相大乘 辯心境俱 空平等 一味眞了義.
173) 金東華, 『韓國佛敎思想의 座標』, p.120.

남북에 세 가지 敎相說이 통용되는 첫째는 頓, 둘째는 漸, 셋째는 不定이니라. 화엄은 보살을 위한 것이니 마치 해가 높은 산을 비춤과 같아 돈교라 이름한다.

삼장은 소승을 위하여 먼저 半字를 가르친 것이므로 有相敎라 한다. 12년 후에 대승인을 위하여 五時般若 내지 常住를 설하니 이름하여 無相敎요 이들을 다 漸敎라 한다. 따로 한 經이 있으니, 頓敎도 아니고 漸敎도 아니며 불성이 상주함을 밝히니 勝鬘·光明 등이 이것으로 그 이름이 변방부정교다. 이 세 뜻은 두루 공통으로 쓰인다.174)

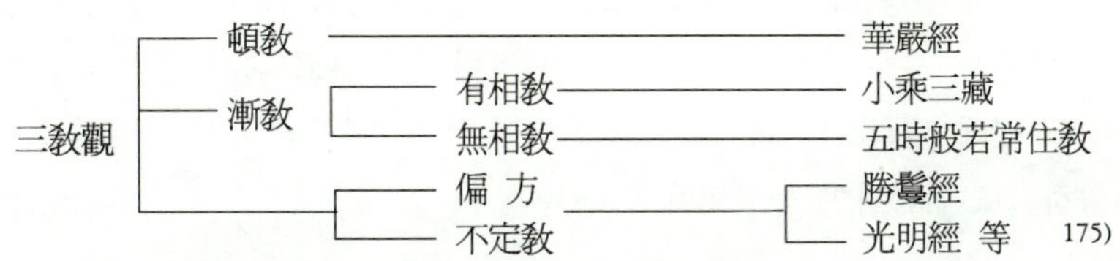

⑦ 虎丘山 岌師의 說176)

돈교와 부정교를 서술함은 앞의 옛것과 별다르지 않고 점교에만 다시 삼교로 나누니 12년 전에는 삼장으로 유를 보고 도를 얻으므로 有相敎라 하며, 12년 후에는 법화경에 이르러 공을 보고 도를 얻으니 無相敎라 하고, 최후 雙林에서는 모든 중생에 불성이 있고 천제도 부처가 될 수 있음을 밝혀 常住敎라 한다.177)

---

174) 『法華經玄義』 卷10, 大正藏 33, p.801上.
　　南北地通用三種敎相 一頓 二漸 三不定 華嚴爲化菩薩 如日照高山 名爲頓敎 三藏 爲化小乘 先敎半字 故名有相敎 十二年後 爲大乘人 說五時般若乃至常住 名無相 敎 此等俱爲漸敎也 別有一經 非頓漸攝 而名佛性常住 勝鬘光明等 是也 此名偏方 不定敎 此之三意 通途共用也.
175) 金東華, 『韓國佛敎思想의 座標』, p.120.
176) 金東華, 『韓國佛敎思想의 座標』, p.121.

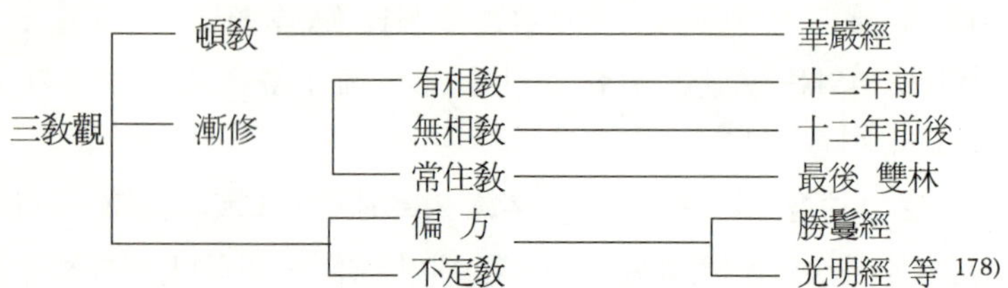

⑧ 宗愛法師의 說[179)

　　돈교와 부정교는 앞에서와 같고 점교는 다시 4시교로 나누니 장엄과 숭민도 사용한 바이다. 3시는 앞과 다르지 않고 다시 무상교와 상주교 앞에 법화경의 會三歸一을 가리키며, 모든 공덕이 다 깨달음으로 향하므로 이름하여 동귀교라 한다.[180)

　　종애·장엄·숭민의 삼교관

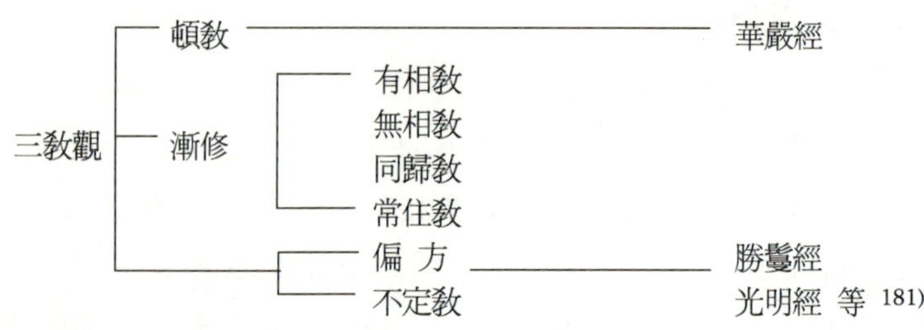

---

177) 『法華經玄義』 卷10, 大正藏 33, p.801上.
　　　述頓與不定 不殊前舊 漸更爲三 十二年前 明三藏見有得道 名有相敎 十二年後 齊
　　　至法華 明見空得道 名無相敎 最後雙林 明一切衆生佛性 闡提作佛 名常住敎也.
178) 金東華, 『韓國佛敎思想의 座標』, p.121.
179) 金東華, 『韓國佛敎思想의 座標』, p.121.
180) 『法華經玄義』 卷10, 大正藏 33, p.801上-下.
　　　頓與不定同前 就漸更判四時敎 卽藏嚴旻師所用 三時不異前 更於無相相住之前 指
　　　法華會三歸一 萬善悉向菩提 名同歸敎也.
181) 金東華, 『韓國佛敎思想의 座標』, p.121.

⑨ 僧柔 慧次 慧觀의 說[182]

돈교와 부정교는 전과 같이 밝히고 다시 점교를 5시교로 나누는데 개선·광택도 채용한 바였다. 4시는 앞과 같고 다시 무상의 뒤와 동귀의 앞에 淨名·思益 등의 여러 方等經을 가리켜 포폄억양교라 한다고 전거되었다.[183]

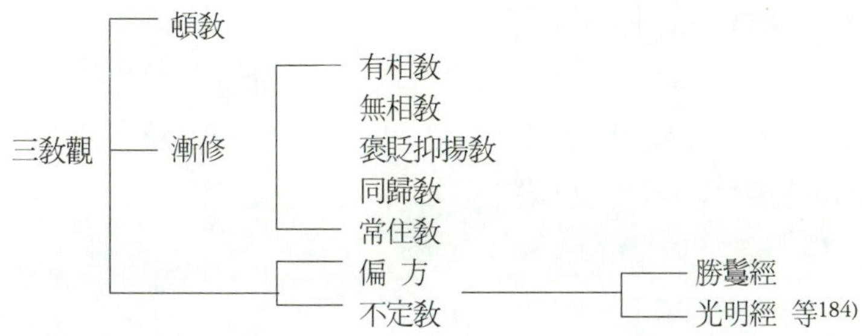

江北의 七家理論

첫째 三敎五時說[185]

북쪽의 논사들도 역시 5시교로 나누니 提謂波利經으로 人天敎를 삼고 정명과 반야경을 합하여 무상교를 삼으며 나머지 셋은 남방의 설과 다르지 않다.[186]

---

182) 金東華, 『韓國佛敎思想의 座標』, p.122.
183) 『法華經玄義』 卷10, 大正藏 33, p.801中.
　　　明頓與不定同前 更判漸爲五時敎 卽開善光宅所用也 四時不異前 更約無相之後 同
　　　歸之前 指淨名思益諸方等經爲褒貶抑揚敎.
184) 金東華, 『韓國佛敎思想의 座標』, p.122.
185) 金東華, 『韓國佛敎思想의 座標』, p.122.
186) 『法華經玄義』 卷10, 大正藏 33, p.801中.

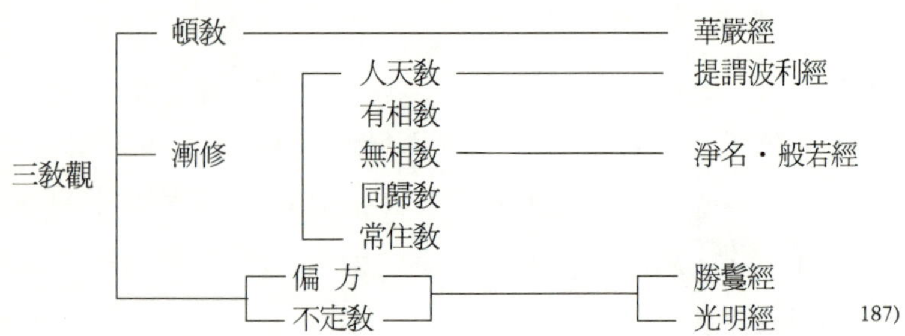

둘째 菩提流支의 半滿敎說[188]

보리유지가 半滿敎를 밝히니 12년 전은 다 半字敎요 12년 후에는 다
滿字敎라 한다고 되어 있고,[189]

셋째 光統의 四宗判說[190]

광통의 교판은 4종이니 첫째는 因緣宗으로 비담의 6인 4연을 가리
키고, 둘째는 假名宗으로 성실론의 삼가를 가리키며, 셋째는 誑相宗으
로 대품반야 삼론을 가리킨다. 넷째는 常宗인데 열반·화엄경 등의 내
용으로서 항상 존재하는 佛性이 본래 담연함을 가리킨다.[191]

북地師 亦作五時敎 而取提謂波利 爲人天敎 合淨名般若 爲無相敎 餘三不異南方.
187) 金東華, 『韓國佛敎思想의 座標』, p.122.
188) 金東華, 『韓國佛敎思想의 座標』, p.123.
189) 『法華經玄義』 卷10, 大正藏 33, p.801中.
菩提流支明半滿敎 十二年前 皆是半字敎 十二年後 皆是滿字敎.
190) 金東華, 『韓國佛敎思想의 座標』, p.123.
191) 『法華經玄義』 卷10, 大正藏 33, p.801中.
光統所辨 四宗判敎 一因緣宗 指毘曇六因四緣 二假名宗 指成論三假 三誑相宗 指
大品三論 四常宗 指涅槃華嚴等 常住佛性 本有湛然也 指涅槃華嚴等 常住佛性 本
有湛然也.

넷째 주창자가 알려지지 않은 5宗敎說[193]

어떤 논사가 5종을 펴니, 네 가지는 앞에서와 같고 다시 화엄경을 가리켜 법계종으로 삼는다.[194]

이것은 앞에서 소개한 因緣·假名·誑相·常의 4종설에서 상종 가운데 화엄경을 따로 세운 것에 지나지 않는다고 雷虛는 보았다.

다섯째 凜師의 6宗說[195]

어떤 사람이 光統을 칭하여 이르되 4종으로는 미흡한 바가 있으니 다시 6종을 세운다 했다. 법화경에 모든 공덕이 한 가지로 돌아감과 여러 부처의 법이 오랜 후 마땅히 진실을 설할 것을 가리켜 眞宗이라 하고, 대집경에서 더러움과 깨끗함이 함께 갖추어 있음과 법계가 둥글고 넓음을 일컬어 圓宗이라 하며, 나머지 네 종은 전과 같으니 이것이 耆闍 논사의 주장이다.[196]

---

192) 金東華, 『韓國佛敎思想의 座標』, p.123.
193) 金東華, 『韓國佛敎思想의 座標』, p.123.
194) 『法華經玄義』 卷10, 大正藏 33, p.801中.
　　　有師開五宗敎　四義不異前　更指華嚴　爲法界宗.
195) 金東華, 『韓國佛敎思想의 座標』, p.124.
196) 『法華經玄義』 卷10, 大正藏 33, p.801中.
　　　有人稱光統云　四宗有所不收　更開六宗　指法華萬善同歸　諸佛法久後　要當說眞實

여섯 번째 두 가지 大乘說[197]

北地 선사가 두 가지 대승교를 밝히니 하나는 有相大乘이요, 또 하나는 無相大乘이다. 유상이란 화엄·영락·대품경 등에서 10가지 단계에 이르는 공덕 행위를 설명한 것과 같고, 무상이란 능가·사익 등에서 참된 법은 차례가 없으며 일체 중생이 곧 열반의 모습이라 함과 같다.[198]

일곱 번째 一音教說[199]

북지선사는 4종·5종·6종·2상 半滿 등의 敎判이 아니고 단지 일불승이며 둘도 셋도 아니다. 한 가지 소리로 법을 설하지만 경우에 따라 해석이 다른 것이요, 모든 부처가 항상 일승을 행하지만 중생이 삼승으로 볼 뿐이다. 다만, 일음교일 뿐이니라.[200]

이상을 雷虛는 분석하기를 강북의 일곱 가지 설 가운데 첫째의 것은 주창자가 알려지지 않는 것인데 다만 慧遠의 『大乘義章』 권1에 의한다면 劉虯의 설인 것 같으며 거기에는 그 내용이 상세히 설명되어 있다고 하였으며 그것을 도표로 보이면 다음과 같다고 하였다.

名爲眞宗 大集染淨俱融 法界圓普 名爲圓宗 餘四宗如前 卽是耆闍凜師所用也.
197) 金東華, 『韓國佛敎思想의 座標』, p.124.
198) 『法華經玄義』 卷10, 大正藏 33, p.801中.
　　北地禪師 明二宗大乘敎 一有相大乘 二無相大乘 有相者 如華嚴瓔珞大品等 說階
　　級十二地功德行相也 無相者 如楞伽思益 眞法無詮次 一切衆生 卽涅槃相也.
199) 金東華, 『韓國佛敎思想의 座標』, p.124.
200) 『法華經玄義』 卷10, 大正藏 33, p.801中.
　　北地禪師 非四宗五宗六宗二相半滿敎 但一佛乘無二亦無三 一音說法 隨數異解 諸
　　佛常行一乘 衆生見三 但是一音敎也.

二敎五時七階說[201]

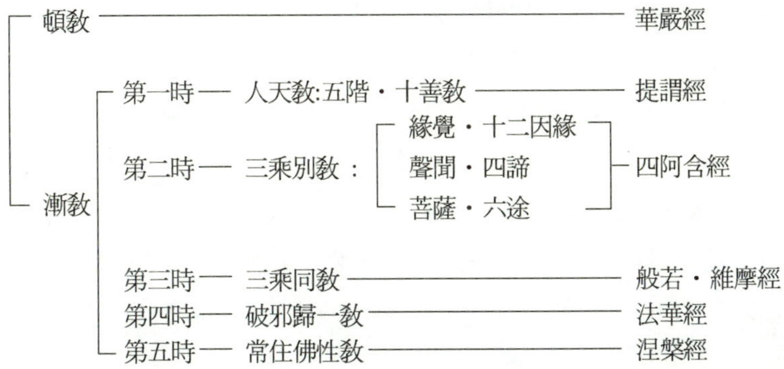

'남북조시대에 발생한 남3 북7의 10가지 교판설은 역시 사상·학설로서의 교판이었고 여기에 따르는 종파가 독립하여 생긴 일은 없었다. 그러나 隋代에 접어들면 이러한 여러 종류의 敎判說이 그 토대가 되어 새로운 교판이 발생하는 동시에 그것들을 근거로 하여 독자적인 불교관을 확립하고 그에 입각한 宗派가 수립되었다. 이 시대의 학자로서 종래 여러 가지의 복잡한 敎判說을 부인한 사람도 없지 않았으니 그 실례가 다음과 같다.'[202]라고 지적하면서 뇌허는 慧遠과 吉藏을 들었다.

慧遠(523-592)은 복잡한 교판론을 피하여 성문·보살 二藏說을 다음과 같이 주장하였다.[203]

성인의 가르침이 비록 많으나 요약하면 오직 둘뿐이니 그 둘이란 무엇인가? 聲聞藏과 菩薩藏을 일컬음이니 聲聞의 法을 가르친 것이 聲

---

201) 金東華, 『韓國佛敎思想의 座標』, p.125.
202) 金東華, 『韓國佛敎思想의 座標』, p.125.
203) 金東華, 『韓國佛敎思想의 座標』, p.126.

聞藏이요 菩薩의 法을 가르친 것이 菩薩藏이니라.… 성인의 가르침이 비록 많으나 이 둘을 벗어나지 못한다.204)

吉藏(519-623) 또한 二藏의 교판으로 충분하다고 보았다.205)

2장의 뜻에 세 쌍이 있다. 첫째, 성문장·보살장이니 이것은 사람을 따라 세운 이름이요, 둘째 대승장·소승장이니 이는 법을 따른 명칭이며, 셋째 반자·만자니 이는 뜻에 쫓은 제목이다. 이 셋은 그대로 한 가지 의미이다.206)

뇌허는 吉藏에게는 또 세 가지 法輪說이 있다고 하면서 다음과 같이 전거를 제시하였다.207)

세 가지 法輪을 설하고자 하는 연고이니 이 경에서 세 가지란 첫째 根本法律, 둘째 지말의 가르침, 셋째 지말을 포섭하여 근본으로 돌아감이라. 根本法律이란 이른바 부처께서 처음 도를 이루었을 때 화엄법회에서 보살들을 위하여 한 가지 원인에 대한 한 가지 결과의 법문을 열었으니 이것이 근본 가르침이다. 그러나 복이 없는 둔한 근기의 중생들이 감히 一因一果의 법을 듣지 못하는 고로 한 가지 대승을 분별하여 설명하나니 이것이 지말의 가르침이다. 40여 년 동안 삼승의 가

---

204) 『維摩義記』 卷1, 大正藏 38, p.421上.
　　聖教雖衆 要唯有二 基二是何 謂聲聞藏及 菩薩藏 教聲聞法 名聲聞藏 教菩薩法 名菩薩藏… 聖教雖衆 不出此二
205) 金東華, 『韓國佛教思想의 座標』, p.126.
206) 『淨名玄論』 卷7, 大正藏 38, p.900下.
　　二藏義 有三雙 一聲聞藏 二菩薩藏 此從人立名 二大乘藏小乘藏 從法爲稱 三半字滿字 就義爲目 此三猶一義耳.
207) 金東華, 『韓國佛教思想의 座標』, p.127.

르침을 설하여 그 마음을 갈고 닦아 이제 법화경에 이르러서는 비로
소 그것들을 한데 모으니 삼승이 한 도에 돌아가는 고로 攝末歸本敎이
다.208)

그러나 智顗(538-597)는 남3 북7의 여러 설을 참고하면서 법화경을
위주로 한 소위 세 가지 교상과 5시 8교의 敎判說을 조직하여 독보적
인 천태법화종을 열었는데, 세 가지 교상이라 함은 첫째 根性融不融相,
둘째 化導始終不始終相, 셋째 師弟遠近不遠近相209)이라고 하였는데 뇌
허는 이에 대하여 아래와 같이 부연 설명하였다.210)

근성융불융상이란 법화경을 설하기 이전의 여러 경전에서는 근성이
미숙한 衆生에 대하여 如來의 큰 慈悲心의 방편으로서 兼·但·對·帶
하여 가르침을 폈으나 이제 法華經에서는 방편을 버리고 곧바로 최상
의 도를 설하여 十界에 두루 깨달음을 성취케 한다는 것이다. 다음에
화도시종불시종상이란 법화경 이전의 여러 경은 중생의 근기에 맞춘
설법으로서 여래가 교화하여 인도하는 기원의 본뜻을 밝히지 않았으
니 이제 법화경을 설하는 데에서 비로소 교화의 始源이 벌써 大通智勝
佛과의 결연에서 시작되었음을 보여 種·熟·脫 三益이 과거·현재·
미래의 三世에 끊어지지 않는다는 것을 밝히고 있다. 그리고 사제원근
불원근상이라 함은 법화경 이전의 여러 경에서는 석가가 붓다가야에
서 처음 도를 이루었다고 설하였지만 법화경에서는 석존의 깨달음이 5

---

208) 『法華遊意』, 大正藏 34, p.634中.
　　　欲說三種法輪 故此經言三種者 一者根本法輪 二者枝末之敎 三者攝末歸本 根本法
　　　輪者 謂佛初成道 華嚴之會 純爲菩薩 開一因一果法轉門 謂根本之敎也 但薄福鈍
　　　根之類 不敢於聞一因一果 故於一大乘分別說 謂枝末之敎也 四十餘年 說三乘之敎
　　　陶練基心 至今法華 始得會彼 三乘歸於一道 即攝末歸本敎也.
209) 『法華玄義』 卷1, 大正藏 33, p.683中.
210) 金東華, 『韓國佛敎思想의 座標』, p.127.

196

백억 塵點의 오래 전에 이루어졌으며 사리불 등의 모든 제자들도 또한 옛 부처들로서 석존의 교화를 보좌하고 있다는 것이다.211)

다음 5시 8교판설은 위의 근성융불융상을 한층 상세히 밝히는 것으로서 다시 말하면 중생의 근성에 融과 不融 즉 銳利함과 鈍함의 차이가 있기 때문에 가르침에도 반만·권실·돈점·오미 등의 종류가 있다는 것이다. 이 교판설은 『法華玄義』 권10과 『大本四敎義』 권12에서 논해지고 있는데 여기서 인용할 만큼 간단한 문장이 아니므로 대신 고려 諦觀이 지은 『천태사교의』 글을 전거로 인용하였다.212)

천태 지자대사는 5시 8교로 동쪽으로 들어온 일대의 성스런 가르침을 판석하니 다하지 못함이 없다. 5시라 하는 것은 첫째로 華嚴時, 둘째 鹿苑時, 셋째 方等時, 넷째 般若時며, 다섯째는 法華涅槃時이니 또한 五味라고도 한다. 8교라 하는 것은 頓·漸·秘密·不定·藏·通·別·圓敎이며, 頓敎 등 4교는 형식을 쫓은 이름이니 세상에서 하는 약처방과 같은 것이고, 藏敎 등 4교는 법의 내용을 따른 이름이니 약의 맛을 가린 것과 같다.213)

또 이 설을 요약한 문구라고 볼 수 있는 것으로 보고 뇌허는 아래를 인용하였다.214)

---

211) 金東華, 『韓國佛敎思想의 座標』, pp.127-128.
212) 金東華, 『韓國佛敎思想의 座標』, p.129.
213) 『天台四敎儀』, 大正藏 46, p.774下.
　　　天台智者大師 以五時八敎 判釋東流一代聖敎 皆無不盡 言五時者 一華嚴時 二鹿苑時 三方等時 四般若時 五法華涅槃時 是諸五時 亦名五味 言八敎者 頓漸秘密不定藏通別圓 是名八敎 頓等四敎 是化儀 如來藥方 藏等四敎 名化法 如辯藥味.
214) 金東華, 『韓國佛敎思想의 座標』, p.129.

華嚴은 최초 삼칠일이고, 阿含 12년 方等 8년이다. 21년간 般若를 말하고, 法華·涅槃은 또 8년간이다. 이 일대의 說法은 양교로 나뉘니 돈·점·비밀·부정 이는 형식을 따라 이름함이며, 장·통·별·원 이것은 법을 따라 이름함이다. 이것이 천태 5(시)8(교)설이다.[215)

慈恩 基(632-682)의 3교 8종설[216)

교는 단지 3시이니 1도 아니고 5도 아니다.… 敎를 대략 말하자면 4 阿含 등은 초시교요, 空을 설하는 여러 경들은 제2시교며, 은밀한 말로 모든 법에 자성이 없음을 설하기 때문에 화엄·심밀·유식교 등은 제 3시니라.[217)

이 내용으로 보아 慈恩 基대사는 그가 속한 唯識敎의 중요 경인 해심밀경의 3시교설을 기반으로 한 것은 물론이지만,[218) 그는 敎를 有·空·中 3교로 나누는 동시에 다음과 같이 8종으로 나누어 자기의 종파를 최후의 제8종으로 정하였다고 뇌허는 보고 아래의 전거를 들었다.[219)

---

215) 『天台四敎儀備釋』, 卍續藏經 102, p.143上.
　　 華嚴最初三七日 阿含十二方等八 二十一載談般若 法華涅槃又 台年一代說法分兩
　　 敎 頓漸秘不是化儀 藏通別圓是化法 是名天台五八說.
216) 金東華, 『韓國佛敎思想의 座標』, p.130.
217) 『法苑義林章』 卷1, 大正藏 45 p.249上.
　　 敎但三時 非一非五…略示敎者 四阿笈摩等 是初時敎 諸說空經 是等二時敎 以隱
　　 密言 總說諸法無自性故 華嚴深密唯識敎 等第三時也.
218) 吳亨根, 「中國窺基法師의 敎判思想」, 佛敎學報 제16집, 東國大學校 佛敎文化硏
　　 究所, 1979, p.182.
219) 金東華, 『韓國佛敎思想의 座標』, p.131.

이제 글을 따라 가르침[敎]을 판단하면 오직 셋이요, 분류하여 종을 삼으면 8가지가 있다. 교의 셋이란, 첫째 多說有宗이니 여러 아함경 등 소승의 뜻이 이것으로 비록 有를 많이 설하지만 역시 空을 어기지 않는다. 둘째는 多說空宗이니 중론·백론·십이문론·반야경 등으로 비록 空을 많이 설하지만 역시 유를 어기지 않는다. 셋째는 非空有宗이니 화엄·심밀·법화 등이 이것이며 有爲法·無爲法을 有라 하고 我와 我所를 空이라 하는 까닭이니라.… 宗의 여덟 가지란, 첫째 나와 법이 다 있다는 것으로 犢子部 등이요, 둘째 法은 있고 나는 없다 하는 薩婆多部요, 셋째는 법이 현재에만 존재하고 과거·미래에는 없다는 大衆部, 넷째는 현재에서도 實有와 假有의 2종이 있다는 說假部, 다섯째는 세속에서 인정하는 진리가 허망한 것이며 불교에서 말하는 진리만이 참되다고 하는 說出世部, 여섯째는 모든 법이 다만 이름뿐이라는 一說部, 일곱째는 가장 빼어난 도리는 모두 공하다는 것이니 반야경과 용수의 중론·백론이요, 여덟째는 진리에 순응하고 원만 진실하다는 법화경과 무착 등의 中道敎이다. …이치에 따라 전부를 나누니 이 여덟에 지나지 않는다.[220]

法藏(643-712)의 5교 10종설

뇌허는 法藏이 5교와 10종으로 분류하면서 다음의 인용문에서와 같이 화엄경이 5敎 가운데서는 제5 圓敎, 10종 중에서는 제10 圓名具德宗임을 천명하고 있다고 보고 그 전거로 아래를 인용하였다.[221]

---

220) 『法華玄贊』 卷1本, 大正藏 34. p.657上.
今依文判敎 敎但有三 若以類準宗 宗乃有八 敎但三者 一多說有宗 諸阿含等 小乘義是 雖多說有 亦不違空 二多說空宗 中百十二門般若等是 雖多說空 亦不違有 三非空有宗 華嚴深密法華等是 說有爲無爲名之爲有 我及我所名爲空故… 宗有八者 一我法俱有 犢子部等 二有法無我 薩婆等 三法無去來 大衆部等 四現通假實 說假部等 五俗妄眞實 說出世部等 六諸法但名 一說部等 七勝義皆空 般若等經 龍樹等說 中百論等 八應理圓實 此法華等 無着等說 中道敎也… 據理全差莫過此八.

敎를 나누어 宗을 열면 그 가운데 둘이 있으니 처음에는 法에 따라 敎를 나누면 다섯 가지가 있고 뒤에 이치를 따라 종파를 나누면 열 가지가 된다. 처음에 속하는 것으로서는 성인의 가르침에 만 가지로 차이가 있으나 오직 다섯이 있으니 첫째 小乘敎, 둘째 大乘始敎, 셋째 終敎, 넷째 頓敎, 다섯째 圓敎이다.… 두 번째로 이치로써 종을 열면 열 가지가 있으니 첫째 我法俱有宗으로 여기에는 둘이 있어 人天乘과 小乘이며 소승 가운데 犢子部 등이라. 또 여기서는 三聚法을 세우니 첫째는 有爲聚法, 둘째 無爲聚法, 셋째 非二聚法이다. 처음 둘은 法이요, 뒤의 하나는 我이다. 또한 五法藏을 세우니, 과거·미래·현재·무위·불가설로서 이는 곧 我니라. 불가설은 유위·무위이기 때문이다.222)

둘째 法有我無宗이니 살바다부 등을 말한다. 여기서는 모든 법이 두 가지에 포함된다고 설하니 하나는 이름[名]이요. 또 하나는 모양[色]이다. 혹은 네 가지에 포함되는 것이니 삼세와 무위가 그것이다. 혹은 다섯 가지이니 心·心所·色·不相應·無爲로서 모든 법이 다 실재인 것이다.223)

셋째 無去來宗이니 대중부 등을 말한다. 이는 현재와 무위성이 있다고 설하며 과거·미래의 실체와 작용이 없기 때문이라고 한다.224)

---

221) 金東華, 『韓國佛敎思想의 座標』, p.132.
222) 『華嚴一乘敎義分齊章』 卷8, 大正藏 45, p.48下.
분敎開宗者 於中有二 初就法分敎 敎類有五 後以理開宗 宗乃有十 初門者 聖敎萬差 唯有五 一小乘敎 二大乘始敎 三終敎 四頓敎 五圓敎…… 二以理開宗 宗乃有十 一我法俱有宗 此有二 一人天乘 二小乘 小乘中 犢子部等 彼立三聚法 一有爲聚法 二無爲聚法 三非二聚法 初二是法 後一是我 又立五法藏 一過去 二未來 三現在 四無爲 五不可說 此卽是我 不可說 是有爲無爲故.
223) 『華嚴一乘敎義分齊章』 卷8, 大正藏 45, p.48下.
二 法有我無宗 謂薩婆多等 彼說諸法 二種所攝 一名 二色 或四所攝 爲三世及無爲 或五 謂一心 二 心所 三色 四不相應 五無爲故 一切法 皆悉實有也.
224) 『華嚴一乘敎義分齊章』 卷8, 大正藏 45, p.48下.
三 無去來宗 謂大衆法等 說有現在及無爲性 以過未體用無故.

200

넷째 現通假實宗이니 법(설?)가부 등을 말한다. 여기서는 과거와 미래가 없으며 현재의 모든 법은 蘊에 있어서 거짓과 참이 있고 界에서는 處가 거짓이니 따라서 모든 법의 거짓됨과 참다움은 일정치 않다고 한다. 성실론 등의 經部 別師들도 역시 이에 속한다.225)

다섯째 俗妄眞實宗이니 설출세부 등을 말한다. 세속은 다 거짓이고 허망하기 때문이며 세속을 떠난 법은 다 진실되고 허망치 않기 때문이다.226)

여섯째 諸法但名宗이니 일설부 등을 말한다. 모든 나와 법은 오직 거짓된 이름이 있을 뿐이며 실체가 전혀 없기 때문이다. 이는 초교의 처음과 통하니 그것에 준하라.227)

일곱째 一切法皆空宗이니 대승시교를 말한다. 모든 법이 다 참으로 공하다고 설한다. 그러나 情 밖으로 나가면 분별이 없는 까닭에 반야 등과 같다.228)

여덟째 眞德不空宗이니 終敎와 같은 것을 말한다. 여러 경에서 모든 법이 오직 眞如일 뿐이라고 설하니 如來藏이 진실한 까닭이며 스스로 실체가 있는 까닭이며 본성에 여러 덕을 갖춘 까닭이다.229)

아홉째 相想俱絶宗이니 돈교 가운데 말이 끊어지는 도리를 나타냄과 같고, 유마경에서 침묵으로 도리를 나타내 보임과 같은 것이다. 준해

---

225) 『華嚴一乘敎義分齊章』 卷8, 大正藏 45, p.48下.
　　四 現通假實宗 爲法(說?)假部等 彼說法去來 現在世中諸法 在蘊假實 在界處假 隨應 諸法假實不定 成實論等經部別師 亦卽此類.
226) 『華嚴一乘敎義分齊章』 卷8, 大正藏 45, p.48下.
　　五 俗妄眞實宗 謂說出世部等 世俗皆假 以處妄故 出世法皆實 非處妄故.
227) 『華嚴一乘敎義分齊章』 卷8, 大正藏 45, p.48下.
　　六 諸法但名宗 謂一說部等 一切我法 唯有假名 都無體故 此通初敎之始 準之.
228) 『華嚴一乘敎義分齊章』 卷8, 大正藏 45, p.48下.
　　七 一切法皆空宗 謂大乘始敎 說一切諸法 皆悉眞空 然出情外 無分別故 如般若等.
229) 『華嚴一乘敎義分齊章』 卷8, 大正藏 45, p.48下.
　　八 眞德不空宗 謂如終敎 諸經說一切法 唯是眞如 如來藏實德故 有自體故 具性德故.

서 알지니라.230)

 열째 圓明具德宗이니 별교 일승과 같고, 모든 법에 있어서 서로 한 쪽이 主가 되면 다른 쪽은 伴이 됨을 끝없이 자유자재로 나타낸다는 것이 이것이다.231)

 앞서 말한 慈恩 基와 法藏의 학설은 교리사상을 중심으로 함과 동시에 분류의 중점이 분파불교에 있다고 뇌허는 덧붙였다.232)

禪 계통의 禪敎 兩宗說

 禪定思想에 관한 문헌이 전래한 것은 초기에 속하는 일이지만 중국적인 선이 하나의 큰 조류로 정식 출발한 것은 470년경에 중국에 온 달마부터이다. 달마 이후 慧可 내지 神秀(605-706)·慧能(638-713)의 시대까지는 물론이고 唐末을 앞서기 70여 년 전인 宗密(780-841)의 시대에 이르기 전만 해도 禪과 敎를 구별하는 어구가 없었다. 다시 말해 선과 교를 구별하는 어구는 종밀의 시대에 비로소 나타나기 시작하였다고 雷虛는 보았다.233) 그 전거로 아래를 인용하였다.

 달마가 서쪽에서 와 오직 心法을 전하고 스스로 말하되 내 法은 마음으로 마음을 전하며 문자를 세우지 않는다. 이 마음은 모든 衆生의 청정한 本覺이요, 또한 부처의 성품이라 이름하며 혹은 靈覺이라 하는 것이다. 깨닫지 못하면 모든 煩惱가 일어나지만 이 煩惱도 역시 이 마

---

230) 『華嚴一乘敎義分齊章』 卷8, 大正藏 45, p.48下.
　　　九 相想具絶宗 如頓敎中 懸絶言之理等 如淨名默顯(理)等 準知.
231) 『華嚴一乘敎義分齊章』 卷8, 大正藏 45, p.48下.
　　　十 圓名具德宗 如別敎一乘 主伴具足無盡自在所顯法門 是也..
232) 金東華, 『韓國佛敎思想의 座標』, p.134.
233) 金東華, 『韓國佛敎思想의 座標』, p.134.

음을 떠나지 않은 것이며, 깨달으면 끝없이 묘한 작용이 일어나지만 이 묘한 작용도 역시 이 마음을 떠나지 않는 것이라. 妙用과 煩惱의 공로와 허물이 비록 다르나 깨달음과 깨닫지 못함에 이 마음이 다르지 않으니 부처의 도리를 구하고자 하면 반드시 이 마음을 깨달아야 한다. 그러므로 역대의 조종은 오직 이것을 전하였다.[234]

또 宋代(1004년)에 저작된 『景德傳燈錄』 楊億의 서문에 '멀리 달마로부터 문자를 세우지 않고 곧바로 마음의 근원을 가리켜 단계를 밟지 않고 부처의 경지에 오른다(首自達磨 不立文字 直指心源 不踐稽梯 經等佛地)'라고 한 이후 점차로 선종과 교종이 대립하는 인습이 생겼으며 그 대립적 의식이 시대를 거듭할수록 극심해졌다고 뇌허는 보고 있다.[235]

曇鸞 계통의 聖淨二門說[236]

曇鸞(476-542)은 보리유지가 번역한 세친의 『정토론』에 주석 2권을 저작하였는데 후에 道綽(562-615)이 담란이 머물던 玄中寺에서 담란의 비문을 읽고 정토신앙에 들어가 『무량수경』을 200편 강의하고 하루에 칠만 편이나 稱名하여 재가·출가의 많은 신자를 얻었고, 『安樂集』을 내었으며, 담란이 정토론주 처음에 十住論의 難行道와 易行道說을 이용하여 그 중 이행도는 무량수경이 설한 바를 가르치는 것이라 하

---

234) 『中華傳心地禪門師資承襲圖』 寫本 4行 4左.
　　　然達磨西來 唯傳心法 故自云 我法 以心傳心 不立文學 此心 是一切衆生淸淨本覺 亦名佛性 或云靈覺 迷起一切煩惱 煩惱亦不 離此心 悟起無邊妙用 妙用亦不離此 心 妙用煩惱 功過雖殊 在悟在迷 此心不異 欲求佛道 須悟此心 故歷代祖宗 唯傳此 也.
235) 金東華, 『韓國佛敎思想의 座標』, p.135.
236) 金東華, 『韓國佛敎思想의 座標』, p.136.

였다.237) 道綽은 이것을 기초로 하여 『安樂集』에서 다음과 같이 聖道門과 淨土門으로 부처의 가르침을 판석하였다238)고 뇌허는 지적하고 아래의 전거를 인용하였다.

물어 말하되, 모든 衆生이 다 부처의 성품을 갖고 있다면 먼 예로부터 응당히 많은 부처를 만났을 터인데 어떤 까닭으로 오늘에 이르기까지 스스로 生死에 輪廻하여 불난 집을 벗어나지 못하는가? 대승성교에 의하면 두 가지 빼어난 법으로 생사를 버리지 못하여 불난 집을 벗어나지 못한다 하니 그 두 가지란 무엇인가? 하나는 聖道요 또 하나는 淨土에 往生하는 것이다.

그 성도 한 가지는 오늘날 얻기가 어려우니 첫째는 위대한 성인이 돌아간 지가 오래된 때문이며 둘째는 그 이치가 깊어 이해가 적은 까닭이다. 그러므로 대집월장경에 말하기를, 我法의 시대에 수많은 衆生이 수도를 행하나 한 사람도 깨달음을 얻은 자가 없고 장차 말법시대에는 때가 五濁惡世라 오직 정토 한 문이 있어 깨달음에 이를 수 있느니라. 그러므로 대경에 이르기를 어떤 중생이 일생동안 악을 지었더라도 임종시에 열 번만 계속하여 내 이름을 불러 왕생치 못한다면 나는 정각을 이루지 않으리라고 했던 것이다.239)

이와 같이 성도문, 즉 일반 敎宗을 교리의 뜻이 깊어 이해가 적다고

---

237) 大正藏 40, p.826上-中.
238) 金東華, 『韓國佛敎思想의 座標』, p.136.
239) 『安樂集』, 大正藏 47, p.4上.
　　問曰 一切衆生 皆有佛性 遠劫以來 應値多佛 何仍至今仍自輪廻生死 不出火宅 依大乘聖敎 良由不得二宗勝法以排生死 是以不出火宅 何者爲二 一謂聖道 二謂往生淨土 基聖道一種 今時難證 一由去大聖遙遠 二由理深解微 是故 大集月藏經云 我法時中 億億衆生 起行修道 未有一人得者 當合末法 現是五濁惡世 唯有淨土一門 可通入路 是故 大經云 若有衆生 縱令一生造惡 臨命終時 十念相續 稱我名子 若不生者 不取正覺.

(理深解徵)하여 배격하고 道綽의 사상을 그대로 계승하여 정토교의를 더욱 천명한 善導(613-681)는 正行과 雜行으로 나누었다. 정행은 왕생경이 설하는 바대로 행하는 것이라 하며 다시 여기에 한 마음으로 전념하여 아미타를 외우고 생각에서 떠나지 않게 하는 正定의 業과 예배·독송 등에 의하는 助業을 구분하였는데, 잡행은 이 정업·조업 이외의 여러 가지를 뜻하는데 善導는 정행을 주로 하였고, 일본 정토종의 시조인 法然이 '偏依善導'라 하여 선도의 염불주의를 힘써 실천함으로써 일본의 여러 정토종이 번성하게 되는 기반을 만들었다고 뇌허는 설하였다.[240]

뇌허는 중국불교의 종파적 장단점을 결론으로 분석하였는데 요약하면 다음과 같다.[241]

중국불교 13종파 가운데 비담·성실·삼론·율·지론·섭론 등 7종은 원래 교판론이 없었고, 진언종은 일본으로 건너가서 비로소 성립되었으므로 중국교판론은 없고, 화엄·천태·율·선·염불 등의 5종은 그 근거되는 전적은 인도 것이지만 순수 중국적인 종파들이고 그 가운데서도 화엄·천태 두 종파는 중국불교의 쌍벽이며 법상유식종도 중국에 와서 그 교학이 비로소 정비되었으니, 이들은 중국의 자랑이라 할 수도 있을 것이다.[242] 13종파가 모두 나름대로 三藏의 어느 하나에 주로 의지하는 經宗·律宗·論宗의 세 가지 가운데 어느 하나에 속하게 되지만 禪宗은 문자를 세우지 않고 교학 이외에 따로 전하는 것이니 三藏의 범위에는 속하지 않는 셈이지만 그러나 중국 초기 禪의 주창자인 달마가 능가경을 근거로 하였고 또 후세에 이르면 금

---

240) 金東華, 『韓國佛敎思想의 座標』, p.137.
241) 金東華, 『韓國佛敎思想의 座標』, pp.138-143.
242) 金東華, 『韓國佛敎思想의 座標』, p.138.

강경을 근거로 한다고 하였으니 경종에 속한다고도 볼 수 있을 것이라고 뇌허는 보았다.[243) 또 論宗은 각자 근거하는 논을 해석하여 그 미세한 논지까지 밝혀 드러내니 이것은 인도에서는 없었던 사실이므로 중국불교의 특징임에 틀림이 없다고 雷虛는 말하였다.[244) 더욱이 화엄·법화 등의 여러 경종은 각자 그 근거되는 경전에 의하여 중국불교인들의 독특한 철학적 이론체계와 종교적 실천행를 수립한 것이어서 역시 인도불교에 비교해 볼 때 자랑이라 할 만하다고도 하였다.[245)

종파들의 성립 토대에 대해서는 '여러 경전에 대한 견해가 많은 중국인에 의해서 시도되었지만 그 가운데서 가장 유력한 학설만이 종파로서 발전되었던 것이다'[246)라고 결론지었다.

끝으로 뇌허는 중국 종파불교를 분석 비판하는데 그 내용을 요약하면 아래와 같다. 뇌허는 일단 '宗이라 함은 각자가 믿는바 한 가지 경전, 한 가지 논만으로 부처의 일대 가르침을 파악한 각자 독립적인 불교관이었다'[247)라고 宗의 뜻매김을 한 다음에 중국 논사·학자·스님들의 견해를 전거로 들고 설명하는데 그 첫째가 慈恩 基, 다음이 慧遠, 그리고 善導이다.

慈恩 基[248)

무릇 종이라 하면 崇·尊·主의 뜻이니 성인의 가르침에 대하여 숭

---

243) 金東華, 『韓國佛敎思想의 座標』, p.139.
244) 金東華, 『韓國佛敎思想의 座標』, p.139.
245) 金東華, 『韓國佛敎思想의 座標』, p.139.
246) 金東華, 『韓國佛敎思想의 座標』, p.139.
247) 金東華, 『韓國佛敎思想의 座標』, p.139.
248) 金東華, 『韓國佛敎思想의 座標』, p.139.

206

상하는 바, 존중하는 바, 주로 삼는 바를 일컬어 종교라 한다. 또 외도
와 내도, 소승과 대승의 숭상·존중·위주로 하는 법이 각각 다름을
설하여 종의 다름이라 한다.249)

慧遠250) :

  종을 정의해 말하자면, 모든 경전에 따라 으뜸으로 삼는 뜻이 각기
달라 그 으뜸되는 취지가 비록 많으나 요약하면 두 가지가 있다. 하나
는 所說이요 또 하나는 所表이니, 소설이라 함은 行하여 얻음을 일컫
고 소표라 함은 法을 나타냄과 같다. 다만 법은 드러내기 어려우니 德
을 빌어 나타내며 법을 나타내는 덕은 부문별로 헤아릴 수 없이 많다.
그러므로 여러 경에서 으뜸으로 삼는 취지가 각기 다르니, 발보리심경
등은 믿음을 내는 것을 으뜸으로 삼고, 온실경은 베푸는 것을 으뜸으
로 삼고, 청정비니우바새계와 같은 경들은 계율로서 으뜸을 삼고, 화
엄·법화·무량의경 등은 삼매로서, 반야경은 지혜로서, 유마경은 해
탈로서, 금광명경은 법신으로서, 방등여문여시경은 多羅尼로서, 승만경
은 일승으로서, 열반경은 부처의 원만하고 고요하며 묘한 결과로서 으
뜸을 삼는다. 이같이 경전에서 밝히는 바가 각기 다르나 그 설명한 내
용은 다 대승의 연기의 행과 덕으로서 궁극적이고 완전한 의미이
다.251)

---

249) 『大乘法苑義林章』 卷1, 大正藏 45, p.254上.
    夫論宗 崇尊主義 聖敎所崇所尊所主 名爲宗敎 目如外道內道 小乘大乘 崇尊主法
    各各有異 說爲宗別.
250) 金東華, 『韓國佛敎思想의 座標』, p.140.
251) 『大乘義章』 卷1, 大正藏 44, p.565上.
    言定宗者 諸經部別 宗趣亦異 宗趣雖衆 要有二種 一是所說二是所表 言所說者 所
    謂行得 言所表者 同爲表法 但法難彰 寄德以顯 顯法之德 門別無量 故使諸經宗趣
    各異 如彼發菩提心經等 發心爲宗 溫室經等 以施爲宗 淸淨毘尼優婆塞戒 如是等
    經 以戒爲宗 華嚴法華無量義等 三昧爲宗 般若經等 以慧爲宗 維摩經等 解脫爲宗

善導[252]

　유마경은 생각으로 헤아릴 수 없는 해탈로서 으뜸을 삼고 대품경은 공의 지혜로 으뜸을 삼으니 이런 예는 한 가지가 아니다. 이제 觀經은 관불삼매로 으뜸을 삼고 일심회원경은 정토에 태어남을 으뜸으로 삼는다.[253]

　중국 종파불교론의 끝맺음에서의 뇌허의 비판적 견해를 요약하면 아래와 같다.

　중국의 불교인들은 어떤 경 어떤 논이든지 거기에 자신이 숭상하고 존중하며 중심으로 삼는 취지가 있으면 그것으로써 불교 전체를 통일하고자 하였으며, 그것이 곧 그들 특유의 새로운 불교관이며 또한 불교 통일관이었다. 중국인의 불교에 대한 이 같은 태도는 독립 민족국가로서의 중국인은 외국에서 수입된 문화인 불교를 이렇게 수용하는 게 그들의 민족성에 적합한 것이었다. 그래서 '그들의 불교는 이미 인도의 그것이 아니었고 중국에서만 찾아볼 수 있는 독특한 불교가 되었다.'[254]고 雷虛는 판단하였다. 다민족 국가로서 그 땅은 있어도 나라는 없다고도 하는 인도와 또 제후, 소왕, 대왕, 황제, 천자 등의 용어를 창작해 낸 나라로서 역사상 항상 통일국가 대국을 위하여 전쟁이 그치지 아니하였던 중국에 적합한 판단이 바로 뇌허의 그러한 판단이

金光明等 法身爲宗 方等如門如是經等 陀羅尼爲宗 勝鬘經等 一乘爲宗 涅槃經等 以佛圓寂妙果爲宗 如是等經 所明各異 然基所說 皆是大乘緣起行德究意了意.

252) 金東華, 『韓國佛敎思想의 座標』, p.140.
253) 『觀經玄義』 卷1, 大正藏 37, p.245上.
　如維摩經 以不思議解說爲宗 如大品經以空慧爲宗 此例非一 今此觀經 卽以觀佛三味爲宗 一心 廻願經 往生淨土爲宗.
254) 金東華, 『韓國佛敎思想의 座標』, p.141.

라고 생각한다.

그러나 이렇게 자랑할 만한 중국 종파불교에는 단점도 없지는 않았다. 그들은 각각의 교상판석에 의하여 필연적으로 타종을 자종보다 열등시하는 경향을 가지게 되었고,[255] 그 결과로 經·律은 부처의 설법이니 고급에 속하고 論藏은 후세 논사들이 지은 것이므로 하급에 속한다는 등, 經·律은 깊은 가르침이요(深敎) 論은 얕은 가르침(淺敎)이라 하고, 경·율은 빼어나고 논은 열등하다는 등, 경·율 二藏 가운데서도 대승은 탁월하고 소승은 열등하다는 등의 대립이 생겼다.[256] 또한 대승교 가운데서도 實敎는 우월하고 權敎는 열등하다고 본다든가 논장에서도 역시 대승론은 우수하고 소승론은 열등한 것이라 하며, 대승론 가운데서 實大乘論이 우월하고 權大乘論은 열등하다는 등 '이처럼 교리의 우수함과 열등함, 깊고 얕음 등의 차별을 지적하여 자기네를 칭찬하고 남의 것을 비방하는 경향이 역력한 것이 종파불교의 단점이라 하겠다'[257]라고 뇌허는 지적하였다.

자종은 우월하고 타종은 열등하다는 근거가 그들이 근거하는 경·율·논의 깊고 얕고 넓고 좁은 어떤 수준에 근거하고 있다손 치더라도 그러나 그래서는 아니 되는 까닭은, 첫째 법에 차별이 없고 한 가지 맛으로 평등하기 때문이며, 경 가운데에는 물론 크고 작으며 깊고 얕은 교리의 차이가 있어서 대·소승법이 모두 중생의 근기에 따라 다 각각 필요한 것이기 때문이고, 둘째는 중생의 부처 성품이 다 평등하여 소승법을 듣는 작은 근기의 중생이나 대승법을 닦는 큰 근기의 중생이나 모두 그 본성을 추궁해 보면 부처의 성품을 갖추고 있기 때

---

255) 金東華, 『韓國佛敎思想의 座標』, p.141.
256) 金東華, 『韓國佛敎思想의 座標』, p.142.
257) 金東華, 『韓國佛敎思想의 座標』, p.142.

문에 작은 근기의 중생을 향상 계발시키기 위해서는 큰 법보다 먼저 작은 법이 필요한 것이며 큰 근기의 중생에게는 큰 법이 필요하기 때문이며, 셋째, 팔만 사천의 설법 내용은 근기에 따라 이루어진 까닭에 무거운 병에 격한 약이 필요하고 가벼운 병에는 가벼운 약이 필요한 것처럼 크고 작은 여러 법이 중생에게는 다 각각 적절하게 필요한 것이어서 병에 따라 약을 주는 의사의 묘한 처방과 같은 것이기 때문이라고 설하면서 뇌허는 그의 중국불교관의 핵심인 중국 종파불교론을 끝맺는다.[258]

---

258) 金東華, 『韓國佛敎思想의 座標』, p.143.

제5장 뇌허의 불교 통일원리

雷虛는 불교교리 일반을 종합 재정리하는 방법인 敎·行·證에 信을 더하여 네 가지로 불교 전반을 종합 정리하고 있다. 이 네 가지 항목을 四敎라고 이름하였는데, 4敎를 논하기 전에 이 교법을 널리 펴는 데 전제조건으로 네 가지를 들고 있다. 첫째 그 시대의 검토, 둘째 그 국토의 검토, 셋째 이 敎法을 받아들일 민족의 근본적인 성향에 대한 고려, 그리고 넷째가 敎法이라고 제시하고 이를 四綱이라 이름하였다. 이 四綱四敎가 그의 불교통일 원리의 골자이다. 이하에서 이 원리를 밝혀보고자 한다.

1. 시대·근기·국토·교법의 四綱

앞서 말한 뇌허의 四綱說에 의하여 그의 불교통일 원리론을 다음과 같이 요약하면서 『한국불교사상의 좌표』의 원문에 필자의 註와 拙見으로 첨삭하는 식으로 이 장을 전개해 가기로 한다.

1) 불교의 시대관

첫째, 경제문제와 관련에서 뇌허는 먼저 正法·像法·末法 三時說을 든다. 정법시대란 부처의 열반 이후 5백년 동안 불법이 바르게 이해되어 진실한 수행으로 그에 따른 결과가 있는 시대다. 상법시대란 정법 이후 1천년 동안 교리와 수행은 있으나 그것이 형식적이고 외형적일 뿐 진실한 수행과 그에 따라 얻어지는 결과가 없는 시대다. 말법시대는 교리만 남고 수행과 증득이 모두 없어진 때인데 이 기간은 1만년 동안이라 한다. 이에 따른다면 현재는 말법시대가 되는 셈이다. 그러나 위 三時說은 종래 중생의 게으름을 경계하기 위한 방편이 아닌가 생각된다.[1]

그는 '현대 세계의 가장 두드러진 특성은 첫째로 경제문제라 할 것이다.'[2]라고 전제하고 그의 불교의 시대관을 논한다.

오늘날 동서문화의 교류니 동서 각국의 평화·친선 등등 여러 가지 문제의 핵심은 바로 경제에 있는 것이며, 자본주의와 공산주의의 상극적인 대립으로서 '서로 상대방을 타도하지 않으면 안 된다고 보는 예리한 투쟁상태에 있던 시대가 있었던 것이 사실이다.'[3]

경제에 뿌리박은 이런 문제의 해결자는 종교가밖에 없을 것 같으며 특히 욕심을 버릴 것을 주장하는 종교이니 만큼 이러한 시대상을 조화시켜 나갈 수 있는 이론과 수단을 갖추어야 할 것이라고[4] 뇌허는

---

1) 金東華, 『韓國佛敎思想의 座標』, p.166.
2) 金東華, 『韓國佛敎思想의 座標』, p.166.
3) 金東華, 『韓國佛敎思想의 座標』, p.166.
4) 金東華, 『韓國佛敎思想의 座標』, p.166.

212

말한다. 이는 자본이나 공산도 떠나고 또 어떤 이념 투쟁도 떠난, 다만 인간을 위하고 인간을 살리자는 것이다. 다시 말하면 참으로 '인간을 살리고 위하는 것에 목적을 두고 있기 때문에, 실제적인 이로움이 없는 빈 이론이나 이념은 피하고 있다'[5]고 하여 현실 직시의 상황도리를 뇌허는 전개하고 있다.

둘째는 노동문제로서 현대사회의 제2의 특징은 근로주의라 할 수 있는데, 불교가 일반 사회에서 안일주의로 보이는 경우가 있다. 그러나 이것은 우리 나라 일반 승려들의 생활상에서 온 오해이다. 교주인 석가 세존이 살았던 당시에도 교단 구성원들이 일없이 지내는 생활을 비난하는 일이 있었다. 예컨대, 어떤 經典婆羅門이 석존에 대하여 묻기를, '그대들은 어찌하여 우리처럼 밭을 갈지도 않고 밥을 먹는가?' 하니, 석존은 이에 '그대들은 밭을 갈아서 밥을 먹지만 우리는 마음의 밭을 갈아 밥을 먹노라'[6]고 하였다. 이 문답에서 우리는 석존과 그 제자들이 항상 마음의 밭을 경작하는 것으로 근로생활을 하고 있음을 알 수 있다.[7] 뿐만 아니라 중국의 百丈禪師는 '하루 일하지 않았으면 하루 먹지 않는다(一日不作 一日不食)'[8]고 할 정도로 참선을 하는 승려들의 수행이 안일과는 다르다는 것을 일깨우고 있다. 시대마다 사회 구조와 특성이 달라서 근로의 문제도 그 내용이 달랐던 것이 사실이지만 예나 지금이나 불교인의 일상생활은 일정한 규칙에 의하여 매일 근로생활을 하고 있는 것이라고 한 것은 육체노동이건 공부수행이건 항상 정진의 자세를 일깨우는 불타의 정신을 보유하고 있는 것으로

---

5) 金東華, 『韓國佛敎思想의 座標』, p.167.
6) 『耕田婆羅墮闍經』, 南傳 24, p.27.
7) 金東華, 『韓國佛敎思想의 座標』, p.167.
8) 『勅修百丈淸規』 卷2, 大正藏 48. p.1119中.
　至於作務. 猶與衆均其勞. 常曰一日不作一日不食. 烏有庾廩之富. 興僕之安哉.

사료된다.9)

셋째는 그가 들고 있는 것은 현대 제3의 특징인 현실 위주의 사고라는 것이다. 과거의 이상주의적인 사고방식은 현세에는 모순되는 일이 있고 지금 당장에는 이익이 없더라도 멀리 앞날을 내다보며 생활하였다. 종교 특히 불교는 염세내세주의라고 할 정도로 더욱 그런 점이 있었다. 그러나 오늘날 사람들은, 인구의 증가로 일상생활에서 핍박됨이 많아져서 그렇기도 하겠지만, 내일이나 미래의 풍부보다도 오늘의 핍박을 면하기에 급급한 나머지 자연히 현실을 중시하는 것 같다. 종교에서는 내일을 위해서 오늘의 고난을 참으라고 하지만 그것도 정도의 문제가 될 것이니 종교계는 장차 이점을 항상 주의하며 나아가야 할 것이라고 하여 현실인과의 직관과 현행을 제시하고 있다.10)

넷째, 그는 현대인의 또 하나의 특징으로서 물질 중심의 사고를 말하고 있다. 종교는 정신위주인 것은 물론이나, 우리는 동서 인류의 문화 가운데 물질문명보다는 정신문화가 훨씬 생명이 긴 것을 잘 알고 있다. 그러나 또한 물질은 인생 현실의 고통을 덜어주는데 더 신속한 것이라 믿고 있다. 위로하는 열 마디의 말보다 한 조각의 빵이 더 효력이 빠르기 때문이다.

불교는 마음과 몸이 하나(色心一如)라는 세계관을 이미 확립하고 있기 때문에, 결코 물질을 가볍게 무시하지는 않는다고 주장하고 있다.11)

다섯째, 현대는 합리주의시대로서 물질문명은 물론이고 정신문화

---

9) 金東華, 『韓國佛敎思想의 座標』, 168.
10) 金東華, 『韓國佛敎思想의 座標』, p.168.
11) 金東華, 『韓國佛敎思想의 座標』, p.169.

에 있어서도 그 주장이나 이론에 합리적이지 않고서는 용납되지 않는 다. 합리적이지 못한 방법으로는 인간 현실의 여러 문제들을 해결할 수 없음은 물론 종교적 이론일지라도 비합리적이라면 진리관을 세울 수 없기 때문이라고 갈파하고 있다.[12] 옛날에는 종교의 가르침이 그 시대 사람들의 지식의 전부였고 생활의 원리로 이해되었지만 오늘날 은 모든 학문이 발달한 결과 일반 대중의 지식수준도 매우 높아져서 우주의 창조설이나 아담 이브의 원죄설이 그대로 통하지 않는 시대라 고 하여 종교의 합리적 사고를 주장하고 있다.[13]

여섯째, 개인주의가 현대의 또 하나의 특징이라고 지적하며, 이것은 그 반대의 사회주의를 생각하게 하는 것인바, 사회주의는 아니라 할 지라도 인간은 나면서부터 사회적인 연관을 맺게 되므로 사회적 동물 이라 하면서 오히려 이 시대의 사람들은 지극히 이기주의적이고 개인 주의적이니 이 고질을 잘 검토해야 한다.[14] 종교는 특히 불교는 자기 자신을 구제하고자 하는 동시에 타인을 구하려는 이타적 연민에도 발 생의 원인이 있기 때문에 사회적 의의가 매우 깊은 것이라고 간파하 고, '불교에서 부처의 마음은 곧 크게 자비로운 마음이다'고 하는 것 은 부처라는 대성자의 핵심적 주체가 곧 이타적인 자비심이라는 것을 지적하고 있다. 그럼에도 불구하고 불교로 도를 닦는 사람 가운데 흔 히 이기적이라고는 할 수 없어도 고립을 좋아하고 남을 돌보지 않는 경우가 많으니 이것은 어찌된 일일까? 그것은 수도의 과정에 있는 사

---

12) 金東華, 『韓國佛敎思想의 座標』, p.169.
13) 金東華, 『韓國佛敎思想의 座標』, p.169.
14) 大正藏 27, p.692下.
　　謂有情類於此處所共業增長世界便成. 共業若盡世界便壞又有情類. 於彼處所淨業若
　　增此界便壞淨業若減此界便成. 여기에서 淨業增此界便壞는 惡不淨不正의 세계가
　　善正淨土佛國으로 便成된다는 뜻이다. 共業은 사회적 협동을 뜻한다.

람들로서 자기의 마음과 몸을 닦기에 열중한 나머지 본의가 아닌 현상을 빚었던 것이리라 생각하고 싶다.'15)고 그는 말하였다.

이제까지 뇌허가 종교가로서 갖추어야 할 몇 가지 시대 관찰의 요점을 들고 있는 것을 살펴보았다.

종교 발생의 동기가 사람의 그릇된 사상을 바로 잡고 구제하려는 데에 있는 만큼 그 본래의 임무를 수행하고자 하면 그 시대의 특성을 제대로 파악하지 않고서는 불가능할 것이다. 불행히도 우리 불교인 가운데는 이 시대야 어찌 변천하든지 간에 부처의 가르침을 그대로 전하기만 하면 족한 일이라 생각하는 사람들이 많은 것 같다16)고 안타까워하고 있으며, 그런 생각은 물론 아주 잘못된 생각이라고 한다.17) 불교 포교가 십년이 지나든 이십년이 지나든 그저 그만하게 제자리걸음을 하고 있는 원인은 주로 이 시대상과 민심을 올바로 알지 못하는 데 있다. 포교하는 사람이 그 시대의 진실상과 민심의 소재를 알지 못하고서야 어떻게 포교의 성공을 이룰 수 있겠는가? 하고 반문한다.18) 포교를 하는 사람보다 포교를 받는 사람의 시대관이 더 정확하게 앞서 간다면 교화의 실효가 이루어질 수 없을 것임은 자명한 일이라고 깨우쳐 주고 있는 사실에서 雷虛의 투철한 시대관, 사회관, 충성관과 진리관을 여실하게 분석해 볼 수 있다.

이제 필자는 이상에서 뇌허가 설한 경제, 노동, 현실위주 사고, 물질위주 사고, 합리주의, 개인주의 등에 관한 문제들을 부처님 가르침으로 풀어보는 원리적 이야기들이 그의『佛敎倫理學』제3편 실천윤리론에서 자세하게 설하고 있음을 보고 그 3장 政道論, 3절 정치론, 3항 경

---

15) 金東華,『韓國佛敎思想의 座標』, p.170.
16) 金東華,『韓國佛敎思想의 座標』, p.170.
17) 金東華,『韓國佛敎思想의 座標』, p.171.
18) 金東華,『韓國佛敎思想의 座標』, p.171.

제론에 뇌허가 전거로 제시한 2개만을 이에 첨가하고 싶다. 먼저 그가 말한 한 구절을 직접 보고 거기에 인용된『중아함』권33, 善生經과 金色王經의 일부분을 註삼아 제시한다.

'何法을 일러 苦라 하는가, 소위 貧窮이 이것이며, 何苦를 가장 중하다 하는가, 소위 貧窮의 苦니라. 死苦와 貧苦는 二苦가 다름이 없으나 차라리 死苦를 받을지언정 貧窮을 써서 生하지는 못할지니라'라고 한 바와 같이 人生의 貧苦라는 것은 실로 慘酷한 비극이다. 일반 革命家라면 자기 한 개인의 빈궁으로 인하여 社會·國家의 變革을 기도하는 것이 보통일는지 모르며, 또 그것이 政治라고 생각할는지 모른다. 그러나 불교는 그 자신의 빈궁의 원인은 社會·國家制度에도 없지는 않겠지만 그 근본적인 원인은 역시 자기 자신에 있다고 본다.[19]

먼저 생산경제에 관한 사상을 본다면 '처음에 기술을 배워서 후에 재물을 구하라'[20]고 되어 있는바, 이는 경제를 구하는 정당한 방법을 제시한 것이다. 경제는 기업이 없이 생산되는 것은 아니다. 즉, 정당한 생산수단에 의하여 경제는 생산되는 것이다.[21]

---

19) 金東華,『佛敎倫理學』, pp.256-257.
20)『中阿含』卷33, 善生經, 大正藏 1, p.642上.
初當學技術 於後求財物 後求財物已 分別作四分 一分作飮食 一分作田業 一分學藏置 急時赴所須 耕作商人給 一分出息利 第五爲取婦 第六作屋宅 家若具六事 不增快得樂 彼必饒錢財 如海中水流 彼如是求財 猶如蜂採花 長夜求錢財 當自受快樂 出財莫令遠 亦勿令普漫 不可以財與 兇暴及豪强 東方爲父母 南方爲師尊 西方爲妻子 北方爲奴婢 下方親友臣 上沙門梵志 願禮此諸方 二俱得大稱 禮此諸方已 施主得生天.
金色王經, 大正藏 3, p.389下.
何法名爲苦 所謂貧窮是 何故最爲重 所謂貧窮苦 死苦與貧苦 二苦等無異 尊當受死苦 不用貧窮生.
21) 金東華,『韓國佛敎思想의 座標』, p.261.

2) 불교의 중생 근기관

불교의 시대관을 正法·像法·末法이라 한 것은 이미 언급한 바와 같다. 그 가운데 말법시대에는 교리만 남고 수행을 해도 증득이 없다고 하였는데 그 까닭이 무엇인가? 이는 오탁악세 때문이라고 한다. 五濁이란 다섯 가지의 혼탁한 현상을 말하는 것으로, 劫濁·見濁·煩惱濁·衆生濁·壽命濁인데 이 다섯 가지로 세상이 혼탁해지는 원인은 요컨대 중생의 나쁜 행위에 의한 결과라고 한다. 따라서 오탁악세를 만드는 주체인 중생이 마음을 고쳐 착한 행동을 한다면 오탁이 五善으로 될 것이다. 그러므로 객관적인 이 세상을 탓할 것이 아니라 중생들의 자기 마음을 탓해야 한다는 것이다. 이 善과 惡의 문제는 중생들의 자질과 관련하여 생각할 일이다. 다시 말하면 중생들의 근기가 낮고 열등하기 때문에 세상이 혼탁해지는 것이라고 그는 간파하고 있다.[22]

불교적으로 교화 개악천선될 수 있는 인간성에 다섯 가지 定性聲聞, 定性緣覺, 定性菩薩, 無性有情의 가르침이 있는 『해심밀경』 권2 自性相品 5를 전거로 하여 뇌허는 불교 포교대상으로서의 인간의 根氣性을 설명하면서, 결론으로 '여러 가지 근거를 가지고 각각 주장되는 학설이니 만큼 어느 한 견해로써 나머지를 누를 수도 없는 것이다. 석가 세존께서 이처럼 여러 가지로 가르침을 편 것은 그 시대의 현실적인 갖가지 다른 상황에 맞춘 것이라 생각할 수 있다.'[23]고 하고 이와 같이 중생에 여러 종류의 근기가 있다면 결국 그들을 완전히 구제한다

---

22) 金東華, 『韓國佛敎思想의 座標』, p.172.
23) 金東華, 『韓國佛敎思想의 座標』, p.176.

는 것도 불가능한 일이 아닐까? 이 때문에 불교는 근기에 맞춘 가르침이요, 병에 따른 약이라고 하는 것이니[24] 그러므로 가르침을 펴는 사람의 식견이 월등하게 뛰어나야 할 것은 물론이고 진심에서 우러나오는 성의가 있어야 한다.[25] 그런데 우리 불교인들은 능동적이고 적극적인 포교의 태도를 가진 다른 종교인에 비교하면 실로 부끄러울 정도로 소극적이라고 개탄하였다.[26] 여기에서 雷虛는 능동적, 적극적인 심성을 지닌 사상가라고 지칭할 수 있다고 필자는 생각한다.

사족이 될까 염려되지만, 출판연대(1954년 3월 초판)로 보아 뇌허의 가장 초기의 저서라고 생각되는 『佛敎學槪論』의 서론 3쪽의 한 구절을 인용하여, 그가 정말 하고자 하는 포교가 곧 현대 한국불교학 및 한국불교관 정립을 위한 학구였다는 것을 증명하고 싶다. '불교는 결코 閑日月을 논하는 것이 아니요, 또 인생을 염리하여 無爲虛送하자는 것도 아니다. 우리 인생이 生할 것이냐 死할 것이냐, 생하는 것이 우리 인생의 본능적 욕망인 이상 불교에서도 生으로 우리 인생을 인도하여야 할 것은 물론이나 생하는 중에서도 평범하게 生하거나 無知無意味한 生의 방법으로 만족하는 것이 아니라 실로 眞生을 찾고 永生을 얻게 하고자 하는 것이 卽 佛敎다. 다시 말하자면 生死一大事의 문제를 해결하는 것이 불교다.'

또 그 序 2쪽에서 '불교가 우리 나라 文化上에 지대한 인연이 있다는 것은 불교를 좋아하고 싫어하는 자를 막론하고 다같이 인정치 않을 수 없는 사실이다. 그럼에도 불구하고 과거의 일반 인사들은 이에 관하여 너무나 무관심하고 무성의하였다. 불교는 벌써 남의 것이 아

---

24) 金東華, 『韓國佛敎思想의 座標』, p.176.
25) 金東華, 『韓國佛敎思想의 座標』, p.176.
26) 金東華, 『韓國佛敎思想의 座標』, p.176.

니다. 千六七百年間에 우리의 물질문명을 건설하였고 또 음으로 양으로 우리 민족의 정신의 양식이 되어왔다. 이미 독립이 된 오늘날의 우리 국가로서는 이로부터 서구 각국과 국교를 개시하게 되었다. 우리는 그로부터 물심양면으로 많은 원조를 받고 있는 중이다. 그러면 우리는 무엇으로 그 은혜를 갚을 것이며 또 무엇으로 국교를 할 것인가. 우리도 과거에는 돌보지도 않던 우리의 독특한 문화를 찾아보아야 할 때는 바야흐로 왔다고 생각된다.'라고 하였다.

3) 포교의 지역(國土)관

종파불교의 일부에서는 포교 지역에 대하여 상당히 선별할 것을 주장하고 있으나 오늘날에 있어 그것은 무의미한 일인 것 같다. 현대는 세계가 한 집이라는 상황으로 변해가고 있기 때문이다. 또한 끝없이 많은 중생을 다 구제하겠다는 불교의 포용성으로 볼 때도 이런 주장은 타당하지 못한 것이라고 주장하고 있다.

첫째, 최초의 포교의 결의는 교주인 석존이 보리수 아래에서 깨달음을 이루신 후 이 법을 중생들에게 설하여 그들이 과연 이해할 수 있을 것인지에 대하여 크게 의심하고 있었다. 그때 범천이 나타나 설법해 주시기를 간청하였다. 따라서 그의 청에 따라 마침내 법을 설하기로 결심하였다고 전하는데(各 佛典)[27] 이로써 석존의 큰 자비심의 실천이 곧 포교라는 것을 짐작할 수 있다.

둘째, 비구들에 대한 포교의 장려로써 석존께서 깨달음을 이루신

---

27) 『阿含經』 梵天勸請經 ; 佛所行讚 卷4, 大正藏 4, p.31中.
　　各應遊諸國 度諸未度者 衆生苦熾然 久無救護者 汝等各獨遊 哀愍而攝受 吾今亦獨
　　行.

얼마 후 비구들에게 포교를 지시하였다. '비구들아… 遊行하라. 여러 사람의 이익을 위하여, 안락을 위하여, 세상의 자비를 위하여, 사람과 하늘의 이익과 안락을 위하여, 여러 곳으로 다니며 포교하라. 두 사람이 같은 장소에 가지 말고 따로따로 더 많이 더 널리 법을 전하라. 나도 법을 설하기 위하여 우루벨라 장군촌으로 가겠다.' 이 말씀 가운데서 석존의 포교에 대한 참된 뜻을 짐작하게 된다.

셋째, 아쇼카 대왕의 국내외 포교사 파견의 실천이다. 阿育王은 부처님께서 열반하신 후 218년에 즉위하여 당시 불교계의 여러 長老들을 모아 그들에게 변방으로 가서 부처의 법을 전하라고 하였다.[28] 이는 『善見律毘婆沙論』 第2에 여러 고승들의 이름과 그들이 포교하였던 지역이 소개되고 있다.

당시의 지명이 오늘날 어느 곳인지 확실치는 않으나 대략 末闡提는 인도 서북 변경인 카시미르와 간다라로, 摩訶提婆는 고다바리 기스토나 두 강의 사이 지방 혹은 미소레 지방인 마히사만다라로, 勒棄多는 중앙의 라자풋다나 부근인 婆那婆私로, 曇無德은 오하의 서쪽인 듯한 阿波蘭多迦로, 摩訶曇無德은 摩訶刺陀로, 摩訶勒棄陀는 희랍인이 머물러 있던 須那世界로, 末示摩는 靈山邊으로, 須那迦鬱多羅는 미얀마 연안 또는 말레이 반도인 金地로, 摩哂陀 등 다섯 사람은 銅葉 즉 사자국으로 그리고 이 밖에도 여러 사람이 여러 곳으로 파견되었다고 전한다.

이 시대에 이만한 지역으로 불교사상이 전파된 사실은 불교의 세계성을 엿볼 수 있는 것이니, 단순히 보아 넘길 일이 아니다.[29]

넷째, 轉法輪의 세계성이다. 전법륜 즉 법의 수레를 굴린다는 말에

---

28) 『善見律毘婆沙論』 第2, 大正藏 24, p.684下 ; 『南傳』 3, p.37.
29) 金東華, 『韓國佛敎思想의 座標』, p.179.

서 법이란 무엇인가? 그것은 8정도·4성제 등 부처님이 말씀하신 진리를 뜻한다. 그런데 이 법을 수레에 비유하는 뜻을 살피기 위하여 다음의 글을 인용해 보자.30)

어찌하여 법륜이라 이름하는가? 이 바퀴는 법으로 이루어지고 법을 스스로의 본성으로 하기 때문에 법륜이라 한다. 어째서 수레라 하는가? 수레는 움직여 구르며 머물지 않기 때문이다. 이것을 버리고 저것을 취한다는 것이 수레의 뜻이다. 원한을 가진 적이라도 능히 항복케 한다는 것이 수레의 뜻이다.31)

우리는 위에서 부처가 설하신 법을 법륜 즉 '수레바퀴와 같이 움직여 머무르지 않는 것'이라는 의미와 또 '이것을 버리고 저것에 나아간다'는 두 가지의 뜻으로 파악할 수 있을 것 같다. 다시 말하면 부처의 법은 움직여 머물지 않아야 할 성질의 것이요, 또 여기서 저기로 저기서 또 저기로 항상 새로운 지역을 찾아 옮겨 가면서 새로운 포교의 상대자를 찾아야 한다는 것이니 이야말로 세계성을 지닌 종교임을 의미한다. 동서남북 어디를 막론하고 법륜을 굴려가라는 것이 전법륜의 의의이다.32)

원시경전에는 轉法輪의 장소로서 天界·人界·梵界·婆羅門界·沙門界·魔界 등 어디든지 굴려가라고 지시하고 있다. 그러므로 포교의 지역은 세계 어느 곳이나 한계가 없이 가능한 대상으로 생각하는 것

---

30) 金東華, 『韓國佛敎思想의 座標』, p.179.
31) 『大毗婆沙論』 第182, 大正藏 27, p.911中.
　　何故名法輪 答此輪是法所成法爲自性 何故名輪輪是何義 答動轉不住義是輪義 捨此
　　取彼義是輪義 能伏怨敵義是輪義.
32) 金東華, 『韓國佛敎思想의 座標』, p.180.

이다.

다섯째, 포교를 위한 세계적 기구를 역설하고 있다. 불교도 다른 종교와 마찬가지로 세계 모든 국가와 민족에게 그 가르침을 전파하도록 제자들에게 지시되었고 그 실제의 예도 있었다. 그러나 그것이 지속되지 못하였던 것은 후세 제자들이 중생을 사랑하는 마음이 부족하였던 까닭인가, 아니면 성의가 부족하였던 탓인가?[33] 어쨌든 해외 포교가 장족의 진전을 보지 못하고 겨우 아시아 지역에서 그 법륜이 머물고 말았다. 그래서 불교는 아시아 사람만의 종교인 것처럼 인식이 굳어져 있다. 이 어찌 애통한 일이 아니겠는가?[34]라고 지적하였다. 이러한 현실과 관련하여 특히 우리 나라의 불교계는 작은 안목으로 불교를 사랑할 것이 아니라 세계의 중생을 우리와 동일시하여 세계에 웅비해서 각 민족에게 부처의 가르침을 전해주는 세계적인 불교인이 될 큰 의지를 가져야겠다. 그러한 가운데 불교가 살아 있고 또 우리 모두가 광대해지는 것이다.[35] 그는 '다른 종교의 전도자들이 몰아적 정신으로 지역의 한계와 민족간의 차이에 따른 난이를 가리지 않고 오직 포교를 위하여 몸을 바치는 태도를 대할 때 진심으로 부끄러운 심정을 금치 못한다. 종교인이 수도를 하는 목적이 무엇보다도 자기 자신을 위함에 있겠지만 동시에 남을 가르쳐 이끄는 것도 자신의 목적과 동일하게 실천해야 하는 것을 잊지 말아야 한다. 이것을 자신과 남이 함께 깨달음을 이룬다(自他一時成佛道)'고 하는 것[36]이라고 경고하고 있다.

그런데 우리 불교인은 남을 가르쳐 이끄는 일이나 구제하는 일은

---

33) 金東華, 『韓國佛教思想의 座標』, p.180.
34) 金東華, 『韓國佛教思想의 座標』, p.180.
35) 金東華, 『韓國佛教思想의 座標』, p.181.
36) 金東華, 『韓國佛教思想의 座標』, p.181.

전혀 망각하고 있는 상태 같다고 비판하였고,[37] 교주이신 부처님도
깨달음을 이루신 후 자기 자신이나 자기 가족만을 생각하신 일이 과
연 있었던가? 불교에서 특히 출가를 주장하는 취지는 작은 자기(小我)
에서 큰 자기(大我)의 세계를 나아간다는 선언이라 할 것이다. 그럼에
도 불구하고 나 개인, 내 나라만을 애착하는 고립적 독존·이기적 개
인주의에 떨어져 있다. 이 小我病을 치료하기 위해서 개인의 일정한
수양기가 되면 철저한 사명감과 자신감을 갖고 세계가 곧 자신의 집
이며 모든 인류가 자기의 동포라는 애정으로 기쁘게 뛰어 나가는 平
和愛人의 보살이 되도록 노력해야 할 것이라고 강조하였다.[38]

　이렇게 포교할 수 있는 인물을 배출하기 위해서는 이를 위한 기관
과 운영의 준비가 있어야 한다. 우리 나라 현재의 형편으로서는 가능
성이 희박하다 할지 모른다. 그러나 불교의 세계적 발판을 만들고 또
이러한 일을 하는 것이 불교인들의 할 바라면 이는 마땅히 실현시켜
야 한다. 이 나라에서 불교를 위한 간판을 걸고 있는 모든 종파는 자
기 종단 개개의 사정이 어떠하더라도 전 불교가 오직 총력을 기울여

---

37)　金東華, 『韓國佛敎思想의 座標』, p.46.
38)　金東華, 『韓國佛敎思想의 座標』, p.182.
　　論者는 여기에서 생각나는 것이 있다. 세존이 성도 후 처음으로 빔비사라왕을
　　만났을 때에 왕은 세존의 그 젊음과 상호를 찬탄하고 아까워하면서 자기 나라
　　를 분양하여 줄 터이니 왕이 되어 함께 살자고 간절하게 권하였다. 이때에 세
　　존은 단호하게 거절하고 말하기를 '나도 가필라국 왕자였지만 오직 중생을 제
　　도하기 위하여 출가하였다'고 하고 설법하여 왕을 감화시켜 왕은 마침내 불제
　　자가 된 사건이다. 그 사건의 한 구절을 이에 제시하고 싶다.(『方廣大莊嚴經』
　　卷7, 大正藏 3, p.579下)
　　菩薩答王言 我父輸檀王 居住雪山下 城名迦毗羅 人民甚安樂 爲求無上道 是故今出
　　家 王重稽首言 仁今盛少年 容顔甚端正 應受五欲樂 何爲乃行乞 我當捨次國 與汝
　　共治之 今者幸相見 中心甚欣喜 願得作親友 共莅於王位 何爲樂獨處 空山林野中
　　菩薩於是時 以柔軟音句 徐答大王言 我今甚不戀 世間諸榮位 欲求寂滅故 捨之而出
　　家 況乃於王國 而復生貪羨.

224

이 사업만큼은 기필코 일으켜야 한다는 것을 강조하고 싶다. 강조에
서 그칠 것이 아니라 반드시 실천에 옮겨질 수 있는 구체적인 방법을
모색해야 할 것이라고 역설하고 있다.

　4) 敎法說

　여기서 교법이라 하면 물론 불교를 말하는 것인데, 그것이 인도불
교인가 중국불교인가, 아니면 한국불교인가? 인도의 불교라 해도 부
파·소승·대승, 그 중에서도 여러 갈래들이 있으니 무엇이 불교란
말인가? 또 중국의 불교라면 三論·涅槃·成實·毘曇·地論·律·
禪·淨土·攝論·天台·法相·眞言·華嚴 등 13종파가 있는데 어느
것을 불교라 할 것이며, 또 한국의 경우에도 麗末 朝鮮 초에 조계종·
총지종·천태소자종·법상종·화엄종·도문종·자은종·중도종·
신인종·남산종·시흥종 등 11종파가 있었다 하니 무엇을 진정한 불
교라 하겠는가? 그 다음 일본의 불교라 해도 나라(奈良) 6종(삼론·성
실·법상·구사·율·화엄), 平安 2종(천태·밀교), 融進念佛宗, 法然
의 정토종·時宗·眞宗·日蓮宗 등이 있는데 '각 종파가 자기 종파의
宗旨만을 진정한 불교라 하고 다른 종파의 주장은 진정한 불교가 아
니라 하니 무엇을 믿고 받아들여야 할 것인가?'[39]라고 하고 그 핵심적

---

39) 金東華, 『韓國佛敎思想의 座標』, p.183.
　　여기에서 元義範이 다음과 같이 말한 것이 새삼스레 생각나므로 이에 제시한
　　다. 「韓國宗敎의 理解」(張秉吉교수 은퇴기념논총, 집문당, 1985), p.282 : 우리
　　나라의 종교는 세계적 종교이지 본래 우리 종교가 아니다. 그러므로 우리 민
　　족의식의 심층에 깔려 있는 우리 민족 고유의 역사적 原型的 종교의식을 바탕
　　으로 하면서 종교를 소화, 수용, 포교해야 할 것이 아닌가 하고 생각한다. 따
　　라서 한국에 유교, 불교, 기독교가 전도되기 이전에 이미 한국적 '前-儒敎(Pre-
　　Confucianism)', '前-佛敎(Pre-Buddhism)', '前-基督敎(Pre-Christianity)'가 있었다고

인 부분을 논파하고 소아를 버리고 대아적인 대승적 견지에서 식견을 넓혀야 함을 뇌허는 강조하고 있다. 그리고 뇌허는 이렇게 자기만이 우수하고 남은 열등하다고 주장하는 것이 종파불교의 공통적인 폐단이라고 하였다. '우리가 여기에서 구하고자 하는 교법은 서로 충돌하는 저돌적인 불교가 아니라 이것을 모두 포용하거나 그렇지 않으면 이것을 초월할 수 있는 어떠한 종합·통일의 원리'[40]를 추구해야 한다고 주장하고 있으며, 그렇다고 해서 이제까지 각국에서 신봉되고 있는 각 종단의 불교가 모두 참된 불교가 아니라는 뜻은 아니다. 그러나 그것은 원래 부처님의 설하신 교법에 근거를 두고 발생한 것인 만큼 부분적인 불교이기는 하지만 전체적인 불교라고 할 수 없는 것이라고 고찰하고 있다.[41]

이상에서 그는 四綱의 원리를 간략하게 설명해 왔는데, 각 종단들이 하나의 종파로서 일어나는 데는 그 宗祖의 견고한 신앙심과 천신만고의 온갖 어려움에도 굽히지 않는 의지가 기초로 되어 불교의 발전과 인류문화 향상에 많은 공로가 있었음을 인정해야 한다고 하였다. 한편 과거 우리의 조상들은 대내적으로 각 개인의 깊이를 측정하기에 몰두하여 그 자체가 하나의 올가미로서 자신을 묶고 있다는 것을 모를 정도로 고립화되어 있다. 오늘의 세계를 큰 눈으로 돌아본다면 어디에 국경이 있고 민족적 차별이 있을 수 있겠는가? 그러나 오늘의 세계는 매우 좁아지고 인류는 서로서로 비밀이 없는 공개된 광장이 되고 있는 이러한 견지에서 볼 때, 불교에서 '하나의 하늘아래 있는 사

도 할 수가 있다. 그러한 가정이 없이는 현재의 역사적 한국어 보유 유교, 한국어 번역 유교, 한국어 번역 불교, 한국어 번역 기독교는 原語 번역의 원리적 측면에서 불가능하기 때문이다.

40) 金東華, 『韓國佛敎思想의 座標』, p.183.
41) 金東華, 『韓國佛敎思想의 座標』, p.183.

해이니 모두가 묘한 법에 돌아간다(一天四海 皆歸妙法)'고 한 것이나 '모든 중생이 다같이 부처의 제자(一切衆生 同一佛子)'라고 한 것은 실로 오늘날과 같은 상황으로 보아 불교의 이상을 표현함에 있어 앞을 내다본 명언이라 하겠다. 따라서 이 원리대로 다시 태도를 가다듬어 앞으로의 세계가 무엇을 찾고 있는지를 살펴볼 필요가 있다고 역설하였고,[42] 이때에 진정한 불교의 이념으로써 세계인을 대하게 되면 시대에 잘 맞는 불교가 되는 것이며, 모든 중생이 다 성불할 수 있는 이상적 불교가 세계 곳곳에 심어진다고 내다보았다. 이것이야말로 轉法輪의 불교가 실현되는 것이라고 뇌허는 강조한다.

이상으로 그는 네 가지 큰 요지를 설명하여 이것을 마치 불법이라는 하나의 큰 누각을 세우는 데 있어서 네 개의 기둥이나 네 개의 벽과 같은 것이라고 설명하고 있다. 그러면 이러한 네 개의 기둥 또는 벽 가운데 하나로서 여기에서 추구하고자 하는 종합적 불교의 교법은 무엇을 근거로 하여 어떻게 전개되어야 할 것인가? 이에 대한 뇌허의 견해를 개진하면 다음과 같다.

첫째는 불법의 所依典籍으로 부처의 법이란, 교주의 말씀에 나타나 있는 여러 가지의 진리와 인생으로서 이 세상에서 실천해야 할 윤리·도덕론에 근거하는 것이다. 흔히 말하는 바와 같이 경·율·논 삼장이 그것이다. 그런데 앞서 설명했던 여러 종파도 각기 근거하는 경전이나 율전들이 있었던 것인데, 여기서 말하는 소의전적은 삼장 가운데 어느 한 가지만을 근거로 의지하지 말고 삼장 모두를 공통으로 의지하자는 것이다. 그 이유는 종래 한 가지 경전이나 율전에 의지했던 종파불교가 불완전한 폐단을 드러냈기 때문이라고 간파하였다.

---

42) 金東華, 『韓國佛教思想의 座標』, p.184.

과거 여러 나라에서 흥기했던 여러 종파들이 오늘날에 와서 보면 이론적으로는 모두 불완전한 所依經典에 근거하고 있기 때문이다. 만약 여러 종파에 공통으로 의지처가 되고 근거가 될 수 있는 삼장이 아니었다면 무엇 때문에 그 많은 경전과 율전 등이 설해져 있는 것일까? 물론 이 문제에 대한 여러 종파의 변명으로서 正所依經과 傍所依經의 구별설이 있기는 하다. 그렇지만 律宗이나 論宗에서는 경은 전혀 돌아보지 않는 경향이 있다. 염불종에서는 노사나불설이나 석가모니불설을 전연 무시하고, 밀교에서는 기타 諸佛說의 경전은 應身佛說이라 하여 낮춰 보고 있다. 그 밖에도 다같이 불교라는 간판을 걸고서 서로 원수처럼 헐뜯는 사례가 생기기까지 하는데 시비를 가릴 표준이 없다.

종파불교의 여러 나라에서는 자기들의 것은 우수하고 남의 것은 저열하며 자기의 종은 옳고 다른 종은 그르다는 종파전이 매우 심하다. 일찍이 이러한 사실을 직접 경험한 뇌허는 이 문제의 해결을 위해 고심한 결과 가장 합리적이면서 합당하게 여러 종파를 종합 통일하는 것이 대외적으로 불교의 체면을 유지할 수 있는 동시에 불교 자체의 힘도 보강하는 길이라 생각되어 다음과 같은 이론을 개진하고 있다.

여러 종파를 각기 의지하는 전적으로 구별하면 經宗・律宗・論宗의 셋이라 하겠다. 경과 율은 원래 부처님이 직접 설한 것이고, 논은 후세 論師 즉 불교철학자들이 저술한 것이다. 부처의 말씀과 논사들의 저서 사이에는 어느 정도 서로 다른 점들이 있을지 모르나, 같은 부처님의 설법이라면 거기에서는 서로 다른 점이 있을 수 없다. 비록 중생의 능력에 맞도록 설명을 하려 하니 팔만 사천이라는 많은 교설이 생겨 그들 사이에는 서로 많은 상위점이 있는 것 같지만 그러나 그 모든

228

설법이 모두 부처의 본래 뜻에 어긋남이 없는 것이다. 중생이 한이 없고 그러한 중생들 각자의 수준에 맞도록 부처님은 설법하였으니 법문의 수가 많은 것은 당연하다 할 것이다.[43]

그러나 경의 설명이 아무리 많다 할지라도 듣는 중생이 제 능력에 맞게 들으면 될 것이다. 그 밖의 교법이 자기의 것에 비하여 열등한 것이라고 주장해서는 안 될 일이다. 즉 여러 경전에 있는 갖가지의 가르침은 그대로 두고 자기에게 필요한 내용만을 취하면 될 것이다. 만약 그렇지 않고 한 경전 한 논전만을 우수하다고 주장하여 '자기 종파의 요지로 삼고 다른 경론들을 무시한다면 결국 교단의 단결마저 파괴하게 될 것이다'[44]라고 분석하고 있다. 또한 뇌허는 자기 견해로서 과거 여러 종파의 소의경전에 대한 관념이 바로 위와 같은 것이었다고 관찰하여 통찰하고 이제는 그런 고정관념을 버리고 여러 경의 가치를 다 각각 인정하면서 그것을 새로운 방법으로 살려 통일적인 원리를 찾고 無統制한 불교·무력한 불교로부터 全一의 불교·統制있는 불교·유력한 세계불교로 발전시킬 수 있어야 한다고 역설하고 있으며, 새로운 방법을 제시하고 있음을 볼 수 있다.

그리고 단서를 붙이기를 과거 여러 종파의 시조들이 법화경 중심의 법화종, 화엄경 중심의 화엄종으로 출발한 것은 그들의 개인적 신앙심에서 그리하였던 것이니 여기서 그들의 개인적인 신앙심까지를 무

---

43) 金東華, 『韓國佛敎思想의 座標』, p.187.
　　여기에서 유마경 佛國品의 다음 구절을 새삼 상기하며 그 뜻이 참으로 심오하다고 하지 않을 수 없다고 생각한다.
　　佛以一音演說法 衆生隨類各得解 皆謂世尊同其語 斯則神力不共法 佛以一音演說法 衆生各各隨所解 普得受行獲其利 斯則神力不共法 佛以一音演說法 或有恐畏或歡喜 或生厭離或斷疑 斯則神力不共法.(大正藏 14, p.538上)
44) 金東華, 『韓國佛敎思想의 座標』, p.187.

시하고 비난하려는 것은 아니다. '원래 종지는 개인의 신앙에 입각한 것이기 때문이다.'45) 그러나 모든 종파 전반의 균형상으로 볼 때에는 그러한 편견은 허용될 수 없다고 강력히 논파하고 있음은 신선하고 정법대로 가는 길이라고 사료되어진다.

둘째는 모든 불교의 所依典籍은 三藏으로 해야 한다는 주장이다. 법화경 하나만을 의지한 것이 천태종, 화엄경 하나만을 근거로 하는 것이 화엄종이었지만 이제 여기서 거론하려는 것은 전체 불교의 소의전적으로서 그것은 전체 삼장을 가리킨다. 이 삼장 전체에 공통되는 표준이 있으니 그것은 바로 信 · 解 · 行 · 證의 四敎觀이다.

'즉 믿음의 불교, 이해의 불교, 실행의 불교, 증득의 불교관이다.'46) 이 관찰법은 여러 종파에 공통되는 방법인 동시에 여러 종파를 초월하고 또한 통일하는 하나의 방법이기도 하다. 우선 經藏을 보더라도 信仰을 위주로 한 경전, 理解를 주로 하는 경전, 修行을 중심으로 하는 경전, 證得을 주로 하는 경전 등 각기 다른 특색을 갖고 있으니 이러한 내용을 부류에 따라 나누어 보는 것도 무방할 것이라고 하여 '이런 관점에서 본다면 종래의 여러 종파의 고집스런 관념이 자연스럽게 해소될 것'47)이라고 그는 역설하고 있다.

셋째로 三藏은 信(믿음의 불교), 解(이해의 불교), 行(실행의 불교), 證(증득의 불교) 등 4가지 가르침[敎] 전체의 원전이 된다는 것이다.

이것을 도표로 보면 다음과 같다.48)

---

45) 金東華, 『韓國佛敎思想의 座標』, p.188.
46) 金東華, 『韓國佛敎思想의 座標』, p.188.
47) 金東華, 『韓國佛敎思想의 座標』, p.189.
48) 金東華, 『韓國佛敎思想의 座標』, p.189.

```
          ┌─ 信의 佛敎 : 阿含 및 其他              : 宗 敎
          ├─ 解의 佛敎 : 般若・方等部, 論部          : 哲 學
  佛敎 ─┤
          ├─ 行의 佛敎 : 華嚴 外 여러 經, 律部     : 倫 理
          └─ 證의 佛敎 : 法華・華嚴 外 여러 經    : 完成의 佛敎49)
```

위의 도표에서 4교를 대비시켜 본 것은 절대적인 설이라 할 수는 없다. 믿음에 관한 것이 아함경에만 있는 바가 아니고 또 증득에 관한 설법이 화엄경에만 나타나 있는 것이 아니라 대체적인 특징을 그 예로 든 것에 불과하다. 다시 말하면 한 경전 안에도 이 4교설이 모두 들어 있는 경우가 있고 또는 解와 行, 信과 證 등이 함께 있는 경전도 있다는 것이다.

그리고 4교설의 대체적인 사상적 특수성을 찾아본다면, 아함부는 믿음으로써 불교의 종교성을 많이 강조하고 있고, 이해에 관한 반야부 등의 경전은 철학성이 짙다. 또 실천수행을 주로 담은 화엄이나 율부의 경전들은 윤리성이 깊고, 법화 등의 증득에 대한 경전은 인생으로서 최고의 완성을 표현하고 있다고 뇌허는 보고 있다.50)

---

49) 뇌허는 三藏이 모두 信解行證으로 포섭된다. 일례로『大乘大般涅槃經』(40권본)
   의 35卷(大正藏12, p.573下)에 있는 信에 관한 구절과 이른바 소승 남방경전 제
   10권(日譯) 307쪽에 있는 枳吒山邑經(N.D.P.M.Ⅱ.p172)의 마지막 구절과의 대
   조를 제시한다.
   大般涅槃經.
   或說阿耨多羅三藐三菩提信心爲因 是菩提因雖復無量 若說信心則已攝盡.
   枳吒山邑經.
   비구들이여 信이 있는 제자로서 스승의 가르침에 열중하여 행한 자는 二果中
   一果는 豫期된다. 現法에서 究竟智 또는 有依이면 不還位이니라.
   bhikkhave savakassa satthusasane pariyogahiya vattato dvinnam phalanam aññataram
   phalam patikankha dittheva dhamme aññā, sativa upadisese anagamitaiti.
50) 金東華,『韓國佛敎思想의 座標』, p.190.

이와 같이 삼장 전체를 신·해·행·증 4교로 대비시켜 보면 재래의 종파불교에서 하나의 經이나 律을 근거로 하던 불교관은 자연 해소됨을 간파하였고, 그리고 4교에서는 과거에 소홀히 생각되었던 여러 경전들까지 모두 4교의 어딘가에서 엄연히 살아나게 된다는 점이다. 동시에 같은 부처님의 설법인 점에서 통일되고, 서로 우열과 시비를 가리던 추태도 자연히 없어지게 될 것이라는 관점에서 그의 주장은 타당성이 있는 통합원리라고 인정되는 바이다.

그러면 그는 넷째로 4綱과 5敎를 어떻게 관련짓고 있는가 살펴보자.

앞에서 이미 말한 바와 같이 4강은 부처의 가르침이라는 하나의 큰 집에 있어서 사면의 벽이나 사방의 기둥과도 같다고 하였다. 또 '4교는 마치 우리 신자들이 불교라는 큰집의 문에 들어서서 점차 불교의 우주 및 인생관을 이해하기 시작하여 앞·뒤 순서와 단계를 나누어 분간한 후 불교의 목적지에 도달하기 위하여 한 걸음씩 실천으로 옮겨 드디어 그 완성된 경지에 도달해 가는 것과 같다'51)는 것이다. 이렇게 볼 때 4강설과 4교설은 서로 긴밀한 유기적 관계에 있다고 그는 설한다.

이러한 방법으로 본다면 여기서 삼장의 소의를 거론할 필요도 없고 또 대소승의 우열도 가릴 수 없다고 논파하여 하물며 여러 종파의 우열과 시비를 말할 필요가 어디에 있겠는가? 하고 그는 되묻고 있다. 불교의 문에 들어서 信佛인 믿음의 불교·解佛인 이해의 불교·行佛인 실천의 불교·證佛인 증득의 불교의 과정을 거치는 것은 누구에게나 당연한 경로이기 때문이라고 논지를 펼치고 있음은 현재나 미래 불교를 위해서 올바른 제안이라고 생각된다.

---

51) 金東華, 『韓國佛敎思想의 座標』, p.190.

그러면 그의 四敎說에 대해서 구체적인 측면을 고찰해 보기로 한다.

2. 信·解·行·證 사교의 실현

1) 믿음의 불교[信]

첫째는 믿음의 불교이니 그 출발의 기반이 대개 4아함경에 있다. 그 이유는 4아함이 초기불교의 원시경전이며 신앙적으로나 문화적인 면에서 불교라는 존재를 처음으로 드러냈기 때문이다. 과거 여러 종파에서 이 경의 존재 가치를 소홀히 생각하고, 다만 소승경이라는 편협한 판단을 내렸던 것은 불교성전의 역사성을 무시한 짧은 안목이었다[52]고 뇌허는 보고 있다.

일반적으로 이 경전을 원시경전이라 부르고 있지만 뇌허는 굳이 이를 불교 근본성전이라 보고 있다. 불교는 이 경으로부터 시작되며 부처의 인격과 그 가르침이 여기에서 알려지게 되는 근본적 문헌이기 때문이라고 한다.[53]

아함경은 장아함·중아함·증일아함·잡아함 등 네 가지가 있다. 그것은 양적으로는 그리 큰 것은 아니지만 후세 모든 종파불교의 시원이라 할 수 있는데, 이 경을 불교의 근본성전으로 중요시하지 않을 수 없는 것은 만약 이 경이 아니었던들 후세의 우리로서는 불타라는 성인의 존재를 알 수 없을 뿐만 아니라 불법이 무엇인지도 알 수 없었

---

52) 金東華, 『韓國佛敎思想의 座標』, p.191.
53) 金東華, 『韓國佛敎思想의 座標』, p.191.

을 것이기 때문이다.54) 따라서 불교가 무엇인지를 알고자 하는 세계인이라면 누구나 먼저 이 경에 대한 믿음을 일으키지 않을 수 없을 것이다. 우리가 이 경을 불교신앙의 근본성전으로 보고자 하는 이유는 다음과 같은 이 경이 지닌 특징 때문이라고 그는 분석하였다.

첫째, 아함경은 문헌상으로 보아 불교의 최초 경전이다. 둘째, 교리사상으로 보아 후세 여러 가지 교리의 근본이며, 모태가 될 기초적 교리를 알려주고 있다. 셋째, 교단적으로 볼 때 다섯 비구의 제자로부터 시작하여 점차 하나의 교단이 형성되는 모습을 보이고 있다. 넷째, 신앙의 대상으로서 석가모니 부처님을 부각시키고 있다. 사실 경전의 文面上으로는 석가의 위대성이 그다지 높게 그려져 있지는 않다. 그는 인간의 지도자로서 혼탁한 사바세계에서 가르침을 펴고 이끌어주는 인간적 교사로 친밀하게 표현되어 있는 정도이다. 아직 피안의 영도자, 구세주 같은 절대적 이미지를 드러내고 있지는 않으며 인간미가 넘치는 인간 영도자로 느껴지는 것이 아함경에서의 석가상이다. 그렇지만 부처 즉 깨달은 자는 석가 한 분만 등장한다. 다섯째, 아함경에 있는 이 석가 一佛思想은 이로써 여러 종파의 불교를 통일할 수 있는 하나의 원리가 되는 것이다.55) 그것은 미타 교주도 아니고 비로자나 교주도 아닌 사바세계 단 한 분인 교주로서 기타 여러 부처사상은 그림자도 찾을 수 없이 순수한 一佛思想이다. 이 사바세계에 처음으로 출현하시고 또 이 세계에 마지막까지 살아 계신 분도 석가이다.56) 그

---

54) 金東華, 『韓國佛敎思想의 座標』, p.192.

55) 雷虛는 『佛敎學槪論』, p.38에서도 이미 釋尊一佛을 주장하였다. '佛敎의 宗派中에는 他方佛을 崇拜하는 宗派도 있지만은 아무리 他方佛을 崇拜하는 宗派人이라 할지라도 이 裟婆世界의 佛敎가 釋尊에 그 由來가 있다는 것만은 否定 못하는 바이다.'

56) 金東華, 『韓國佛敎思想의 座標』, pp.192-193.

럼에도 불구하고 사바에 인연이 없어 아직 세상에 나지 않은 여러 부처로 교주의 난맥상을 이루어 여러 종파가 난립하게 되니 통일성을 잃고 만 것을 雷虛는 지적하여, 이제 여러 종파의 통일을 기하기 위해서는 무엇보다 이 세계에서 근본이 되는 교주를 바로 찾아야 한다[57]고 하였다. 교주의 성격이 분명치 않고 통일되지 않은 상태로서는 불교의 단결도 불가능하고 또 힘있는 불교가 될 수도 없다고 하면서 '우리는 통일성 있고 강력한 교단을 형성하는 원리로서 이 아함부의 석가 一佛을 교주로 신앙해야 할 것이라고 생각한다. 그리하여 萬國의 교도들이 그 신앙의 초점을 확실히 하는 동시에 사해동포주의를 재인식해야 할 것이다.'[58]라고 그는 말한다.

그러나 여기에서 한 가지 밝혀둘 것은 아함경에는 석가 일불사상 이외에도 후세 발달불교의 교리적 기초가 모두 나타나 있다는 점이다. 예를 들면 緣起思想・四法印說・中道思想과 八正道・四聖諦・諸法皆空說・業說과 輪廻轉生說・心識說・佛性論・菩薩論・佛陀論 등 중요한 교리가 이미 다 소개되어 후의 대승불교사상도 이를 토대로 삼아 발달한 것이라고 그는 보았다.[59]

그는 또 이와 같이 신앙의 대상이 단일한 석가모니불이라는 점과 그가 직접 설명하신 가르침이라는 점 등에서 볼 때 믿음의 불교로서 아함경을 드는 것은 당연한 귀결이라고 하였다.[60]

---

57) 金東華, 『韓國佛敎思想의 座標』, p.193.

58) 金東華, 『韓國佛敎思想의 座標』, p.193.

59) 金東華, 『韓國佛敎思想의 座標』, p.194.

60) 위와 같음 ; 元曉學硏究 第2輯, 「根本佛說上의 信觀」에서 元義範은 장・중・상응・증지・소부 5니까야 전부에 가르쳐진 信에 관한 經 전부 60經에 설해진 信을 제시 설명하고 마지막 결언으로 다음과 같이 말하였다.

"正信은 無生老死, 安樂, 生天 또는 等正覺, 涅槃, 佛에로 引導한다. 그 成就는 곧 等正覺, 涅槃, 佛이다. 不正信은 有生老死, 憂苦, 三惡途에로 引導한다. 그 계속

2) 이해의 불교[解]

둘째는 이해의 불교로서 믿음이 어느 정도 익어지면 그 다음에 오는 문제로서 믿음의 바탕을 견고하게 하기 위하여 그 믿음의 바탕이 되는 여러 문제에 대한 원리와 합리성을 추구하는 심리가 나타나게 된다. 믿음에서 이해로 옮겨가는 이러한 과정이 믿음을 더욱 탄탄하게 해주는 동시에 철학적으로 심화된 이론체계를 갖추게 한다. 불교가 일반 종교와 비교하여 특별히 다른 점이 있다면 바로 이해에 관한 것이다. 다른 어떤 종교보다도 세밀한 이론 체계를 갖고 원리를 탐구하기 때문이다.61) 다시 말해서 철학적 교리 내용을 담은 經論이 가장 많고 이해를 위한 경전이 대부분이라고 해도 지나친 말이 아니다. 주지적인 불교, 이해를 주목적으로 하는 경론의 불교가 이 이해의 불교이다.62) 이처럼 어느 경전에서나 공통되는 특징이 이해에 관한 것이지만 그 중에서도 主知的이면서 알기 힘든 깊은 이치가 들어 있는 것은 반야부 계통의 경전을 비롯하여 方等部(유마경·능가경·사익경·승만경)·보적부·대집경 등이다. 이러한 경에 나오는 문제는 그밖의 여러 경이 설명하는 것과는 달리 갖가지 사물을 분석 논술함에 있어서 일반 상식으로는 알 수 없는 특이한 방법을 사용하고 있다

은 곧 三惡途 輪廻 轉生이다. 有는 信이고 信이 有이다.”
　　이는 雷虛의 信觀을 입증하는 확고부동한 經證이라고 믿는다.
61) 雷虛의『原始佛敎思想』그 序의 첫말이 이렇다.
　　“세상의 宗敎는 ‘다만 믿으라’ 하는 유형의 종교와 ‘믿으면 안다’ 하는 유형의 종교의 두 가지가 있다고 볼 수 있는바, 전자는 情的宗敎요 후자는 知的宗敎로서 불교는 후자에 속하는 종교라 할 수 있다. 그러므로 불교의 교리는 다른 종교와 달리 그 내용이 실로 복잡다단하다.”
62) 金東華,『韓國佛敎思想의 座標』, p.194.

고 雷虛는 지적하고 있다.[63]

예컨대 유마경에서의 不二法門, 승만경의 승만부인의 설법은 그 가운데 특히 반야경의 一切皆空說 같은 종래의 설법을 모두 부정하고 있으니 놀라지 않을 수 없다고 그는 말한다. 아함경에서는 사물을 일단 긍정적으로 받아들여 설명하고 있으나 이 반야부에 와서는 모두 부정하는 방법을 통해서 진리를 찾는다고 그는 지적하고 있다.[64]

반야라 함은 '到彼岸' '明度' '慧度' 등으로 번역되며 '피안에 이르는' 것을 목적으로 한다는 뜻인데, 반야경의 대체적인 취향은 소승불교의 有思想的 경향을 논파하고 대승불교의 취지를 드높이려 하는 것이라고 뇌허는 보고 있다.[65] 원래 모든 것이 空한 것임에도 불구하고 有라고 믿는 소승인의 法觀은 깊이가 얕은 이해력의 결과라고 하면서 '有思想을 분석하여 그 실체가 공한 것을 사실대로 판단하는 지혜력이 반야경의 핵심이라 할 것이다.'[66]라고 뇌허는 말한다.

반야경에서는 특히 보살의 의의를 밝히고 보살의 실천행으로써 육바라밀을 말하는데 그 가운데서도 제6 지혜바라밀을 주로 논하고 있으니, 즉 '반야바라밀은 보살의 어머니이니 능히 여러 부처의 법을 낳기 때문이다(般若波羅蜜 是諸菩薩母 能生諸佛法故).'[67] 또는 '세존이 곧 반야바라밀이요 반야바라밀이 곧 세존이니라(世尊卽是般若波羅蜜 般若波羅蜜卽是世尊)'고 말하고 있다. 그리고 만약 앞의 다섯 바라밀이 반야바라밀의 인도를 받지 못하면 바라밀로서의 이름을 얻을 수

---

63) 金東華, 『韓國佛教思想의 座標』, p.195.
64) 金東華, 『韓國佛教思想의 座標』, p.195.
65) 金東華, 『韓國佛教思想의 座標』, p.195.
66) 金東華, 『韓國佛教思想의 座標』, p.196.
67) 『摩訶般若波羅蜜經』 卷14, 大正藏 8, p.323上.
　　須菩提 是故深般若波羅蜜能生諸佛.

없다. 보살이 오직 반야바라밀 가운데 있으므로 나머지 다섯 바라밀
도 갖추어질 수 있는 것이다. 그러므로 반야바라밀은 여섯 바라밀 중
에서 가장 높고 묘하며 더불어 비교할 것이 없다.[68] 雷虛는 지혜의 내
용에 대하여 다음의 전거를 들었다.

 菩薩이 道慧를 갖추고자 하면 반야바라밀을 익혀 행해야 하고, 道種
 慧로써 道種智를 갖추고자 하면 반야바라밀을 익혀 행해야 하고, 一切
 智로 일체종지를 갖추고자 하면 반야바라밀을 익혀 행해야 하며, 一切
 種智로써 煩惱를 끊고자 하면 반야바라밀을 행해야 할 것이다.[69]

라고 하여 四智說을 이루고 있는데, 일반적으로는 道慧를 제외한 三智
說 가운데 三種智의 차별에 관해서는 다음의 전거를 들었다.

 수보리가 말하기를 부처님께서 일체지를 말씀하시고 도종지를 말씀
 하시며 일체종지를 말씀하시니 이 세 가지에 어떤 차별이 있습니까?
 부처께서 수보리에게 말씀하시기를 일체지는 모든 성문·벽지불의 지
 혜요, 도종지는 보살의 지혜이며, 일체종지는 부처의 지혜이니라.… 어
 떤 인연으로 일체지가 성문·벽지불의 모든 이름 즉 내외법은 알 수
 있으나 일체도나 일체종지는 쓸 수 없기 때문이다. 세존이시여, 어떤
 인연으로 도종지가 보살의 지혜입니까? 부처님께서 수보리에게 말씀하
 시되 보살이 일체도를 마땅히 알기 때문이다. 성문의 도와 벽지불의
 도와 보살의 도는 부처의 도를 갖추니 이 도로써 궁극적인 깨달음을

---

68) 金東華, 『韓國佛敎思想의 座標』, p.196.
69) 『摩訶般若波羅蜜經』 卷1, 大正藏 8, p.219上.
 菩薩摩訶薩欲具足道慧 當習行般若波羅蜜 菩薩摩訶薩 欲以道慧具足道種慧 當習行
 般若波羅蜜 欲以道種慧具足一切智 當習行般若波羅蜜 欲以一切智具足一切種智 當
 習行般若波羅蜜 欲以一切種智斷煩惱習 當習行般若波羅蜜.

238

얻을 수 없겠습니까? 부처님께서 수보리에게 말씀하시되 이 보살은 불
토를 아직 정화하지 못하고 중생을 성숙케 하지 못하므로 이때에는
궁극적인 깨달음을 얻지 못하느니라.[70]

위 인용문에서 끝부분의 내용이 주목되는데, 그것은 보살로서 깨달
음을 완성하지 못했다는 뜻으로, 그 이유는 보살의 실천행인 불토정
화와 중생 교화를 아직 다하지 못했기 때문이라고 지적하며 세 지혜
가 번뇌를 끊는 차이에 대하여 뇌허는 다음의 전거를 들었다.

무엇이 일체종지의 모습입니까? 부처께서 말씀하시기를 한 가지 모
양으로 일체종지라고 이름하느니라. 예컨대 모든 법의 적멸한 모습이
니라.… 세존이시여, 일체지와 도종지와 일체종지 이 세 지혜가 번뇌
를 끊음에 차별이 있어 다함과 다하지 못함이 있습니까? 부처님께서
말씀하시기를 번뇌를 끊음에는 차별이 없으니 여러 부처의 번뇌는 다
끊기고 성문·벽지불의 번뇌는 다 끊기지 못하느니라.[71]

후세 중국불교 천태종 계통에서는 이 三智說을 응용하고 있는바, 그
근거는 바로 이 經의 가르침에 있는데 이렇게 보면 반야경이 이해의

---

70) 『摩訶般若波羅蜜經』 卷21, 大正藏 8, p.375中.
　　須菩提言 佛說一切智 說道種智 說一切種智 是三種智 有何差別 佛告須菩提 薩婆
　　若 是一切聲聞辟支佛智 道種智 是菩薩摩訶薩智 一切種智 是諸佛智… 何因緣故
　　薩婆若是聞辟支佛智 佛告須菩提 一切名 所爲內外法 是聲聞辟提佛 能知 不能用
　　一切道 一切種智 世尊 何因緣故 道種智 是諸菩薩摩訶薩智 佛告須菩提 一切道 菩
　　薩摩訶薩 應知 若聲聞道 辟支佛道 菩薩道 應具佛道 不應以是道 實際作證耶 佛告
　　須菩提 是菩薩 未淨佛土 未成就衆生 是時 不應實際作證.
71) 『摩訶般若波羅蜜經』 卷21, 大正藏 8, p.375下.
　　云何爲一切種智相 佛言一相故 名一切種智 所謂一切法寂滅相… 世尊 一切智 道種
　　智 一切種智 是三智斷結 有差別 有盡有餘不 佛言 煩惱斷 無差別 諸佛煩惱習 一切
　　悉斷 聲聞辟支佛 煩惱習 不悉斷.

불교에 있어서 원전이 되는 요소가 명백하게 증명되는 것이라고 그는 간파하였다.

끝으로, 반야경이 소승교를 나쁘게 말하고 대승교법임을 적극적으로 주장하는데 그 大乘法이 무엇인가에 대하여 뇌허는 다음과 같은 전거를 들어 설명한다. 『대품반야』 권5(大正藏 8, p.250上 이하)에 '어떤 것이 보살의 摩何衍(大乘)입니까?' 하는 물음에 대한 답으로서 6바라밀·18공·108삼매 등을 들고 있는데 이것이 대승 특유의 첫째 敎法이다. 4念處, 4正勤, 4如意分, 5根, 5力, 7覺分, 8聖道分, 37助道分, 空과 無相과 無願의 三昧, 苦知로부터 如實知까지의 11智, 未知의 欲知根·知根·知者根의 3無漏根, 有覺有觀·無覺有觀·無覺無觀의 3三昧, 念佛에서 念死까지의 10念, 4禪, 4無量心, 4無色定, 8背捨, 9次第定 등의 法數는 원래 소승의 것인데 여기에 두 번째로 나와 있다. 또 부처가 지닌 德으로서 10力·4無所畏·4無礙智 등 18不共佛法이 세 번째 내용으로 되어 있다. 네 번째로는 42字門, 20功德을 들고 있다.

그는 이와 같이 소승의 法도 대승의 敎法으로 섭취되고 있는 점을 주목해야 한다면서[72] 말하기를, 사실 두 번째 부류의 法數들은 원시경전에 나오는 것으로서 소승인에 의하여 소승적으로 해석되어 小乘法數라 하였지만 원시불교는 원래 소승이 아니기 때문에 이제 대승인들은 이것을 대승의 교법으로 해석할 수 있는 것[73]이라고 하였는데 이는 실로 뇌허 특유의 脫大小의 견지에서 본 탁견이라고 필자는 보고 싶다. 어쨌거나 반야경은 대승의 法數와 行相을 이처럼 망라하여 조직했다는 점에서 대승경전으로서의 큰 의의를 지니고 있다고[74] 그

---

72) 金東華, 『韓國佛敎思想의 座標』, p.199.
73) 金東華, 『韓國佛敎思想의 座標』, p.200.
74) 金東華, 『韓國佛敎思想의 座標』, p.200.

는 지적하였다.

그는 또 말하기를 반야경의 또 한 가지 특징은 空을 많이 설하고 있는 점인데『大品經』5(大正藏 8, p.250中)에 18空의 뜻을 설명하고 같은 경 51(大正藏 5, p.290下)에는 20空의 뜻을 설명하는데, 이 같은 공의 설명은 요컨대 주관·객관 모든 法에 실체가 없음을 밝혀 그에 대한 집착을 떨치고 바른 지혜를 얻도록 하여 일체중생이 한 사람 한 미물도 빠짐없이 불타의 구제를 받게 하는 데에 그 목적이 있었던 것이라고 한다.[75]

3) 실행의 불교[行]

셋째는 실행, 실천의 불교인데 일반 종교학의 이론으로 보거나 또는 불교학으로 보거나 일단 교학에 관한 이해도가 깊어지면 다음의 문제는 그것의 실천에 있다고 말하면서 다음의 전거를 들어 설명한다.

"行이란 몸과 입과 뜻으로 짓는 세 가지 업(三業)을 실제로 행동에 옮겨 담는 것을 말한다.『法華經玄義』의 제3하에 '무릇 행이란 나아감(進趣)을 일컫는다. 지혜가 없으면 전만 같지 못하고 지혜가 행을 이끌지만 올바른 경계가 아니면 바르지 못하다. 지혜의 눈과 행의 발이 있어야 청량한 열반의 경지에 이르느니라.'[76]고 하였다. 즉 앞서도 말한 바 있는 敎·行·證, 敎·理·行·果, 敎·行·人·證 등의 가운데에 나와 있는 행으로서 널리 三乘의 깨달음에 나아갈 수행 방법을 말한다. 불교를 이해한 다음에 그것의 실천이 없으면 완전하게 목적을

---

75) 金東華,『韓國佛敎思想의 座標』, p.200.
76) 大正藏 33, p.715中.
　　夫行名進趣非智不前　智解導行非境不正　智目行足到淸凉池.

달성할 수 없는 것이다."[77]라고 行의 개념을 해석한다.

실행의 불교를 강조한 경전은 화엄경·해심밀경·율부·범망경 등 여러 경들이 있다. 그러나 '이 점은 이렇게 보면 어떠할까?[78]라는 겸사의 말을 전제하고 중생의 근기가 천차만별한 것이므로 그 근기에 따라서 5계나 10계를 지켜야 할 사람은 그 내용을 담은 율부에 의지할 것이고, 열 가지의 무거운 계율[十重大戒]을 받아 지켜야 할 사람은 범망경에 의지하면 될 것이다.'[79]라고 말하고 후세 각 종파에서도 실천불교의 어려운 점을 감안하여 천태종에서는 42단계의 수행설, 법상종에서는 41단계, 범망경에서는 40단계의 여러 학설이 전래되고 있다는 것을 예로 들었다.[80] 또한 화엄종에는 10住·10行·10回向의 30心을 닦는 3賢과 入地에서 제十地까지의 수행을 하는 10聖 즉 菩薩地 등을 드는데, 이처럼 갖가지의 수행설이 필요했던 점으로 미루어 실천행의 불교가 얼마나 어려운 것인가를 짐작할 수 있다고 그는 말한다.[81]

만약 이해의 불교에 만족하여 거기에 머물고 만다면 그것은 마치 음식을 말하면서도 먹지 못해 굶주리는 사람(說食飢夫)과 같이 될 것이라고 뇌허는 비유하였다.[82]

그런데 수행설은 대승과 소승의 각 경·율·논에 따라서도 다양해 공통된 설을 찾기가 어렵다. 예컨대 불교인이면 누구나 지켜야 할 계율에 있어서도 대승과 소승의 내용이 다르고, 소승에는 사부대중이

---

77) 金東華, 『韓國佛敎思想의 座標』, p.201.
78) 金東華, 『韓國佛敎思想의 座標』, p.201.
79) 金東華, 『韓國佛敎思想의 座標』, p.201.
80) 金東華, 『韓國佛敎思想의 座標』, p.201.
81) 金東華, 『韓國佛敎思想의 座標』, p.201.
82) 金東華, 『韓國佛敎思想의 座標』, p.202.

지킬 항목이 따로따로 제정되어 있으니 250 비구계가 그것이고, 대승에는 10가지 무겁게 금하는 계와 48가지의 가벼운 계가 있고, 또 일반 수행자에게도 무수히 많은 조목이 있다고 하면서, 雷虛는 그러나 이에서는 다만 일반적으로 인정되고 있는 수행인의 행법으로서 6바라밀행과 10바라밀행을 들기로 한다고 하고[83] 육바라밀과 화엄경 10바라밀을 설명한다. 이 설명은 뇌허 자신의 말대로 '일반적으로 인정되고 있는' 定說이므로 그렇다고 해서 생략할 수도 없고 本論脈上 그냥 그대로 옮긴다.

보살불교의 특징은 자기 자신을 이롭게 하고[自利] 동시에 남도 이롭게 해야 하는[利他] 실천목표를 갖고 있다.

실천의 구체적인 방법으로 여섯 가지가 있으니 이것을 육바라밀법이라고 한다. 바라밀(Paramita : 到彼岸)이란 모든 중생으로 하여금 생사가 있는 이 언덕(此岸)에서 열반의 저 언덕(彼岸)에 이르도록 한다는 것이다.

보시(布施 : 檀那) · 지계(持戒 : 尸羅) · 인욕(忍辱 : 羼堤) · 정진(精進 : 毘梨耶) · 선정(禪定 : 禪那) · 지혜(智慧 : 般若)의 여섯 가지가 그것이다. 『대품반야경』 5(大正藏 8, p.250上)에 6바라밀은 보살의 대승이라 하고 그 실행방법은 다음과 같다. 첫째 檀那 바라밀(dānaparamita)로 하는 것은 보살이 薩婆若心(Sarvajña)으로 내외의 자기 소유물을 모든 중생에게 베풀어 주어 함께 깨달음을 얻도록 하되 무소득으로 하는 것이다. 둘째 시라(尸羅, Śila) 바라밀은 보살이 살바야심으로 열 가지 착한 도(十善道)를 지켜 행하고 남에게도 그처럼 착한 길을 가게 하

---

83) 金東華, 『韓國佛敎思想의 座標』, p.202.

되 무소득으로 하라는 것이다. 셋째 羼堤(Ksānti) 바라밀은 보살이 살바야심으로 모든 어려움을 참고 수행하도록 하라는 것이다. 넷째 毘梨耶(Virya) 바라밀은 보살이 살바야심으로 다른 다섯 바라밀을 실행함에 바라밀행을 닦는데 근면하도록 도와주되 무소득으로 하라는 것이다. 다섯째 禪那(dhyāna) 바라밀은 보살이 살바야심으로 스스로 마음을 고요하게 하는 방법으로 禪에 들어가고 남에게도 그와 같이 하도록 도와주되 무소득으로 하라는 것이다. 여섯째 般若(prajñā)바라밀은 보살이 살바야심으로 법에 집착하지 않고 法性을 바로 보며 남에게도 그와 같이 도와주되 무소득으로 하라고 하고 있다.

　　또한 주는 사람·받는 사람·재물은 얻을 수 없기 때문에 檀那바라밀을 이루는 것이며, 죄와 죄 아닌 것을 얻지 못하므로 持戒바라밀이 이루어지며, 마음이 움직이지 않으므로 忍辱바라밀을 갖추게 되며, 몸과 마음이 부지런하고 게으르지 않으므로 精進바라밀을 이루고, 혼란하거나 흐리지 않으므로 禪定바라밀이 되며, 모든 법이 얻을 수 없음을 알기 때문에 반야(智慧)바라밀이 이루어진다.[84]

　　여기서 중요한 것은 바라밀을 실행할 때 집착하지 않고(無所得) 살바야심으로 해야 한다는 것을 인식해야 할 것이라고 雷虛는 무소득을 중시한다.[85]

　　다음에는 화엄경에 나타나는 10바라밀인데, 10바라밀은 앞서 열거

---

84) 『摩訶般若波羅蜜經』 卷1, 大正藏 8, p.220上.
　　施人受人財物 不可得故 能具檀那波羅蜜 罪不罪不可得故 具足尸羅波羅蜜 心不動故 具足羼提波羅蜜 身心精進 不懈怠故 具足毘梨耶波羅蜜 不亂三昧故 具足禪耶波羅蜜 知一切法不可得故 具足般若波羅蜜.
85) 金東華, 『韓國佛教思想의 座標』, p.203.

244

한 6바라밀 이외에 제7 구파나(傴波那 Upaya : 方便)·제8 바라니타나 (鉢羅尼陀那, Praṇidhāna : 願)·제9 파라(波羅, Bala : 力)·제10 야나 (若那, jñāna : 智) 등 네 가지를 더한 것이다.

보살에게 열 가지 바라밀이 있다. 무엇이 열인가? 이른바 檀那바라밀은 모든 소유를 버리기 때문이요, 尸羅바라밀은 부처의 계율을 지키기 때문이요, 精進바라밀은 수행에서 항상 물러나지 않기 때문이요, 般若바라밀은 모든 법을 관찰하되 사실과 같이 보기 때문이요, 智바라밀은 부처의 힘에 깊이 들어가기 때문이요, 願바라밀은 보현보살의 원행을 따르기 때문이요, 神力바라밀은 모든 신통력을 나타내 보이기 때문이요, 法바라밀은 모든 법을 섭취하기 때문이다. 불자야, 이것이 보살의 열 가지 바라밀이니라.86)

위의 인용문이 바로 그것으로서, 여기서는 반야경에서 말한 6바라밀에 智바라밀 등의 4바라밀을 더하고 있다.

해심밀경 제4地 바라밀다품에서는 6바라밀 외에 후의 4바라밀을 더하는 이유를 보조가 되기 때문으로 설명하고 있다. 즉 願바라밀은 정진바라밀을 위하여 보조 역할이 되고, 力바라밀은 靜慮(禪那)바라밀에, 智바라밀은 반야바라밀에 각각 보조가 되며, 方便바라밀은 6바라밀 가운데 보시바라밀·지계바라밀·인욕바라밀에 보조가 된다고 한다. 그리고 十地品에서는 초지에 도달할 때 보시바라밀을 성취하고 내

---

86) 『華嚴經』 卷37 離世間品, 大正藏 9, p.635中.
　　菩薩摩訶薩 有十種波羅蜜 何等爲十 所謂檀波羅蜜 捨一切有故 尸羅波羅蜜 淨佛戒故 羼提波羅蜜 具足佛忍故 精進波羅蜜 於一切時不退轉故 禪波羅蜜 正念不亂故 般若波羅蜜 觀一切法悉如如故 智波羅蜜 深入佛力故 願波羅蜜 普賢菩薩願行滿故 神力波羅蜜 示現一切神通力故 法波羅蜜 攝取一切法故 佛子 是爲菩薩 摩訶薩十種波羅蜜中.

지 제10 法雲地에 들어갔을 때는 10바라밀도 성취한다고 한다. 이렇게 보면 수행의 단계설 가운데는 이 바라밀설이 가장 높은 위치에 있는 셈이라고 雷虛는 보고 있다.[87]

4) 증득의 불교[證]

뇌허는 넷째로 증득의 불교를 다음과 같이 설명한다.

넷째, 증득의 불교라 함은 이 4교론의 결론에 해당하는 것이다. 즉 믿음에 의하여 처음 불교에 들어온 사람이 지혜의 노력에 의하여 불교의 교리를 어느 정도 이해하게 되면 거기서부터 불교의 이념을 실천에 옮겨 마침내 목적지에 도달하게 되는 것이니 그 목적이 바로 증득의 불교라 하겠다. 바른 수행법에 따라 닦고 익혀서 진리에 들어가 깨달음을 얻는다[證悟] 하므로, 이것을 '지혜의 눈(智目 : 解)과 실행의 발(行足 : 行)로 淸凉池에 이른다[證]'고 한다. 이 경지에 도달한다는 것은 참으로 그 자리에 이른 사람만이 짐작할 수 있을 만큼 어렵고 힘든 일일 것이다[88]라고 전제하고 자세한 설명에 들어간다.

여기에 해당하는 소의경전은 법화경·열반경·화엄경 등을 들고 雷虛는 이 깨달음의 경지를 두 가지 방향에서 고찰하였다. 우선 한 가지는 법화경을 중심으로 부처님께서 우리 중생들을 가르치고 이끌어 깨달음을 이해하게 하는 측면이라고 보고, 법화경 설법의 서론격인 경으로서『無量義經』說法品 제2에 있는 전거를 든다.

선남자야, 내가 일찍이 보리수 아래에서 6년을 앉아 마침내 가장 법

---

87) 金東華,『韓國佛敎思想의 座標』, p.206.
88) 金東華,『韓國佛敎思想의 座標』, p.206.

246

을 관찰하나 가히 말할 수가 없도다. 왜 그런가. 중생의 근성과 의욕
이 서로 다름을 알고 갖가지 법을 설하여 방편의 힘을 쓰기 40년간이
었으나 진실한 법은 아직 드러내지 못하고, 중생을 구제하지만 도를
얻는 데 차별이 있어 최고의 깨달음은 빨리 얻을 수가 없느니라.[89]

위의 내용에 의하면, 석존이 깨달음을 이루신 후 40여 년 동안 설법
을 하였지만 그간에 자신이 세상에 나온 본래의 뜻을 말하신 적은 한
번도 없다는 것인데 그러면 그 본래의 뜻, 즉 그 未顯한 진실이 무엇
인가 하면 그것은 부처님 최후의 설법집인 법화경이라는 것이 후세
여러 학자들의 의견[90]이라고 보고 법화경의 方便品 제2의 첫 부분에
있는 다음과 같은 내용을 雷虛는 인용한다.

이때에 세존이 삼매에서 편안히 일어나 사리불에게 말씀하시되, 여
러 부처의 지혜는 매우 깊어 헤아릴 수가 없느니라. 그 지혜의 문은
이해하기 어렵고 들어가기 어려워 모든 성문·벽지불은 잘 알 수 없
는 것이다. 왜 그런가 하면, 부처께서 일찍이 무수히 많은 부처를 가
까이 하면서 모든 부처의 헤아릴 수 없는 도의 법을 다 실천해 용맹
정진하여 그 이름이 널리 들리었고, 일찍이 없던 깊은 법을 이루었도
다. 마땅함을 따라 설명하나 그 뜻을 이해하기 어렵느니라. 사리불아,
내가 성불한 이래 갖가지 인연과 비유로써 널리 설명하고 가르치며
무수한 방편으로 중생을 인도하여 모든 집착을 끊게 하였다.
왜냐하면 여래의 방편과 지혜바라밀을 이미 다 갖추었기 때문이다.

---

89)『無量義經』說法品 第2, 大正藏 9, p.384中.
   善男子 我先道場菩提樹下 端坐六年 得成阿耨多羅三藐三菩提以佛眼 觀一切諸法
   不可宣說 所以者可 知諸衆生 性欲不同 種種說法 以方便力 四十餘年 未顯眞實 是
   救衆生 得道差別 不得疾成 無上菩提.
90) 金東華,『韓國佛敎思想의 座標』, p.207.

사리불아, 여래는 지견이 넓고 깊으며 걸림이 없고(四無畏), 힘이 있으며(十力), 두려울 바가 없고(四無所碍), 선(四禪)과 정(四無色定), 해탈(八解脫), 삼매(三昧)로서 끝없이 깊이 들어가 일찍이 없던 모든 법을 이루었느니라. 사리불아, 여래는 능히 갖가지로 분별하여 교묘히 모든 법을 설명하시니 말씀이 부드럽고 중생의 마음을 기쁘게 하시느니라. 사리불아, 요컨대 헤아릴 수 없고 끝없는 희귀법을 부처가 다 이루셨도다. 그만하자 사리불아, 다시는 말하지 않으리라. 왜냐하면 부처가 이룬 것은 가장 드물고 이해하기 어려운 법이라 오직 부처만이 모든 법의 진실한 모습을 다 알 수 있기 때문이다.91)

이와 같이 부처는 그만두어라(말하지 않겠다)고 하기를, 세 번씩이나 했고 이에 사리불은 세 번씩이나 간청하니 그 태도에 감동한 부처님께서는 "네가 이미 은근하게 세 번씩이나 간청하니 어찌 말하지 않을 수 있겠는가?"라고 하면서 드디어 가장 드물고 어려운 법을 설명하시게 된다. 그러면 오직 깨달은 자만이 서로 알 수 있다는 그 법의 실상은 과연 어떠한 것인가?92)라고 雷虛는 의문을 던져놓고 다음과 같이 10如是를 들어 해석 설명한다.

그 법이란 첫째 如是相이니 상은 외적으로 볼 수 있는 모양을 말한

---

91) 『法華經』 方便品 第2, 大正藏 9, p.5中-下.
　　　爾時 世尊從三昧 安祥而起 告舍利佛 諸佛智慧 甚深無量 其智慧門 難解難入 一切
　　　聲聞辟支佛 所不能知 所以者何 佛會親近百千萬億無數諸佛 盡行諸佛無量道法 勇
　　　猛精進 名稱普聞 成就甚深未曾有法 隨宣所說意趣難解 舍利佛 吾從成佛已來 種種
　　　因緣 種種譬喩 廣演言敎 無數方便 引導衆生 令離諸着 所以者何 如來 方便知見波
　　　羅蜜 皆己具足舍利佛 如來知見 廣大深遠 無量無礙(四) 力(十) 無所畏(四) 禪(四)
　　　定(四無色) 解脫(八) 三昧(三) 深人無際 成就一切未曾有法 舍利佛 如來能種種分
　　　別 巧說諸法 言辭柔軟 悅可衆心 舍利佛 取要言之 無量無邊 未曾有法 佛悉成就 止
　　　舍利佛 不須復說 所以者可 佛所成就 第一希有難解之法 唯佛與佛 乃能究盡諸法實
　　　相.
92) 金東華, 『韓國佛敎思想의 座標』, p.209.

다. 둘째 如是性으로 위의 상의 근본으로서 변하지 않는 성품을 말한
다. 셋째 如是體이니 모양을 갖추고 있는 것을 體라고 한다. 넷째 如是
力 즉 체에 갖추어져 있는 힘. 다섯째 如是作으로 처음으로 일으키는
것을 作이라 한다. 여섯째 如是因 즉 처음으로 비롯되게 하는 원인. 일
곱째 如是緣 즉 위의 인을 돕는 보조적 원인. 여덟째 如是果 즉 인연에
의해서 생긴 결과. 아홉째 如是報 즉 원인에 마땅한 결과를 받는 것.
열째 如是本末究經이니 처음 相으로부터 후의 報까지가 한 맛처럼 평
등하다는 것93)이라고 그는 해석한다.

이상을 十如是라고 하는데 이것이 모든 법의 진실한 모습 즉 일반
적인 실제의 모양인 동시에 모든 중생에게 있는 부처의 성품이다. 열
반경에서 第一義空・中道・十二因緣・一乘 등의 이름이 나와 있지만
그러나 그것은 명확하게 법의 개념이 되어 있지 않다. 위의 10여시가
가장 구체적인 법의 정의라고 雷虛는 지적하고 이처럼 깨달음의 본성
을 구체적인 내용으로 정의해 놓은 것은 위에서 인용한 법화경의 문
장이 처음인 것으로 보고 있다.

十如是라는 말의 '是'는 위의 相・性・體・力・作・因・緣・果・
報・本末究竟으로서 현상이나 본체의 모든 법이 본래 갖추어 있는 천
연의 덕성이다. 이것은 二乘의 성문과 연각도 깨달음을 이루는 원리인
동시에 삼승을 모아 일승으로 돌아가게 하는 근본원리94)라고 뇌허는
보았다.

그리고 부처님께서 이 세상에 출현하신 한 가지 큰 인연이 바로 이
러한 도리를 중생에게 알려주고자 하심이라고 보고95) 역시 방편품에

---

93) 金東華, 『韓國佛敎思想의 座標』, p.209.
94) 金東華, 『韓國佛敎思想의 座標』, p.210.
95) 金東華, 『韓國佛敎思想의 座標』, p.210.

있는 전거를 들었다.

모든 부처 세존께서는 오직 한 가지 큰 인연으로 세상에 나타나시
느니라. 사리불이여, 무엇을 모든 부처 세존께서 오직 한 가지 큰 인
연으로 세상에 나타나시는 것이라 하는가? 모든 부처 세존께서는 중생
으로 하여금 부처의 지견을 열어 청정함을 얻게 하고자 세상에 나타
나시며, 또한 중생에게 부처의 지견을 깨닫게 하고자 이 세상에 나타
나시고, 또한 중생으로 하여금 부처 지견의 길에 들어가게 하고자 세
상에 나타나시는 것이니라. 사리불아, 이를 모든 부처님은 오직 한 가
지 큰 인연으로 세상에 나타나시는 것이라고 하는 것이니라.96)

뇌허는 다음과 같이 요약한다97)고 하고 설명한 요지는 다음과 같다.
이제까지의 내용을 요약해 보면, 부처님께서 깨달음을 이루신 이후
40년 동안 드러내지 않은 그 진실한 법은 넓은 뜻으로는 모든 법의 실
상을 말하고 좁은 뜻으로는 중생이 부처가 될 수 있는 원리이다. 부처
님께서 법화경에서 비로소 이 원리를 설명하시는 의도는 물론 중생으
로 하여금 중생의 근본원리를 깨우쳐 이것을 개발하여 인간 본래의
상태로 환원시키고자 함이 그 목적이다. '인간개발이야말로 부처님께
서 세상에 나신 목적을 완성하는 것이니 이는 부처의 중생에 대한 자
비심이라 하겠다.'98) 이 자비로운 심정을 솔직하게 털어 놓는 것이 위

---

96) 『法華經』 方便品, 大正藏 9, p.7上.
　　諸佛世尊 唯以一大事因緣故 出現於世 舍利佛 云何名諸世尊 唯以一大事因緣故 出
　　現於世 諸佛世尊 欲令衆生 開佛知見 使得淸淨故 出現於世 欲示衆生佛知見故 出
　　現於世 欲令衆生 悟佛知見故 出現於世 欲令衆生 入佛知見道故 出現於世 舍利佛
　　是爲諸佛唯以一大因緣故 出現於世.
97) 金東華, 『韓國佛敎思想의 座標』, p.211.
98) 金東華, 『韓國佛敎思想의 座標』, p.211.

250

에 소개된 四佛知見說인데 다시 말하면, 중생들이 본래 갖추고 태어난 부처의 지견을 열어[開] 궁극적인 청정함을 얻게 하고자 세상에 나셨고, 중생에게 부처의 지견을 보이고자[示] 세상에 나셨으며, 중생에게 부처의 지견을 깨닫게[悟] 하고자 세상에 나셨고, 중생에게 부처의 지견의 길에 들어가게[入] 하고자 세상에 나셨다는 것이다. 이 같은 開·示·悟·入의 네 목적이 부처의 깊은 심정을 표현한다고 볼 수 있겠다99)라고 그는 보았다.

'이상에서 본 바와 같이 법화경에서는 부처님의 자비로운 영도력에 의하여 우리 중생들이 깨달음을 증득케 되는, 즉 타력에 의한 증득의 유형이 설명되고 있다고 보겠다'100)라고 법화경에 의한 증득불교를 마친 다음 화엄경에 의한 증득을 설명한다.

법화경이 타력에 의한 증득을 설명하고 있음에 비하여 화엄경은 수행자 자신의 굽히지 않는 노력으로써 깨달음에 이르는 경우라고 보고 雷虛는 화엄경의 증득을 다음과 같이 간추린다.

'우리가 여러 경전을 읽을 때 논리적으로는 어느 정도 이해가 되는 듯하나 다시 한 번 생각해 보면 아는 바가 없음을 깨닫게 된다. 그것은 문자의 의미를 알고 분별하였을 뿐이지 그 참된 의미는 알지 못하고 있는 것으로 이는 아직 여기에서 말하는 증득을 거치지 못했기 때문이다'101)라고 뇌허 자신의 經觀을 밝힌 셈인데, 이러한 經觀의 경지가 바로 그의 證得의 경지라고 論者는 보고 싶다. 화엄경의 주요한 문제도 역시 깨달음의 성품 즉 佛性에 있는 것이라고 하고 그는 아래를 전거로 든다.

---

99) 金東華, 『韓國佛敎思想의 座標』, p.211.
100) 金東華, 『韓國佛敎思想의 座標』, p.212.
101) 金東華, 『韓國佛敎思想의 座標』, p.212.

이때에 여래께서 걸림이 없이 청정한 하늘의 눈으로 모든 중생을 관찰하시고 나서 말씀하시되, 기이하고 기이하도다. 여래의 몸에 지혜가 갖추어져 있건만 어찌하여 그것을 보지 못하는가? 나는 마땅히 저 중생들을 가르쳐 성스런 도리를 깨닫게 하여 모두 그릇된 생각으로 전도된 번뇌를 영원히 떨쳐버리고 그 몸 속에 여래의 지혜가 있어 부처와 다름이 없음을 보게 하리라.[102]

마음은 그림을 그리는 화가와 같아 갖가지 五陰을 그리니 모든 세계에서 만들어지지 않는 법이 없도다. 마음과 부처도 또한 그러하고 부처와 중생도 역시 그러하니 마음·부처·중생 이 셋에 차별이 없도다.[103]

증득에 관한 모든 경전상의 출발점이 佛性說에 있으며 불성에 관하여 논리적으로 이해하고 믿는 정도에서 그치는 것이 아니라 그것을 궁극적으로 체험하고 증득하고자 함이 불교의 참된 목적이라고 하면서 화엄경 入法界品의 요지도 또한 그러하다고 뇌허는 보고 있다.[104]

즉 善財라는 청년은 法을 찾아 불교에 들어온 후 그 세워진 각오는 단단하지만 아직 실제 깨달음의 證驗을 얻지 못하여 많은 고민을 하다가 53명의 선지식을 차례로 방문하여 도를 묻는데 그가 만나는 선지식 몇 분을 골라서 그 설법내용의 요지에 의하여 화엄경에서의 증득이 어떤 것인가를 뇌허는 다음과 같이 간추린다.

---

102) 『華嚴經』 性起品 第32, 大正藏 9, p.624上.
　　爾時如來 以無障礙淸淨天眼 觀察一切衆生 觀已作如是言 奇哉奇哉 云何如來具足 智慧於身中 而不知見 我當敎彼衆生 覺悟聖道 悉令永離妄想顚倒垢縛 具見如來智 慧在其身內 如佛無異.
103) 『華嚴經』 夜摩天宮品 第16, 大正藏 9, p.465下.
　　心如工畫師 畫種種五陰 一切世間中 無法而不造 如心佛亦爾 如佛衆生然 心佛及 衆生 是三無差別.
104) 金東華, 『韓國佛敎思想의 座標』, p.213.

252

최초의 스승인 문수보살의 출현 | 먼저 문수보살이 나타나 祇洹林 가운데의 한량없는 장엄의 모습을 찬탄한다. 그 다음 本品의 주역 인물인 선재동자가 나타난다. 문수는 선재동자를 보고, '나는 마땅히 너를 위하여 미묘한 법을 말할 것이니 여러 부처의 바른 법, 여러 부처의 몸, 여러 부처의 깨끗한 莊嚴法, 일체 여래의 평등한 正法 등이 그것이다'라고 하여 선재는 여기에 菩提心을 일으켰다. 이를 본 문수가 선재에게 전하기를, 참으로 훌륭하다고 칭찬하고 선지식을 찾아뵙고 어떻게 보살행을 배우고 보살도를 닦으며 普賢行을 구하는가를 물어 보살의 도리를 얻으라 하면서 남방 可樂國의 功德雲 비구를 찾아가도록 권한다. 다시 말해서 이때 문수보살이 설법한 내용의 요지는 보살도를 배우고 그 실천을 하여 普賢行을 갖추라는 것이다.105)

두 번째 찾은 공덕운 비구의 설법 | 그는 오직 普門光明觀察正念諸佛三昧만을 안다고 한다. 여러 보살들은 원만하게 널리 비추는 念佛三昧를 얻어서 모든 부처와 그에 딸린 권속들과 장엄하고 청정한 불국토를 보고, 모든 중생의 착각을 멀리 떨쳐버리게 할 염불삼매를 얻어서 중생이 응하는 바에 따라 모두 청정하게 하며, 미세한 염불삼매를 얻어서 한 생각 동안에 한 털구멍에서 모든 부처의 바른 깨달음이 이루어짐을 보며, 허공과 같은 염불삼매를 얻어서 여래의 몸이 법계와 虛空界를 널리 비치는 것을 본다고 한다. 다음에는 海雲比丘·善住比丘·의사彌伽·解脫長者·海幢比丘·休捨優婆夷·毘目多羅선인·方便命바라문의 순서로 만난다.106)

---

105) 金東華, 『韓國佛敎思想의 座標』, p.214.
106) 金東華, 『韓國佛敎思想의 座標』, p.215.

방편명 바라문의 가르침 | 선재가 이 바라문에게 이르러 보살행을 물으니 '네가 만약 이 칼산에 오르고 불 속에 들어가면 보살의 여러 수행이 모두 청정해지리라'고 하여 선재는 이것이 악마인가 하고 의심하였지만 열렬한 구도의 마음에서 칼산에 오르고 불 속에도 뛰어들었다. 이때에 문득 선재는 安住三昧와 寂靜安樂照明三昧를 얻게 된다. 이어서 彌多羅尼童女 · 善現比丘 · 釋天主童子 · 自在優婆夷 · 甘露頂長者 · 法寶住羅長者 · 普眼妙香長者 · 滿足王長者 · 大光王 · 不動優婆夷 · 隨順一切衆生外道 · 靑蓮華長者 · 自在悔師 · 無勝長者 · 師子奮迅比丘尼 등을 거쳐서 제26 婆須密多 여인에게 이른다.107)

여인 바수밀다의 色身 교화 | 그녀는 이미 욕심을 떠나 실제 청정한 법을 이루었다고 한다. 만약 하늘이 그녀를 보면 그녀는 天女가 되고 사람이 그녀를 보면 人女가 되며, 만약 중생이 그녀와 손을 잡으면 모든 불국토에 이르는 삼매를 얻을 것이라 하고 그녀와 같이 자는 사람은 해탈삼매를 얻으리라 한다. 그 다음 제27 安住장자를 거쳐서 제28 관세음보살을 만난다.

관세음보살의 대자비의 수행 | 大悲法門 光明行을 실천하여 모든 중생을 위한 서원을 세우고 모든 중생으로 하여금 온갖 공포 · 두려움을 떨쳐버리게 하는 보시(無畏施)를 행하였다. 그리고 正趣菩薩 · 大天 · 安住地神 · 婆沙婆陀野天 · 甚深妙德泥丘光明夜天 · 喜目觀察衆生夜天 · 妙德救護衆生夜天 · 寂靜靑夜天 · 妙德守護諸成夜天 · 開府樹花夜天 · 願勇光明守護衆生夜天 · 妙德圓滿天 · 瞿吏女 · 摩耶夫人 · 天主光

---

107) 金東華, 『韓國佛敎思想의 座標』, p.216.

254

童女・邊友童子・善知衆藝童子・賢勝優婆夷・堅固解脫長者・妙月長者・無勝軍長者・尸毘最勝婆羅門・德生童子・有德童女・彌勒菩薩을 거쳐서 다시 文殊菩薩에게 돌아간다. 미륵보살이 선재를 다시 문수보살에게 인도하는 이유로서 문수는 수많은 보살의 서원을 원만하게 갖추어 항상 수많은 부처의 어머니가 되고 또 수많은 부처의 스승이 되며 그 이름이 시방세계에 널리 들리고 모든 부처로부터 찬양되기 때문이라 한다. 선재는 이상과 같이 하면서 111성을 경유하여 결국 普門城에 당도하였다.108)

문수보살이 다시 가르침 | 문수는 오른손을 펴 선재의 이마를 만지면서 말하기를, '훌륭하다. 선남자여, 만약 믿음의 뿌리를 잃었더라면 근심과 후회에 마음이 빠져 공덕의 행이 갖추어지지 않고, 부지런히 정진하는 자세가 줄어들어 작은 공덕으로도 충분하다고 생각게 되며, 모든 감각기관에 마음이 머물고 집착하여 보살의 수행을 일으키지 못했으리라'109) 하였다. 雷虛는 이 부분을 특히 따옴표를 하여 인용하였다.110) 또한 그렇게 되었더라면 선지식들이 보호해주지 않았을 것이

---

108) 金東華, 『韓國佛教思想의 座標』, p.217.
109) 金東華, 『韓國佛教思想의 座標』, p.217.
110) 이 부분의 원문은 조금씩 다르나 '若離信根'이면 '不起 … 行願'이라는 문구는 다 같다. 즉 뇌허의 四教의 信과 行이 증언되어 있는 셈이다.
　　『六十華嚴』, 大正藏 9. p.783下.
　　文殊師利遙伸右手 過百一十由旬 至普門城 摩善財頂 而作是言 善哉善哉 善男子 若離信根憂悔心沒 功行不具退失精勤 於少功德便以爲足 於一善根 心生住著 不善發起菩薩行願不爲善知識之.
　　『四十華嚴』, 大正藏 10, p.836下.
　　一百一十由旬外 遙申右手 至蘇摩那城 摩善財頂 作如是言 善哉善哉 善男子 若離信根 心生彼厭 心志下劣 功行不具 退失精勤 於少善根 而生知足 不善發起一切行願.

고 여래가 기억하고 생각해 주지 않았을 것이라 하였다. 그와 같은 法의 本性, 그와 같은 이치, 그와 같은 머물 바를 알 수 없었을 것이고, 혹은 두루 알고 혹은 갖가지로 알며 혹은 근원의 밑바닥까지 다하고 혹은 점차 도에 들어가고 혹은 해탈하며 혹은 분별하고 혹은 지혜를 증험해 알며 획득하는 등등 이 모든 것이 불가능하였으리라는 것이다. 이 말은 선재동자가 처음 일으킨 마음을 굽히지 않고 111성을 거치면서 53선지식을 차례로 방문하여 드디어 법의 세계에 들어가게 되었음을 칭찬하여 하는 말이다. 선재는 드디어 수많은 법문을 성취하였고, 헤아릴 수 없이 큰 지혜의 빛, 수많은 보살의 眞言·한없이 큰 소원·수많은 삼매·수많은 신통력·한없는 지혜 등을 모두 얻게 되고 다시 보현보살이 수행하는 도량에 들어가게 되었다. 그리고 문수는 선재를 그가 머무는 곳에 그대로 둔 후 돌아가 다시는 나타나지 않았다. 그때 선재는 온갖 세계의 여러 선지식을 볼 수 있고, 살바야와 큰 자비심을 키워, 맑은 지혜의 눈으로 중생을 널리 관찰하고, 보살의 고요한 법문에 편안히 머물면서 모든 법의 경계를 분별하고 알아내어 부처의 깊고 큰 공덕의 바다에 들어가 해탈의 도를 갖추고 부지런히 정진하면서 보현보살이 행하는 바를 닦고 익혔다. 마지막으로 선재는 보현보살을 찾아간다.

보현보살의 경계 | 선재는 드디어 보현보살을 뵙는다. 그때 보현보살은 금강도량의 여래 앞인 蓮華藏獅子座에 앉아 대중에게 둘러싸여 있었다. 그의 털구멍에서는 모든 세계에 작은 먼지와 같이 무수한 빛을

『八十華嚴』, 大正藏 9, p.439中.
按善財頂 作如是言 善哉善哉 善男子 若離信根 心劣憂悔 功行不具 退失精勤 於一善根 心生住著 於少功德 便以爲足 不能善巧發起行願.

발하였다. 모든 세계를 비추어 모든 중생의 고통을 제거하고 또 보살의 좋은 바탕을 키워주는 등 거듭거듭 끝없는 작용의 모습을 나타내고 있으니 이것은 모두 보현보살의 불가사의한 신통력의 결과이다. 선재는 이것을 보고 열 가지의 무너뜨릴 수 없는 지혜의 법문을 얻었으니, 첫째 한 생각 동안에 능히 한 몸으로 모든 국토에 두루 나가는 것, 둘째 생각생각마다 모든 부처의 땅에 나아가는 것, 셋째 생각생각마다 모든 부처를 공경하고 모시는 것, 넷째 생각생각마다 모든 부처의 곳에서 바른 법을 들어 지니고 모든 부처의 法輪智波羅蜜을 얻는 것, 다섯째 생각으로 헤아릴 수 없는 부처의 自在한 智바라밀을 얻는 것, 여섯째 끝없이 말하는 지혜의 법문을 얻는 것, 일곱째 般若波羅蜜의 모든 법문을 얻는 것, 여덟째 모든 법의 세계의 큰 方便波羅蜜을 얻는 것, 아홉째 모든 중생의 본성과 의욕을 아는 智慧波羅蜜을 얻는 것, 열째 보현보살이 가진 智慧波羅蜜을 얻는 것 등이다.111) 그리고 보현보살이 오른손으로 선재의 이마를 만지니 선재는 또 모든 세계의 먼지와 같이 무수한 여러 삼매를 얻게 되었다. 보현보살은 또 성문 등도 볼 수 없었던 자신의 法身을 선재에게 보여주었다. 끝으로 선재는 능히 보현이 행한 큰 소원을 마쳐 머지 않아 모든 부처와 같고 한 몸이 온 세계에 가득 차며, 그의 땅·몸·그의 행동·바른 깨달음·자유로운 힘·법의 수레를 굴림·여러 가지 말하는 재주·묘한 음성·방편·두려워하지 않는 힘·부처가 머무는 곳·큰 자비·불가사의한 법문 등이 모두 부처와 같으리라 생각한다고 하였으니 법계에 들어가는 선재 자신을 가히 짐작할 수 있겠다.112)

---

111) 金東華, 『韓國佛敎思想의 座標』, p.219.
112) 金東華, 『韓國佛敎思想의 座標』, p.220.

이상이 雷虛의 入法界品 요약이다. 그리고 그는 입법계품에서의 증득을 다음과 같이 요약한다.

지금까지 전개된 과정을 보면 문수보살은 지혜를 깨우치는 스승으로서 선재로 하여금 법을 구하러 길을 떠나게 하였고, 보살도가 무엇이며 보살행이 무엇인가를 배우도록 하였으며, 마침내는 보현행을 갖추라고 하였다. 선재는 그 가르침을 성실히 실천하느라고 111성을 헤매면서 53선지식을 차례로 만나는데 천신만고를 겪으면서, 七顚八起, 九死一生 어려움의 모든 형용사를 사용해도 부족할 고난을 극복하고 결국은 다시 처음 스승인 문수를 만나고, 그로부터 칭찬을 들으니 법을 구함에 종착지가 된 것 같았으나 문수는 마지막으로 보현행을 닦던 중 드디어 보현의 금강도량에 들어가서 보현의 여러 가지 불가사의한 신통력을 목격하고 자신도 열 가지의 힘과 여러 삼매를 얻고 또 보현의 법신도 보았다 하니, '요컨대 최후로 보현의 도량에 들어갔다는 것은 바로 법의 세계에 들어갔다는 뜻의 다른 표현이라 하겠다'[113] 고 雷虛는 보았으니 선재의 이 마지막이 화엄에서의 증득이라고 본 셈이다.

선재가 그 동안 차례로 만났던 53선지식 가운데는 설법다운 설법을 해준 사람은 거의 없으며 다만 각계각층의 색다른 사람들을 만났다는 사실뿐이지만 그래도 선재에게는 충분히 유익함이 있었다. 최후의 보현보살에 이르러서는 다만 보현보살의 금강도량에 들어가는 것만으로 더함 없는 법열을 느꼈다. 선지식을 하나하나 만나게 될 때마다 한 선지식에서 그 다음 선지식에게 인도되어 가는 동안 천신만고를 겪으면서 찾던 그 선지식을 만나는 것만으로도 기쁨과 감사의 마음으로

---

113) 金東華, 『韓國佛教思想의 座標』, p.220.

충만하였다. 이것은 법을 찾아 나선 구도의 마음이 열렬하고 간절하였던 까닭일 것이다. 이처럼 닦아 올라간 지혜는 예리할 대로 예리해져서 마치 닿기만 해도 베어지는 것처럼 각 선지식들을 만나보기만 해도 그들의 법문의 의미를 깨닫게 되었던 것이다114)라고 하면서 雷虛는 그의 종합적 불교통일원리론의 4강 4교설의 대미를 다음과 같이 맺는다.115) 그의 말 그대로 이에 옮긴다.

‘이것이 證의 55단계로서 우리는 각 단계를 지적으로 알 수 있는 바가 아니고 오직 각 단계를 실제로 밟아갔던 선재동자만이 느낄 수 있는 법의 경지라고 보아야 할 것이다.

우리는 법화경 방편품에서 부처의 四佛知見의 자비심에 대하여 감사의 눈물을 바치고 동시에 화엄경 입법계품의 선재동자가 최후의 선지식인 보현보살의 금강도량에 들어가는 것을 보면서 법계의 모든 중생들과 다 함께 기쁨의 환호를 올려야 할 것이다’라고 하였는데, 이는 바로 雷虛 자신의 필생의 염원이 佛에 대한 信이요, 解요, 行이요, 證이었음을 나타낸 것이며, 이것이 뇌허가 佛智를 우리들에게 남긴 巨步라고 본다. 또한 이 연구에 관한 자료는 불교교리 전반에 필요한 經論이기도 하지만 金東華 박사님이 저술한 모든 서적이 중심이 되며 더욱 초간본을 토대로 하였다. 그 초간본을 저자가 직접 검토하여 오자, 탈자, 문장을 손질한 手案本을 元義範 교수가 귀중히 보관하고 있는 것을 기본자료로 하였으며, 뇌허의 저서들 가운데서 雷虛의 全佛教觀의 강령이 드러나 보이는 책이 필자로서는 『韓國佛教思想의 座標』라고 보고 그의 불교관을 연구하여 보는 방법으로서 일단 『韓國佛教思想의 座標』를 縱으로 하고 기타의 그의 저서들을 橫으로 참고 인용하

---

114) 金東華, 『韓國佛教思想의 座標』, p.221.
115) 金東華, 『韓國佛教思想의 座標』, p.221.

는 방법을 쓴 것이다. '제2장 雷虛의 생애와 한국불교'는 전적으로 지도교수 睦楨培 교수 所藏資料에 근거하였다.

제6장 맺는 말

뇌허의 불교사상은 浩瀚하고도 精緻하여 後學人이 무어라고 말할 수 없다. 浩瀚하다고 할 때 뇌허가 섭렵하고 연찬한 저술이 甚多하다는 의미이고 그 甚多한 論著가 사상성에 있어서 체계적이고 조직이 정밀하고 理路가 정연하다는 것이다. 그러므로 필자는 뇌허의 전부를 讀破論究하면서도 그 학문의 一隅를 살피는 데 만족해야만 하였고 그러나 다음과 같은 결론을 얻어 볼 수 있었다. 앞으로 더욱 이 분야에 심혈을 기울여 연구하고자 한다.

현재 연구한 것으로서, 제2장에서는 한 마디로 뇌허사상이 태동되게 하는 사상적 배경으로서 한국불교 근·현대의 약 100년 동안의 정체혼란상을 역사적으로 민족의식을 바탕으로 밝혔다.

제3장에서는 뇌허가 드디어 한국불교를 종합 재정리할 필요를 느끼게 되도록 그에게 영향을 주는 조선 말기의 한국불교의 난마 같은 혼란상을 여실하게 史實을 들어가며 일일이 밝히고 이러한 상황이 현대의 한국불교를 획기적으로 종합통일하는 인물이 나타나기를 기다리는 형편이었음을 밝혔다.

제4장에서는 그러한 시대적·역사적 요구에 상응하여 나타나는 雷
虛의 한국불교 통일원리를 밝혔다. 그 원리는 다음의 다섯 가지로 간
추릴 수 있다.

1. 통일원리는 한마디로 大·小乘 分立 편견을 떠나는 二藏通依에
   근거를 두고 있다.(제4장 1. 3)

2. 본래 인도에서의 원시부파불교는 교리의 전문적 연구 분야의 차
   이였지 중국 종파불교와 같은 것은 아니었다.(제4장 2)

3. 대승불교의 모든 교리는 그 뿌리 그 종자가— 대승불교도를 자처
   하는 사람들이 소승이라고 얕보지만— 그래도 소승경장에 뿌리
   내리고 소승경장을 바탕으로 그 종자가 크게 자라났음을 밝혔다.

4. 대승사상은 결국 원시 소승불교사상의 전개 발전이고 원시 소승
   불교의 교리를 대전제로 한 결론적인 전진이었음을 밝혔다.(제4
   장 3. 3)

5. 중국불교는 한 개인들의 주관적 교리관, 불교관에 의하여 자기가
   주장하는 교리관 이외의 남의 교리관을 열등시하고 자기 불교관
   에 예속시키려는 이른바 敎相判釋에 의하여 결국 중국불교 특유
   의 분립 대결하는 종파불교를 만들어 냈다.

특히 수입 번역기를 거쳐서 연구기에 들면서 교상판석 종파분립 현
상이 두드러지게 나타나면서 주요 대승경전 가령 화엄, 열반, 해심밀
경, 능가경 등을 우월하다는 생각에서 그런 경들을 주로 의지하는 그
런 종파들이 생겨났음을 밝혔다(제4장 5. 1, 2-① 에서 ④까지). 또한,
그러한 교상판석의 원형이 이미 인도 戒賢論師 등에게서 있었다.(제4
장 5. ⑤～⑨까지)

제5장에서는 이 책이 목적하는 뇌허의 사상의 골자를 밝혔다. 그것
이 바로 뇌허의 한국불교 통일원리인데 이른바 4강 4교인바 이 원리

에 대해서는 이에 結語라고 따로 밝혀보아도 이 책 제5장 1. 2에서 말한 이외의 것을 말할 수 없을 정도로 상세히 고찰하였다.(제5장 1. 2)

다만 외람되게 한 마디 더 보태고 싶은 것은 雷虛의 4강 4교는 그 자신도 말하였듯이 그의 독창도 창작도 아니고 불교의 시조인 역사적 실존 인간 석가모니불의 가르침에 근거하였고(석가모니一佛), 그의 살아 있는 입으로 직접 가르친 말이 大·小 모든 三藏의 근거가 되어 있다는 信心에서 전개되었으며, 信 없이는 行이 없고 行 없이는 개인 완성 成佛도 국가완성 淨土도 이루지 못한다는 확고한 신념과 이상에서 불타는 그 열정을 오직 學究一念에 쏟은, 말하자면 현대 한국불교의 비승비속에 승속을 겸한 참 법사거사, 거사법사가 바로 雷虛라고 감히 말하고 싶다.

끝으로 이 논문이 도리어 雷虛 선생님에게 누가 되지 않을까 두려운 마음 그지없다.

참고문헌

1. 원전류

『觀經玄義』(大正新修大藏經 37)

『南海奇歸內法傳』(大正新修大藏經 54)

『楞伽阿跋多羅寶經』(大正新修大藏經 16)

『方廣大莊嚴經』(大正新修大藏經 3)

『大毘婆沙論』(大正新修大藏經 27)

『大乘大般涅槃經』(大正新修大藏經 12)

『大乘法苑義林章』(大正新修大藏經 45)

『大乘義章』(大正新修大藏經 44)

『大莊嚴經論』(大正新修大藏經 4)

『大智度論』(大正新修大藏經 25)

『摩訶般若波羅蜜經』(大正新修大藏經 8)

『摩訶僧祇律』(大正新修大藏經 22)

『妙法蓮華經』(大正新修大藏經 9)

『妙法蓮華經玄義』(大正新修大藏經 33)

『無量義經』(大正新修大藏經 9)

『梵天勸請經』(大正新修大藏經 4)

『法華遊意』(大正新修大藏經 34)

『法華玄贊』(大正新修大藏經 34)

『佛所行讚』(大正新修大藏經 4)

『四分律』(大正新修大藏經 22)

『善見律毘婆沙論』(大正新修大藏經 24)

『續高僧傳』(大正新修大藏經 50)

『十住毘婆沙論』(大正新修大藏經 26)

『十地經』(大正新修大藏經 10)

『安樂集』(大正新修大藏經 47)

『梁高僧傳』(大正新修大藏經 50)

『五分律』(大正新修大藏經 22)

『龍樹傳』(大正新修大藏經 55)

『維摩經』(大正新修大藏經 14)

『維摩義記』(大正新修大藏經 38)

『異部宗輪論』(大正新修大藏經 9)

『雜阿含經』(大正新修大藏經 2)

『長阿含經』(大正新修大藏經 1)

『淨名玄論』(大正新修大藏經 38)

『中論疏』(大正新修大藏經 42)

『中阿含經』(大正新修大藏經 2)

『增一阿含經』(大正新修大藏經 2)

『天台四教儀』(大正新修大藏經 46)

『出三藏記集』(大正新修大藏經 55)

『勅修百丈清規』(大正新修大藏經 48)

『解深密經』(大正新修大藏經 16)

『顯淨土眞實敎行證文類』(大正新修大藏經 83)

『華嚴經』(60・40・80華嚴, 大正新修大藏經 9, 10)

『華嚴經探玄記』(大正新修大藏經 25)

『華嚴一乘教義分齊章』(大正新修大藏經 45)

『南傳』 小品

『南傳』 24, 耕田婆羅隨闍經

『宗輪論述記』(卍續藏經 83)

『天台四教儀秘釋』(卍續藏經 102)

『中華傳心地禪門師資承襲圖』

『海東高僧傳』(韓國佛教全書 6)

『太宗恭定大王實錄』

『世宗莊憲大王實錄』

『三國史記』

『傭齋叢話』

Nalanda-Devanāgarī-Pali-Series(N.D.P.), THE MAJJHIMA NIKĀYA PĀLIPU-
BLICATION BOARD(BIHAR GOVERNMENT), 1958

2. 단행본

姜東鎭, 『日帝의 韓國侵略政策史 : 1920年代를 중심으로』, 한길사, 1980.

姜昔珠·朴敬勛共著, 『佛教近世百年』, 中央日報社, 1980.

高橋亨, 『李朝佛教』, 寶蓮閣, 1971.

孔鍾源, 『전환기의 한국불교』, 우리출판사, 1987.

權相老, 『朝鮮佛教史概說』, 佛教時報社, 1939.

金甲周, 『朝鮮時代 寺院經濟研究』, 同和出版社, 1983.

金東華, 『俱舍學』, 文潮社, 1971.

金東華, 『大乘佛教思想』, 寶蓮閣, 1973.

金東華, 『佛教教理發達史』, 三榮出版社, 1969.

金東華, 『佛教倫理學』, 文潮社, 1971.

金東華, 『佛教唯心思想發達史』, 東國大學校, 1970.

金東華, 『佛敎學槪論』, 白映社, 1962.

金東華, 『三國時代의 佛敎思想』, 高大亞細亞問題硏究所, 1959.

金東華, 『禪宗思想史』, 寶蓮閣, 1984.

金東華, 『原始佛敎思想』, 東國大學校, 1967.

金東華, 『唯識學』, 東國大學校, 1968.

金東華, 『韓國佛敎思想의 座標』, 保林社, 1984.

金煐泰, 『韓國佛敎史槪說』, 경서원, 1986.

독립운동사편찬위원회, 『독립운동사자료집』.

睦楨培, 『삼국시대의 불교』, 東國大學校出版部, 1991.

佛敎社會硏究所編, 『現代韓國佛敎의 진단과 전망』, 佛敎社會硏究所, 1983.

佛敎社會硏究所編, 『현대한국불교론』, 佛敎社會硏究所, 1983.

山崎元一著, 全在星·許祐盛譯, 『印度社會와 新佛敎運動』, 한길사, 1983.

三寶學會編, 『韓國佛敎最近百年史』, 三寶學會, 1970.

徐閏吉, 『高麗密敎思想史硏究』, 불광출판부, 1993.

安啓賢, 『韓國佛敎史硏究』, 同化出版社, 1982.

禹貞相, 『朝鮮前期 佛敎思想 硏究』, 東國大學校 出版部, 1985.

李基白, 『韓國史新論』, 一潮閣, 1983.

李能和, 『朝鮮佛敎通史』上·下, 慶熙出版社, 1968

李殷允, 『한국불교의 現住所』, 女苑出版局, 1986.

李載昌, 『韓國佛敎史의 諸問題』, 우리출판사, 1994.

朝鮮開敎監督部, 『朝鮮開敎五十年誌』, 大谷派本願寺, 昭和 2年.

曺勇吉, 『根本佛敎倫理』, 불광출판부, 1994.

靑柳南冥, 『朝鮮宗敎史』, 朝鮮硏究會, 明治 44年.

平川彰外 共著, 鄭承碩역, 『大乘佛敎槪說』, 김영사, 1984.

韓國佛敎總覽編纂委員會, 『韓國佛敎總覽』, 財團法人大韓佛敎振興院, 1998.

韓基斗, 『佛敎維新論과 佛敎革新論』, 창작과비평사, 1976.

韓鍾萬, 『韓國近代民衆佛敎의 理念과 展開』, 한길사, 1980.

黃善明, 『朝鮮朝宗敎社會史硏究』, 一志社, 1985.

休 庵, 『한국불교의 새얼굴』, 대원정사, 1987.

張秉吉敎授隱退記念論叢刊行委員會, 『韓國宗敎의 理解』, 集文堂, 1985.

3. 논문

金壁翁, 「朝鮮佛敎杞 憂論」, 佛敎 제32호.

金順子, 「大韓帝國時代의 佛敎에 關한 硏究」, 誠信女大, 1985.

金映遂, 「朝鮮佛敎統轄에 對하여」, 韓國佛敎思想論攷 包光金映遂博士全集, 圓
        光大, 1984.

南 駿, 「日帝下 佛敎革新運動에 關한 硏究」, 東國大, 1980.

睦槙培, 「김동화의 불교철학 탐구」, 『해방 50년의 한국 철학』, 철학과현실
        사, 1996.

睦槙培, 「韓國宗敎運動史 Ⅱ, 佛敎」, 『韓國現代文化史大系Ⅴ. 文化運動·民
        族抗爭史』, 高大民族文化硏究所 出版部, 1980.

朴相權, 「日帝의 宗敎政策과 韓國宗敎」, 『韓國近代思想史 崇山朴吉眞博士古
        稀紀念論文集』, 圓光大, 1984.

徐景洙, 「日帝의 佛敎政策」, 佛敎學報 제19집, 1982.

徐景洙, 「朝鮮佛敎百年史」, 省谷論叢 4집, 省谷學術文化財團, 1973.

呂恩暻, 「朝鮮後期의 寺院侵奪과 僧契」 慶北大, 1983.

元義範, 「韓國語와 宗敎」, 『張秉吉敎授隱退記念論叢』, 集文堂, 1985.

元義範, 「根本佛說上의 信觀」, 元曉學硏究 제2집, 元曉學會, 1997.

吳亨根, 「中國窺基法師의 敎判思想」, 佛敎學報 제16집, 東國大學校 佛敎文化
        硏究所, 1979.

柳炳德, 「日帝時代의 佛敎」, 『韓國佛敎思想史 崇山朴吉眞博士 回甲論文集』,
        圓光大, 1975.

李載昌, 「朝鮮時代 僧侶 甲契의 硏究」, 佛敎學報 제13집, 1976.

鄭珖鎬,「日帝의 宗敎政策과 植民地佛敎」,『韓國近代民衆佛敎의 理念과 展開』,
　　한길사, 1980.
中濃敎篤,「朝鮮 皇民化政策の宗敎」,『現代』, 岩波書店刊, 1972.

4. 其他

大韓每日申報 1906.10.16.
東亞日報 1920～1926.
佛敎 16호～101호.
月刊法會 6월, 85.
朝鮮佛敎月報 창간호～10호.
朝鮮佛敎叢報 14호.
海東佛報 제2호.

찾아보기

제선(帝璇)스님

도연스님을 은사로 마곡사로 출가하여
운문사 강원을 수료하였다.
동국대학교 교육대학원을 수료(석사, 종교교육 전공)하고
동 대학원 불교학과 박사과정(철학박사)을 마쳤다.
현재 안산 청룡사에 주석하며 학문연구와 수행정진에 전념하고 있다.
논문으로「한국 불교사회복지의 방향성 연구」와
「세존의 교육사상 연구」 등이 있다.

雷虛의 佛教思想 研究

2007년 6월 15일 초판 1쇄 발행
2008년 8월 30일 초판 2쇄 발행

ⓒ 지은이 제 선
발행자 윤재승

발행처 : 민족사
등 록 : 제1-149. 1980.5.9
서울시 종로구 수송동 58번지 두산위브파빌리온 1131호
전화 (02) 732-2403~4 팩스 (02) 739-7565
E-mail//minjoksa@chol.com

값 15,000원   ISBN 978-89-7009-409-0 03220